江苏基础教育政策研究报告 2015

邵泽斌 主编

南京师范大学出版社
NANJING NORMAL UNIVERSITY PRESS

图书在版编目(CIP)数据

江苏基础教育政策研究报告.2015／邵泽斌主编.—南京：南京师范大学出版社，2016.11
ISBN 978-7-5651-2927-8

Ⅰ.①江… Ⅱ.①邵… Ⅲ.①地方教育—基础教育—教育政策—研究报告—江苏省—2015 Ⅳ.①G639.20

中国版本图书馆CIP数据核字(2016)第246458号

书　　名	江苏基础教育政策研究报告2015
主　　编	邵泽斌
责任编辑	刘娟娟
出版发行	南京师范大学出版社
地　　址	江苏省南京市宁海路122号(邮编：210097)
电　　话	(025)83598919(总编办)　83598412(营销部)　83598297(邮购部)
网　　址	http://www.njnup.com
电子信箱	nspzbb@163.com
照　　排	南京凯建图文制作有限公司
印　　刷	扬州市文丰印刷制品有限公司
开　　本	787毫米×960毫米　1/16
印　　张	18.25
字　　数	308千
版　　次	2016年11月第1版　2016年11月第1次印刷
书　　号	ISBN 978-7-5651-2927-8
定　　价	42.00元
出版人	彭志斌

南京师大版图书若有印装问题请与销售商调换
版权所有　侵犯必究

前　言

《江苏基础教育政策评论2014》出版以来,受到了来自基础教育政策研究部门、决策实施部门等多方面的认可与鼓励。这既是对我们团队工作的鼓励与激励,也是我们继续做好2015年度政策研究报告的压力与动力。自2014年底以来,依托南京师范大学基础教育人才培养模式协同创新中心和江苏省教育学研究生创新与学术交流中心的教育学研究生团队,我们开展了新一年度的基础教育政策研究工作。在深度研究和团队协作的基础上,形成了11份研究报告,本书即是根据大部分研究报告的成果编辑而成,并力争体现以下几个方面的特点。

一是研究领域的现实针对性。本年度的研究主题是研究团队反复调研、分析和研讨的结果。为做好研究主题的确定工作,研究团队先后赴扬州、镇江、连云港等多地召开中小学(幼儿园)教师、校长座谈会,了解基础教育改革与发展中的真实困难、真切需求和真诚期待。在反复调研、交流和研讨的基础上,将江苏基础教育发展,特别是农村基础教育发展中最真实的经验、问题和困难领域列为研究的重点领域,诸如城乡教师交流问题、中小学教师编制问题、农村留守儿童教育问题等。

二是研究方式的扎根实证性。在研究过程中,我们十分强调研究真问题、强化真研究。无论是真问题的发现与分析,还是真研究的操作与实施,都需要深入的基础教育的实践场域和真实情境,开展深入的扎根研究与实证调研。参加研究的相关研究生们克服了研究过程中的各种困难,深入中小学的校园、课堂,甚至是学生的家庭,开展了访谈、问卷调查、数据统计等多方面的实证研究,取得了大量真实的研究数据和研究资料,真实地反映了江苏基础教育的实践样态和运行特征。

　　三是研究旨向的政策反思性。在这些研究中,研究者有着强烈的政策意识,立足于体现和展示研究的政策视角、政策视野和政策视线。政策视角,就是从政策运行的角度看待教育实践和教育改革的各类问题,从政策变革的角度分析和思考基础教育现状、问题和特色,从政策创新的角度探讨问题解决的思路和对策。政策视野,就是在实地研究和案例考察中,贯穿公共政策理论、政策与制度分析理论,体现政策领域中的教育现状,展示教育现状的政策特征。政策视线,就是强调政策分析的穿透力、反思力、批判力和建构力。将基础教育的问题、现状与特征置于政策内在的力量对比和角色冲突中,展示政策台前幕后的主体角力,以及政策的各种"看不见"力量推手,揭示教育政策运行的真实逻辑。

　　四是研究过程的团队协同性。参加2015年度基础教育政策研究的研究生大都是没有成熟、系统和扎实的教育研究经历的应届生,但他们有着研究的感情、热情,甚至是激情。为了做好研究工作,我们为每一项研究构建了由若干名研究生组成的研究团队,根据研究任务,细化了研究分工,建立了团队协商沟通和交流的机制与平台。为提高研究的专业性和科学性,我们还专门邀请了若干名有经验的教育学教授、副教授开展研究方法的辅导讲座,召开了开题报告和中期评估汇报会。这样的机制设计与团队构成,保障了研究活动的稳健推进与扎实运行,在一定程度上也成为研究报告质量的重要保证。

　　诚然,真实发生和已经完成的教育研究与研究者的期待尚有较大差距,研究报告还存在着诸多稚嫩与不足之处,恳请读者能提出更为宝贵的建议与意见,以便在后续的研究中能加以吸收与改进。作为主编,我还要特别感谢南京师范大学出版社刘娟娟编辑和张春主任为本书付出的辛勤工作,正是她们严谨、细致和富有创造性的工作,让我对本书的出版增加了信心与底气。

邵泽斌

二〇一六年十月九日

目　录

前　言 ··· 1

流动儿童文化认同的空间逻辑/ 邵泽斌 ·· 1

江苏省教师交流轮岗政策实施现状的调查研究——以 Y 市某区为例/ 杨秉
　　施凯莉　潘华靖　任静 ·· 14

城乡义务教育教师编制现状调查研究——以 S 市为例/ 田烨　石小丹
　　刘凤楠　李清生 ·· 47

谁来当教师？——江苏省 F 市教师招聘政策实施现状的案例研究/ 吕梦含
　　夏云云　赵呈 ·· 70

江苏省小学教师奖励性绩效工资现状调查——以 N 市为例/ 郑倩倩　崔玮
　　孙晓晗　周思敏 ··· 104

江苏省乡村教师专业发展现状调查——以 H 市为例/ 钟帅　齐杭　丁婧
··· 141

江苏省特殊教育"医教结合"发展现状调查研究——以 N 市为例/ 卜凡
　　吴越　张婷婷 ·· 174

江苏省农村留守儿童教育现状的调查研究——以 L 市为例/ 彭辉 ············ 210

江苏省直属学校治理现状研究——以 C 市为例/ 施雯　周利 ···················· 239

江苏省教育现代化装备建设现状的调查研究——以 A 市某区为例/ 景玉慧
　　陆凯莉　王云楼　罗川兰 ··· 266

流动儿童文化认同的空间逻辑

邵泽斌

(南京师范大学教育科学学院　江苏　南京　210097)

摘要：流动儿童从农村进入城市生活的过程，是一个切己的实践空间与精神空间的双向敞开、建构与生产的过程。流动儿童实践空间的准入，是一个表层同质性文化不断增长的过程，内在地具有三个方面的条件性认同。流动儿童精神空间的建构，是一个深层异质文化不断增长的过程，蕴含着三个方面的反思性自我认知。实践空间的精神化与精神空间的实践化，作为流动儿童实践空间与精神空间的互动机制，再生产着流动儿童的亚文化生态，建构着流动儿童与城市儿童的空间区隔，寓指着流动儿童文化认同的复杂性与艰巨性。

关键词：流动儿童；文化认同；空间逻辑

流动儿童的文化认同是判断他们适应和融入城市生活程度的重要指征。流动儿童的文化认同是指流动儿童在体验、比较、反思的基础上，将自己归属于生活其中的城市群体的一种态度，是流动儿童在学校生活环境、结构和体制的作用下，通过"向内用力"[1]等反思性活动，"根据其个人经历所形成的，作为反思性理解的自我"[2]。"自我可看成是个体负责实施的反思性投射。我们不是我们现在的样子，而是对自身加以塑造的结果。"[3]流动儿童对学校生活积极的文化自我认同表现为，他们在生活习惯、学习规则、文化习性、语言交流、人际互动等方面自觉体验到了与学校"局内人"的无差别存在，自觉地认可了自己作为城市学校、班级的"局内人"身份。这种无差别体验的获得与自我认同身份的感知，是一个流动儿童与城市儿童在语言、习俗、规范等方面异质性特质不断消解、同质性特征不断增长的过程。

主流研究一般认为,随着流动儿童融入时间的延长、外部支持政策的持续作用,以及城市学校的教师及同伴的"温情"接纳,其文化认同会不断增强。这种判断具有合理性,但没有看到他们融入城市生活过程中文化认同空间的多样性和条件的复杂性。因为,流动儿童认同感的建立不能仅仅关注诸如语言、习俗、规范、行为方式等这些表层文化的适应,也不能仅仅关注情感的接纳、亲情的关怀、心理的慰藉等这些"施与性关怀"因素的参与,而更应该关注以流动儿童的家庭阶层、乡村生活、生活境遇等本源性、内生性"文化基因"为基础,在城市人际交往、文化互动、活动参与等过程中生成的、内隐于流动儿童精神世界的"深层文化"。从某种程度上讲,正是这种表层文化的持续适应,强化了流动儿童与城市儿童的深层文化区隔,加剧了他们的文化分歧甚至是文化的冲突。

这是因为流动儿童从农村进入城市学校生活的过程,是一个切己的实践空间与精神空间的双向敞开、进入、生产、建构与交叠的过程。伴随着流动儿童对城市"自为空间""先在场域"等周遭环境的适应性的增强,其表层文化的适应性不断增长;与此同时,他们在以性情倾向、价值认同、理性判断等为主要构成要素的精神空间的建构能力与生产能力也在不断增强,并表现出区别于城市主流文化的典型群体特征,这导致了他们与城市阶层间深层文化区隔的增长。这种"表层文化适应"与"深层文化区隔"的双向增长机制,成为制约流动儿童适应城市生活的关键要素与要害性力量,也使得单纯以外部关怀为特征的流动儿童教育政策难以奏效,甚至出现了"外部支持政策愈是用力,文化排斥愈是强烈"的文化认同的"吊诡现象",这就是流动儿童文化认同的空间逻辑。辨识流动儿童文化认同的空间逻辑,解构流动儿童文化认同的"空间悖论",对于帮助流动儿童有效融入城市生活,减少他们对城市生活的疏离感和排斥感,具有基础性价值与意义。

一、实践空间的准入:条件性接纳与同质性文化的延展

空间是物质的存在方式,也是人类可感知的、直观的、规定时空性的存在方式。空间既是一种自然界的存在方式,也是一种人类可以进入、利用和生产的社会存在。"空间总是充实的空间,决不能和充实于其中的东西分离开。"[4]正是人

类的存在,自在的空间才具有了空间的意义,也正是人类的作用才可以加工、改造和建构各种为人类所需要、所喜爱、所享用的实践空间,使得空间具有了自为性。"一切具体而充实的空间形式都是人类在一定的历史阶段通过科学技术和社会实践创造和生产出来的。"[5]这种自为性的空间既包括城市与乡村这种广阔的社会空间,也包括学校、家庭、社区、剧场、医院等这些具体的实践空间。

从文化生成的角度理解,这种通过社会实践、科学技术和文化加工而形成的、凝聚着人类智慧和意志的社会空间,体现了人类的文化自觉、文化设计和文化创造。从显性文化的意义理解,现代社会与传统社会的区别、国家与国家的区分、城市与乡村的不同,首先在于人类建构的社会空间的内容与形式的差异。个体从一个国家进入另一个国家,从一个地区进入另一个地区,从乡村进入城市,首先进入的是这种凝聚着不同科技要素、文化元素和社会风情的总体性社会空间,这一社会空间常常包含着多领域、多维度的具体空间范畴。所谓多领域,主要是指与总体性空间功能相适应的具体空间领域,如从农村到城市的过程,是一个进入公共交通领域、大型购物领域、餐饮领域、文化教育领域、社区领域等多方面空间场所的过程。所谓多维度,是指与总体性空间特征相适应的每一个具体空间的生成特征,这些特征凝聚着科技、文化、社会等多维度的信息与印记。例如,从农村到城市,同样是车站,城市的地铁站、高铁站、汽车站等售票、候车、转乘等复杂空间领域完全不同于农村简洁、清晰和情景化的空间场所,这里已经被专家系统①所设计与改造,涉及科技改造的便捷与通达、文化设计的标识与符号,以及服务于特殊功能的安检通路和服务于特殊人群的便捷通道等。正是这种凝聚着人类智慧、科技、文化等要素的新型空间,常常会让外来者对陌生环境产生无所适从、眼花缭乱的体验,甚至是"光怪陆离"的心理不安。但这绝不意味着这种陌生感的持续性与不可克服性,相反,只要外来者具有正常的心智、充裕的时间和足够的兴趣,他就可以很快熟悉这种以表层文化覆盖为特征的城市空间,获取在城市各类空间中畅行无阻的"通行证",只要愿意并且有更多的兴趣,他甚至还可以比"当地人"更熟练、更流畅地在城市中穿梭和行动。

---

① 专家系统,主要指现代社会以专家所拥有的专业技能为基础的技术信任系统,依靠这些信任系统,构建和形成了现代社会的交通、居住、生活等现代生活体系,"人们信任的是这些系统的正常运转"。参见:安东尼·吉登斯.现代性的后果[M].田禾,译.南京:译林出版社,2000:30.

用这样的视角分析流动儿童的城市生活和学校交往,可以发现,从实践空间准入的角度,流动儿童对城市学校生活的文化认同表现为他们对城市以及城市学校表层文化的适应与认同。作为带着乡土文化、家乡习惯和乡村习俗等本源性文化惯习的流动的未成年人,进入色彩斑斓、热闹喧嚣、新颖奇特的城市空间,特别是当他们进入语言习惯、交往方式、习俗风尚等与乡村学校具有典型差异的学校场域后,面对的不仅是对陌生环境的紧张与羞涩,也包括对新鲜领域的好奇与兴趣,甚至是对新奇事物模仿的欲望与探索的冲动。国家、城市及学校对流动儿童关爱政策的实施,为他们便捷、迅速、深入地获取城市及城市学校的"入场券"提供了"历史性"机遇。"同城待遇"提供的制度激励和条件保障,"同校待遇"提供的公平机会和人性关怀等,对于构建城市学校对流动儿童的形式化接纳与条件性认同具有重要意义。这主要体现在以下三个方面。

一是对城市复杂空间要件的熟识。所谓复杂空间要件的熟识,主要是指流动儿童由乡村的简化空间、熟悉空间和自然空间进入并熟悉了渗透现代科技、内含城市文化、体现多样功能的城市空间复合体。在这个复合体中,无论是交通工具的搭乘方式,还是从家庭到学校路程的复杂认知,还是社区休闲、购物、文体娱乐场所等丰富场域的感知体验,还是对学校内各种新颖、新鲜、新奇的现代设备、专用教室、功能活动室的领悟操作,从踏进城市的第一刻开始,他们就在这种陌生、紧张、惊讶、好奇等复杂情感交织中遭遇与面对、接触与感知、探究与操作。儿童固有的好奇心、求知欲和探究欲与外在便捷、便利的探究条件相结合,加速和加剧了他们对这些复杂空间要件的熟悉程度和熟悉进程。伴随着流动儿童对周遭环境和生活场域的不断熟悉与亲近,产生了两个方面的实际功效:首先是对生活实用的满足。无论是对地铁线路的了解、城市方位空间的认识、社区功能区的熟悉,还是对学校程式化活动的把握,都是为了摆脱"新生活"带来的不便,尽快完成从陌生人到局内人的角色转换。其次是好奇感与猎奇心的激活。现代化交通工具的体验,丰富多姿的商场、动物园、娱乐中心,令人垂涎欲滴的各类食品,甚至是"舒适优雅"的电子游戏室,都对他们产生着强烈的吸引力与诱惑力。正是这种好奇心态与参与意识的驱使,强化了他们对城市新空间的参与欲望与参与频率,扩大了他们的参与范围和活动领域,这进一步强化了他们的体验欲求。在这种双向强化中,他们成了城市新空间真正"流动着"的儿童,放学后的"迟不归家"、双休日在城市不停息地"穿梭式旅游",让他们成了"比当地人更熟悉当地环境的外来者"。

二是对异域风俗习惯的适应。流动儿童对城市空间复杂要素的熟悉与熟知,只是他们获取城市空间"准入证"的起始条件,真正将他们无障碍地卷入城市生活的必要条件是他们对城市新空间"游戏规则"的把握与使用,对城市风俗习惯的模仿与适应。这种新规则、新风俗的把握,既包括城市公共场所交往规则的遵从,也包括邻里社区习惯的模仿,还包括学校生活场域惯习的适应,并主要表现在三个方面:首先是语言表达方式的转换。这种转换既包括语言形式的转换,也包括语言内容的更新。在语言形式上,蹩脚的方言既是他们在广阔城市空间交往的障碍,也容易成为被当作"外来人"而受到歧视和嘲笑的标识。习惯并流利地使用普通话,不但成为他们的一种课堂表达方式,也成为他们课外、校外的必备交际语言。就语言的内容而言,新潮的同龄人词汇、特定的网络概念,甚至是特指内容和特殊意蕴的地方词汇,都成为他们刻意模仿的对象。一个极端的情况是,流动儿童"喜爱"上了流入地居民的方言表达方式和表达内容,这种刻意的学习和模仿总能达到惟妙惟肖的程度。对他域方言的喜好、使用与利用,在更深程度上增强着他们对流入地"文化认同"的同时,也在一定程度上抽离了他们对乡土文化的眷恋与情结。其次是身体形态文化表征的更新。这里的"身体形态文化表征",主要是指流动儿童在城市交往中形成的服饰的变化、外观修饰方式的变更,以及身体饰物的改变,其根本目的是尽快完成自己"土气"的乡下人表征与外观的改造。于是,对新潮服装的追求,对流行发型的模仿,前卫装饰物的佩戴,甚至是手表、手机样式的更迭,都成为他们一种"自然而又费力"的生活方式。所谓自然,是指他们为了避免形式的不合群与落伍的一种主动选择;所谓费力,不但是因为为了改变既往"不体面"的外观,对自身而言很不自在,而且表现为为满足这些基本的"外观改造",需要家长的物质支持与经济保障,这对他们而言不能不说是一种"美丽的生长痛"。最后是交往惯习的适应。从最初的与邻里的打招呼、同桌的交流、同学的交往,到同学过生日的祝贺、同学间娱乐活动的参与等,不但让他们形式化地获得了城市的成员资格,也内在地激荡着他们心理的安全感与存在感。

三是对城市身份与资格的表达。流动儿童在语言上无障碍地融入城市群体,外观上无差别地"游迹于"都市空间时,标志着他们基本取得了进入城市空间的"准入证",也标志着他们基本实现了对"城市人"的表层文化认同。这种由外地人到"城市人"身份表征的切换,更大范围、更高频率、更广幅度上促进了他们城市生活、学习和交往的便利与便捷。这种形式上的参与、交流与融入,对流动儿童而言,不但具有参与城市生活的工具性价值,也具有表达"城市人"身份、展示"都市人"资格的内在意义。这在增添了他们融入城市生活的信心、底气与归属感的同时,也不断驱使着他们对乡土文化主动弃离与有意背离,以及对城市文化的"刻意表达"与"故意宣告"。无论是在家庭日常生活中不合时宜的"城市语言"的使用,还是与城市同伴交往中在语言、服饰、习俗等方面对"城市习惯""伙伴习俗"的故意表现、夸张式表述或"做作式"互动,无论是在与家乡亲人日常电话交流中"城市人"优越感的展示,以及寒暑假与家乡亲属、同乡伙伴相见时的"高雅"行为举止与"高贵"城市身份的"显摆"等,都宣告了他们城市身份的诞生,表达了他们对乡下人身份的"告别"。

流动儿童对城市复杂要件的熟知,对异域习惯习俗的适应,以及城市身份与资格的表达,宣告着他们在城市物理空间的"无障碍进入",彰显着他们与城市同伴群体外观特征的"无差别存在",表征着他们对乡土文化的背离和对城市文化的接纳。但总体而言,这仅仅是一种对乡土文化的表层背离与对城市文化的表层接纳。因为那些"生于斯、长于斯"的乡土文化,已经成为他们无法割舍的精神基因,寄居在他们的精神世界里,影响着他们的行为方式。更为重要的是,那些携带乡土文化基因的父母们,正在日常生活世界中以平静而平和的方式,播散、表达、建构着切己的乡土精神,存储和激活着他们的乡土基因。就城市文化而言,相对于深层次的价值观念、思维方式、文化认同和性情倾向,流动儿童在期间获得的也仅仅是方便于交流、满足于参与的,诸如语言表达方式、习惯习俗的交流方法等"形似神离"的城市表层文化。但无论如何,这种表层文化的获得对他们而言具有重要意义,一方面,表层文化为他们自由畅通地进入城市的社会空间提供了"准入证";另一方面,表层文化的获得为他们建构独特的精神文化世界提供了条件与诱因。

二、精神空间的重构:反思性自我与异质性文化的增长

人类作为具有自我意识、反思能力和创造欲望的认识主体和实践主体,不仅具有塑造、创造和建构实践空间的能力,而且具有创造、生产和建构精神空间的

能力。从某种意义上讲,人类建构精神空间的特点、状态、水平和能力是区分不同时代、不同国家创造品质、思维水平和意识状态的重要标识。所谓精神空间,就是指人类在独特的交往与实践中,通过反思、想象、假设、抽象、直觉、灵感、顿悟、潜意识等思维及意识能力建构的观念世界与精神世界。这种精神空间既是物理空间与社会空间的反映与折射,也超越于有形的实践空间,具有了广阔的包容性、涵盖力和填充力,体现着无限绵延的空间本性和无限吸纳的空间属性。人类创造的精神空间既包括理性精致的数字空间、逻辑空间、概念空间和理论空间,也包括深邃灵动的观念空间、理念空间、价值空间和思想空间。如果说实践空间是自在性与自为性的统一,既是先在的,也是建构的;既是物理的,也是文化的,那么精神空间则完全是人类在实践基础上形成的自为空间,是属人的、建构的、文化的、理念的、精神的。精神空间依赖于实践空间,但精神空间一旦产生,就对实践空间具有了统摄性、包容性与建设性,"它相对于物质实体,常常显得更完美和更具诱惑力"[6]。因此,相对于实践空间,精神空间更具有优先性、存在力与影响力。

如果说流动儿童进入城市实践空间、获取城市表层文化、参与城市生活的过程是城市对他们的条件性认同与表征性接纳,那么在这一过程中,以他们的本源性文化为基础,以原生态家庭文化为条件,以实践空间的准入为诱因,以反思性理解为参与,并由以上多方面力量的交互作用在流动儿童的"灵魂深处"建构了一种不同于乡土文化、异质于城市文化的独特的精神空间。这种独特的精神空间不但有着特殊的生成机制,也有着特殊的表现形式与表现内容;既展示着流动儿童独特的群体气质与集体风貌,也成为阻滞他们融入城市生活的关键性力量。这主要体现在以下三个方面。

一是由家庭境遇引发的"消极自我"体认。流动儿童的家庭境遇对流动儿童而言是一种"先在"的、自身既无法摆脱也无法改变的家庭资源的综合匮乏状态。综合性的家庭资源匮乏状态主要是相对于城市儿童的家庭而言的,尽管在他们中也不乏部分在经济文化资本方面优于城市儿童的家庭,但就总体状况而言,这种综合性的资源匮乏是一个不争的事实。这种综合性的家庭资源匮乏,不仅表现在家庭的经济相对落后、居住条件简陋,也表现为父母陪伴时间的不足、教养方式的不合理、举止行为的简单粗鲁,还表现为家长社会资源关系的缺失等。综合性家庭资源的匮乏,给流动儿童带来的消极体验是多方面的。首先是家长的职业类型与居住条件,制约着流动儿童与城市主流群体的交往深度与交流广度。流动儿童的家长大多从事着薪水较低、体力繁重、简单粗糙的"低级劳动",他们在城市一般没有固定的住房,或者在城市郊区的"村落"聚居,或者在城市工作区域租住简易的公寓,甚至还有的家庭"混居"在工作空间的简易场所里。这种相对恶劣的居住条件,不但让流动儿童在与同伴同学居住条件的对比中产生强烈的心理冲击与深刻的自卑体验,事实上也阻滞着他们与城市儿童的深度交往交流。其次是家长贫瘠的经济资本,制约着流动儿童参与学校的学习与生活的顺畅度。就经济资本而言,无论是日常生活用品和学习用品的使用,还是诸如电子产品等在内的"时尚"消费品的配置,流动儿童都面临着"囊中羞涩"与向家长"伸手被拒"的双重尴尬,更遑论如书籍、电脑、打印机、乐器等这些客观形态文化资本的缺失给他们带来的学习阻滞与情感自卑。最后是家长文化资本的劣势,制约着流动儿童"身体形态文化资本"的增长。所谓身体形态的文化资本,是指"行动者通过家庭环境及学校教育获得并成为精神与身体的一部分的知识、教养、趣味及感性等文化产物"[7]。流动儿童家长较低的知识学历、简单粗暴的教养方式,甚至是"不文明"的行为方式,常常通过"代际传递"的方式,渗透为孩子的特殊的性情倾向。无论是在伯恩斯坦所论的"精致语言编码与限制语言编码"①意义上,流动儿童在接受学校主流文化时遭遇着不利处境与理解障碍;还是在布迪厄所论的"惯习"②意义上,流动儿童在父母那里习得的"个性化"的行为方式、卫生习惯和交往态度等,常常成为被"文明"的城市儿童"划清界限"的充足理由,这从根本上加剧了他们的"自信危机"。

二是由制度悖论激活的"敏感自我"感悟。所谓制度悖论,主要是指国家和地方出台的一系列关怀与关爱流动儿童的政策与制度,由于主客观原因而不恰当地演化成了制约流动儿童融入城市的重要因素。这主要体现在两个方面:首先是隐性的制度悖论。无论是国家出台的流动儿童的"同城待遇"制度,还是地

---

① 英国社会学家伯恩斯坦认为,中产阶级孩子的语言中含有系统性、逻辑性、文学性和文化的修养性四个主要特征,称为精致性编码,而工人及社会底层的孩子语言中没有这些特征,称为限制性编码。因为学校里的语言环境也是一种精致编码,所以与工人阶层的孩子相比,中产阶级的孩子在教育中必然有更多的成功机会。

② 法国社会学家皮埃尔·布迪厄认为,社会结构的分化本身产生了一种稳定社会结构的机制。这种机制内化到了个体身上,生成了一种称为品味的个体层面的特征,并且这种品味在个体身上是不容易改变的,而个体又将微观的不同的品味重新生成宏观上的结构,这种机制被称为"惯习"。

方出台的"同校待遇"政策,都给他们一种强烈的心理暗示"你是外地人",是"被关照的对象",是"弱势群体","'外地人'这一概念从社会来说本身就充满了负面意向"[8],特别是有些学校、社会团体举办的基于美好愿望与善良动机的诸如"流动儿童关爱行动"、赠送学习用品、提供特别关爱等,或隐或现地、无法避免地强化着"连同他的父母在内都是弱势人群"的思维导向。在当下,这样的制度悖论无论是政策制定者,还是参与者,还是流动儿童及其家长本身都很难克服与解构。其次是显性的制度悖论。众所周知,由于我国中高考制度设计的复杂性,在相当长时间内,实现流动儿童在城市参加中考、高考还存在着很多难以克服的制度瓶颈。可是,这对于每一个鲜活、具体的流动儿童而言却容易产生激烈的"心理震荡"。当他们在"同一片蓝天下、共享公平教育"的口号下,由幼儿园进入小学,由小学进入初中后,猛然发现,他们的中考与高考原来是在"不同的蓝天下"操作,这或许很难让一个心智不够成熟、觉悟不够"高尚"的中学生能理性而平和地面对和应对。正是这种隐性、显性的制度冲突,不但事实上造成了流动儿童的权益损伤与利益受损,也在他们稚嫩的精神世界里植入了"低人一等"的身份认同与情感体验,诱发着敏感型人格特质,从根本上动摇着他们自信、自尊等积极人格的生成。

三是由失败体验诱致的"反抗自我"倾向。正是基于以上两个方面的原因,流动儿童经常在学校生活中经历失败与落后的体验。无论是与那些彬彬有礼、气质优雅、衣着整洁、受老师青睐、同学喜爱的同学相比,还是与那些成绩优异、多才多艺、落落大方的优等生相比,他们在学校生活中常常处于不利的位置与处境。这种不利的处境与失败的体验,常常强化着老师同学对他们的"刻板印象"与"晕轮效应",甚至形成了一种对他们成长极为不利的"污名化"生态文化,这进一步加剧了流动儿童学习与生活消极体验的"恶性循环"。更为重要的是,由家长处于社会底层,工作辛劳、收入微薄、待遇不公等原因引起的对社会生活的消极体验、对人情世俗的不满情绪,甚至是对人生社会的愤青式宣泄,都潜移默化地影响、强化甚至是"验证"着流动儿童对学校、社会的不满体验与不公平经验,滋生着一种被"文化再生产理论"所描述的抵制情绪、抵抗情结与反抗文化。特别是随着他们年龄的增长、反思能力的提升,无论是家长"托关系、找人情"为自己求学的"童年记忆",还是家长日积月累在城市生存、生活、劳作的艰辛与坎坷,以及学校日常不公平经验的"累积",都相互交织、综合整体地"诱导着"他们自我意识的反省、自我理解的反思以及自我认识的剖析。这种反思、反省与剖析,静悄悄地改变着他们对学校、老师、同伴的认识、体验和理解,由最初的对老师同学的不喜欢,到对老师同伴行为方式的不认同,到对他们制定规则的不遵守,甚至对学校制度的故意抵制与刻意反抗。这种抵制文化的滋生与形成,预示着流动儿童融入城市生活的结构性障碍与整体性区隔。

从总体上看,由流动儿童家庭境遇引发的"消极自我"、由制度悖论激活的"敏感自我",以及由失败体验引发的"反抗自我",都彼此强化、综合联动地建构着流动儿童特有的精神空间,这种建构过程是通过自我反思的方式实现的,是流动儿童依据其个人经历所形成的,作为反思性理解的自我,是"行动者在社会生活日复一日的连续过程中,对行为进行着反思性的监控"[9]。消极自我作为一种自我认识,敏感自我作为一种自我体验,反抗自我作为一种自我意向,共同构筑着流动儿童特有的精神空间,这种精神空间既区别于城市儿童的主流价值空间与精神空间,也不同于他们既往在乡村生活中建构的精神空间。这种独特的精神空间一旦形成,具有较强的弥散性与"填充欲",从根本上制约着他们的整体性思维方式、行为方式和生活方式,表征着流动儿童异质文化的累积性增长,建构着流动儿童与城市儿童精神空间的区隔。

三、空间区隔再生产:流动儿童亚文化形态的生成

如上所述,流动儿童不断进入有形的城市空间的过程,是他们对外部环境逐步适应、同质性表层文化不断延展的过程。与此同时,在城市生活交往等环境作用下,流动儿童重构精神空间的过程,是他们以内在文化体认和反思为特征的异质性文化不断增长的过程。这种同质文化与异质文化的双向增长、彼此作用,孕育了流动儿童独特的空间生产机制,实现了流动儿童实践空间与精神空间的"再生产",建构着流动儿童实践空间与精神空间的"新常态",营造了流动儿童特有的群体亚文化。亚文化生态的形成主要通过两种机制得以实现。

一是实践空间的精神化。实践空间的精神化,寓指流动儿童的实践活动与实践空间体现着强烈的精神特质与文化特征,改造并生产着他们独特的实践活动与实践空间。这表现为两个方面的意蕴特征:首先是实践空间的扩大,在诱发着他们独特精神成长的同时,建构着精神化的实践空间,改造着实践活动的形态

特征。随着流动儿童在城市交往空间的扩大、交流空间的广阔、实践领域的丰富,在同质性表层文化不断增长的同时,其异质性深层文化也得到了激活,这使得实践活动渗透着文化的认知、参与着文化的建构、融汇着精神的生长。伴随着流动儿童对城市生活中复杂"物理要件"的熟识和对城市环境的了解,以及他们对语言、习俗、交往惯例的掌握,其交往范围获得了空前的拓展,交往的内容不断地丰富,自我遭遇的体验、经验和思考也在不断增多。犹如刚刚学会走路的儿童,在兴奋地扩大着自己的交往领域、激动地敞开自我认知领域的同时,也伴随着丰富的精神体验与情感体悟。正是在这个意义上,流动儿童在城市中进入、参与和建构的实践空间,已经超越了最初外在于他们自在的"物理空间",而成了融汇着他们的判断、浸润着他们的情感、渗透着他们的情思的精神化的空间领域和实践要件。诸如,同样是老师的办公室,已经由最初的"高端大气"、现代气派、乐意趋近的场域,演化成当下教师对家长"教导指导"和对自己"批评训诫"、趋向回避的场所;同样是社区街区的消费场所,已经由最初的流连忘返、"虽不能至、心向往之"的心情愉悦之境,演化成催生他们"羡慕嫉妒恨"情结的"富人俱乐部"。其次是流动儿童的实践活动在深深地印记着特有的精神气质、文化倾向和性情取向的同时,改变着实践空间的结构形态,生成着特有的实践文化。特别是随着他们消极自我、敏感自我和反抗自我意识的形成,流动儿童的实践活动与实践空间发生了结构性变化,构建了独有、独特的实践空间,诸如从最初的对社区、城市生活领域的广泛好奇与普遍性接触,演变成对特定价廉物美、可以免费享用物品的选择性接触,甚至还掌握了诸如乘车"逃票"、景点"免票"的技巧与策略;从最初的对学校同伴、邻里伙伴、长者长辈的广泛性交往和普遍性接触,演变成与自己有共同爱好、相似家庭背景、共同学习体验的"草根"儿童交往。流动儿童实践空间的精神化,消弭了实践空间与精神空间的界限,让流动儿童的实践活动与实践内容充盈着价值、情感、态度与趋向,孕育着他们特有的"实践文化",这种特有的实践活动、实践空间与实践文化,不但在空间上让他们与城市儿童保持着一种疏离状态,也在情感与态度上让他们成了更加"独立"、孤立的都市特殊群体。

二是精神空间的实践化。精神空间的实践化,主要是指流动儿童精神空间具有广泛的包容性、填充欲和强大的影响力与干预力,深刻地改变着流动儿童的实践活动,改造着流动儿童的实践领域、实践内容与实践方式,导引着他们独特的实践意向与实践方向。精神空间具有广泛的包容性,是指流动儿童在实践基础上形成的反思性自我,具有广泛的渗透力,浸润到流动儿童生活的各个领域、各个方面,诸如消极自我的形成,不但表现在待人接物中的退缩行为,也表现在学习生活中的自卑情结。精神空间具有广泛的填充欲,是指流动儿童的精神生活具有弥散性与扩展型特征,围绕着消极自我、敏感自我与反抗自我的内核原点,在丰富的实践交往和多样化的活动体验中,在丰富、充实、滋长与充盈中,构建了他们特殊的精神气质、文化取向、价值判断、认知图式和人格特征。这种特殊的文化取向、价值判断反过来又强化了流动儿童强烈的实践意向和交往趋向,使得他们的实践活动"笼罩"着独有的精神风貌和人格特质,其实践活动不但在对象上具有选择性,而且在方式上也具有意向性与指向性,深刻地改变了实践活动原有的生态特征,彰显着精神空间对实践活动的强大影响力与干预力。诸如流动儿童的反主流文化人格的形成,最初表现在他们对学校纪律的"熟视无睹"、对学校荣誉的"漠不关心",以及对教师评价的"冷漠冷淡"。随着教师和同伴冷漠、歧视行为的加剧,以及惩罚惩戒的不断升级,还进一步演化成他们有意而为之的违纪行为、刻意制造的越轨事件,以及"拉帮结派"的"敌对"行动等。流动儿童精神空间的实践化,淡化与弱化了实践空间与精神空间的边界,让精神活动具有了实践意向、实践取向与实践方向,构建着流动儿童特有的"文化实践",这种特有的"文化实践"在强化着城市同伴与老师对他们戒备与防备行为的同时,也建构着他们独特的群体形象,生成着独特的群体文化。

如此,实践空间的精神化与精神空间的实践化,在赋予流动儿童实践活动以独特的精神印记和精神活动以特有的实践意向的同时,再生产着他们独特的实践空间与精神空间,这种独特的精神空间与实践空间在特殊的文化实践中,构建着双向敞开、彼此渗透、相互进入、交叠呼应的互动机制。在这种互动与作用中,流动儿童生成着特有的群体文化与类属精神,这种特有的群体文化显现于特殊的实践活动与个性化的精神生活,交融于实践空间与精神空间的双向互动,这就是流动儿童亚文化生态环境的生成与生长。流动儿童亚文化环境的形成,既表征着流动儿童与城市儿童空间区隔状态的形成,也寓指着流动儿童文化认同的复杂性、艰巨性与挑战性。

总之,从实践空间和精神空间建构的角度理解流动儿童的文化认同,有助于我们改变既往有关对流动儿童融入城市生活的一般性认识:即随着外部支持政策的深入,以及流动儿童对城市文化熟悉程度的增强,其融入城市生活是一个不可逆转的自然演进的过程。本文的一个基本结论是:流动儿童在城市生活中存在着"表层文化适应"与"深层文化区隔"的双向增长机制。这一结论表明,流动儿童融入城市生活的核心是他们对城市文化的内在认同与深层融入,支持流动儿童融入城市生活,不但需要关注流动儿童本身的教育、关怀与支持,还需要对与流动儿童成长相关的家庭、家长、社区、就业、保障、公共服务等多个方面予以关注与支持。认识流动儿童文化认同的复杂性和困难性,对于制定合理有效的流动儿童教育政策具有前提性价值。

参考文献

[1] 王亮.反思性、结构性与自我认同[J].理论月刊,2010(2).

[2][3] [英]安东尼·吉登斯.现代性与自我认同[M].赵旭东,方文,译.北京:生活·读书·新知三联书店,1998.

[4] [德]黑格尔.自然哲学[M].梁志学,等,译.北京:商务印书馆,1986.

[5][6] 张之沧.论空间的生产、建构和创造[J].学术月刊,2011(7).

[7] 朱伟珏.布迪厄"文化资本论"研究[D].上海:复旦大学,2005.

[8] 罗云,王海迪.城市公立学校中流动儿童的社会认同研究[J].中国人民大学教育学刊,2011(2).

[9] [英]安东尼·吉登斯.社会的构成:结构化理论大纲[M].李康,李猛,译.北京:生活·读书·新知三联书店,1998.

江苏省教师交流轮岗政策实施现状的调查研究
——以Y市某区为例

杨秉 施凯莉 潘华靖 任静

(扬州大学教育科学学院 江苏 扬州 225000)

摘要:本研究针对当前Y市某区实施的教师定期交流——集群办学进行问卷调查和访谈。某区教师交流轮岗体现了内涵发展组团化、师资流动集群化、均衡探索科学化等特点。通过调查和访谈发现,某区教师交流轮岗政策在执行中出现一些失真的问题:交流对象"校长"缺位,保障激励机制缺乏吸引力,政策内容过于笼统、缺乏人文关怀,交流教师存在功利心态,部分交流教师难以适应新学校的环境、师生关系不稳定等。针对政策执行失真问题,本研究进行原因分析并提出了完善配套政策体系;完善相关程序,规范操作;强化激励评价,确保交流政策实施效果;注重人文关怀,转变教师观念;成立专业的指导机构等建议。

关键词:教师交流轮岗;教育均衡;集群办学;存在问题;执行建议

随着我国经济、政治的快速发展,人民群众对高质量的教育的需求越来越大,我国的教育事业也随之急速发展。然而,长期以来我国政治、经济、文化等方面发展不平衡,造成不同区域之间和城乡之间的教育存在差距,导致了人民群众对于高质量的教育的强烈需求与优质教育资源供给不足二者之间的矛盾突出,教育公平逐渐成了社会各界关注的热点,尤其是义务教育阶段的教育公平问题更引人关注。优质教育资源更多地流向发达地区、流向城市和流向名校,使得教育不公平现象非常严重,其中,我们所熟悉的义务教育阶段越演越烈的"择校热""上学难""上学贵"等现象充分反映了教育不公平问题,从而对我们的教育政策提出了严峻的考验。

为了缓解义务教育阶段教育发展不平衡带来的种种教育不公平问题，近年来，江苏、浙江、福建、四川等不少地区从省、市、县各个层面进行探索，把教师交流轮岗制作为促进教育均衡发展的一项新举措，作为实施教育公平的一项重要制度创新。然而，由于各种主客观因素的影响，教师交流轮岗制实施效果并不理想，社会各界对教师交流轮岗制也争论不休，褒贬不一。本研究选取Y市的中心城区作为调查区域，致力于探讨教师轮岗政策是否能够遏制择校风，能否真正促进义务教育阶段的教育公平，提高教育水平。

一、Y市某区实施"教师交流轮岗政策"的背景分析

（一）国家出台的相关政策法规

1999年，中共中央、国务院颁布的《关于深化教育改革全面推进素质教育的决定》，对教师交流制度作出了实质性规定，各地要制定政策，鼓励大中城市骨干教师到基础薄弱学校任教或兼职，中小城市(镇)学校教师以各种方式到农村缺编学校任教，教师轮岗交流的支教模式初步确立。

2003年，人事部、教育部《关于深化中小学人事制度改革的实施意见》中第21条强调，要积极推动中小学人员在校际、区域之间合理流动。

2006年2月，教育部下发了《关于大力推进城镇教师支援农村教育工作的意见》，其中规定：没有支教经历的城镇中小学教师不能晋升高级教师职务、参评优秀教师和特级教师；城镇中小学教师和高校新聘用的青年教师到农村基层支教时间不得少于一年。

2006年9月1日，新《义务教育法》修订通过并开始实施，首次将教师交流制度上升到法律的层面，其中第32条规定"县级人民政府教育行政部门应当均衡配置本行政区域内学校师资力量，组织校长、教师的培训和流动，加强对薄弱学校的建设"。

2010年，《国家中长期教育改革和发展规划纲要》在"组织开展改革试点"中明确提出，开展义务教育均衡发展试点和试行县域内教师和校长交流制度。

2010年，《教育部关于贯彻落实科学发展观，进一步推进义务教育均衡发展

的意见》中提出,地方各级教育行政部门要加大合理配置教育资源的力度,通过促进校长教师合理流动、完善招生政策、共享优质教育资源、加快改造薄弱学校、减少大班额现象、规范办学行为、整体提高学校教育教学水平等多种举措,促进义务教育学校办学水平基本均等,保障学生免试就近入学,有效缓解城市择校问题,保障进城务工人员随迁子女与当地学生平等接受义务教育。

2012年,胡锦涛在中国共产党第十八次全国代表大会上的报告中指出,要大力促进教育公平,合理配置教育资源,重点向农村、边远、贫困、民族地区倾斜。

2012年,国务院发布的《国务院关于加强教师队伍建设的意见》指出,要建立县(区)域内义务教育学校教师校长轮岗交流机制,促进教师资源合理配置。

2013年,党的十八届三中全会《关于全面深化改革若干重大问题的决定》中明确提出,要推行校长教师交流轮岗,并将此作为实现教育公平、推进教育均衡发展的一项重要举措。

2014年,教育部《关于进一步做好小学升入初中免试就近入学工作的实施意见》中第7条提出,实行校长教师交流轮岗。大力推进学校联盟或集团化办学模式。将不低于50%的优质高中招生名额合理分配到区域内初中并完善操作办法。

2014年,教育部、财政部、人力资源和社会保障部联合发布《关于推进县(区)域内义务教育学校校长教师交流轮岗的意见》,具体而细致地对教师、校长的交流轮岗作了进一步的规定。

(二)江苏省及Y市实施"教师交流轮岗政策"回顾

江苏省早在2000年的时候就提出了类似于教师轮岗、促进教育资源均衡的政策,2010年3月30日,江苏省教育局在江苏省基础教育教学工作会议上明确提出教师轮岗制将在全省范围内施行。

2011年1月1日起施行的《江苏省实施〈中华人民共和国义务教育法〉办法》中明确规定,县级教育行政部门应当均衡配置城乡教师资源,建立本行政区域义务教育公办学校教师定期交流制度,教师在同一所学校连续任教满六年的,应当流动。……校长由县级教育行政部门依法聘任,校长任期三年,在同一学校连任不得超过两届。

2012年,江苏省在《关于进一步推进义务教育学校教师和校长流动工作的意见》中提出了关于校长、教师交流轮岗的具体措施。

2014年,江苏省人民政府发布的《省政府关于深化教育领域综合改革的实施意见》中再次提出,要健全县域范围内教师定期交流机制,建立"县管校用"的义务教育教师管理制度,实现县域内教师资源均衡配置。

2015年,江苏省11个县(区)推进义务教育均衡发展工作情况总体较好,义务教育学校标准化建设、校长教师定期交流、促进教育公平、健全保障机制等方面工作取得一定成效。

Y市在2010年先后发布了《市政府办公室关于深入开展城乡学校网上结对工作的通知》和《关于在全市组织开展城乡教师结对互助活动的通知》,进一步加强农村学校师资队伍的建设,充分发挥城镇学校骨干教师的示范辐射和指导作用,促进城乡教师交流,促进优质教育资源共享,促进城乡基础教育均衡发展。

Y市某区在2010年出台的《关于加强全系统干部队伍建设的实施意见(试行)》中提出要实行干部的轮岗交流,基层学校校长在同一学校任职时间原则上不超过两届,每届任期三年。任职期间或任职期满应根据实际工作需要,有计划地分批进行交流。

2010年,Y市某区又出台了《关于推进全系统教师交流工作的意见(试行)》,对教师交流的具体事项进行了具体阐述,某区的教师交流轮岗由此拉开序幕。

2011年,《Y市教育事业"十二五"发展规划》中提出,要完善区域内中小学教师、校长定期交流制度,促进师资配置均衡。

2013年,《关于贯彻国家和省中长期教育改革和发展规划纲要(2010—2020年)的实施意见》中进一步提出了"完善区域内中小学教师、校长定期交流制度,促进师资配置均衡"的要求。

2014年,Y市某区在《区教育系统关于全面推进义务教育小学段集群办学教师交流工作的意见(试行)》中再次对教师交流的相关条例进行了完善。

二、Y市某区"教师交流轮岗政策"的运行概况

某区位于江苏省中部,是Y市的中心城区。全区(含生态科技新城)下辖7个乡镇、4个街道、1个经济开发区,总面积283平方公里,总人口49.81万人。

区域内义务教育阶段公办中小学 31 所,中小学专任教师 3 496 人,在校中小学生 50 614 人,其中区直属中小学 24 所,中小学专任教师 1 919 人,在校中小学生 28 440 人。

Y 市某区自 2010 年开始立足区情,化整为组,统单为团,推行组团发展的办学模式,努力探寻一条有利于促进义务教育优质均衡发展的道路。2014 年秋,某区创新"集群办学"模式,按照"相对就近、统筹兼顾、联动发展"的原则,将全区 18 所公办小学分为四个集群,率先实现小学公办学校"零择校",全面实施义务教育阶段免试就近入学政策。同时,落实教师统一招聘、统一管理和统一调配,出台柔性交流、刚性流动的教师交流制度。

(一) 某区教师交流轮岗的要求

1. 指导思想

以科学发展观为指导,以均衡资源配置为重点,以提高教育质量为根本,通过统筹规划和政策引领,积极探索"学校人"向"系统人"转变的新模式,切实缩小校际之间、城乡之间的师资差距,实现起点公平、过程公平、结果公平,全面推进区域教育优质均衡发展。

2. 集群划分

"集群交流"是在"组团交流"基础上的升级和发展,是均衡配置教师资源的重大变革,按照"相对就近、统筹兼顾、联动发展"的原则,区域内共划分为四个集群:第一集群(育才小学、汶河小学、东关小学);第二集群(沙口小学、广陵小学、汤汪小学、工人新村小学、东花园小学、解放桥小学、文峰小学、弯头小学、宜桥小学);第三集群(霍桥学校小学部、李典学校小学部、沙头小学);第四集群(头桥小学、红桥小学、新坝小学)。第一、二集群之间采取轮岗式交流;第三、四集群之间采取跟岗式交流;第一、二集群和第三、四集群之间采取跟岗式交流。各学校每年按照不低于 15% 的教师比例,有序组织干部教师的交流。交流期间,教师的工资、编制等关系拟由教育局托管。未划入集群的义务教育学校教师交流参照《关于进一步推进全系统教师交流工作的意见》执行。

3. 交流对象

符合下列条件之一的教师必须参加集群交流:

① 在同一所学校连续任教满六年的(离法定退休年龄六年以内的教师除

外)区属公办义务教育阶段学校事业编制教师(含中层副职),其中符合条件的毕业班教师优先参加交流;

② 直系亲属在同一所学校工作,其中一方担任中层以上管理职务的,应有一方参加交流;

③ 在同一所学校连续任教满六年的学校中层正职由区教育局组织人事科统筹协调,分批对等交流;

④ 在同一所学校连续任教满六年的校级干部参照《关于进一步加强全系统校级干部队伍建设的意见》(扬广教〔2014〕22号)等文件的相关规定执行交流。

符合以下条件之一的区属公办义务教育小学段学校事业编制教师,可由学校审核后上报区教育局组织人事科备案,原则上暂不参与交流:

① 处于孕产期、哺乳期的;

② 身患重大疾病的;

③ 前期参加组团交流、支教后返回原学校任教未满六年的(育才东校区、育才实验小学、原艺蕾小学任教经历视同交流);

④ 在所教班级连续担任班主任或任教主要学科(语文、数学)未满两年的。

4. 交流时间

参加集群间义务教育阶段学校交流的教师,以2—3年为一个周期跨集群交流,交流期满后返回原学校,待符合条件后参加下一轮集群交流。

5. 实施步骤

第一,联席协调:集群交流启动阶段,由区教育局召开集群内学校校长、书记联席会议,调研情况、协调人员,确保教师交流的合理性、科学性,当年《小学招生工作意见》出台后,区教育局根据当年一年级招生计划的50%,预设交流教师数量,岗位由集群间的学校协调。

第二,确定人员:学校坚持公平、公正、公开的原则,采取教师自愿申请与学校综合安排等形式排出拟交流教师名单。第一、二集群学校间的拟交流教师,可先选择原组团学校,结合个人志愿和集群间学校师资的实际需要,辅以电脑派位等方式确定交流去向。学校于每年6月30日前将拟交流教师表报区教育局组织人事科备案,交流人员一经确定即面向全区公示。交流教师一律于7月底前到相关学校报到,并从事小学一年级的教学工作。

第三,调配优化:对新招聘、外来安置、人才引进等教师,区教育局根据学校教师队伍建设的学科结构、发展需求等因素综合统筹调配。同一集群内学校教师的在岗时间连续计算，达到交流条件，须参加集群内交流。不同集群内教师的调配，由学校、局组织人事科统筹协调。

6. 奖惩制度

第一，教师参评各级各类优秀教育工作者、优秀教师和劳动模范等综合性表彰，或申报省、市特级教师和市、区三级骨干教师，具备交流工作经历的，优先推荐、优先评选。

第二，自2010年起，具备组团交流工作经历或主动报名参与交流的，教师申报一级教师、高级教师职称，在同等条件下予以优先评聘；自2015年起，实施集群交流学校的教师申报一级教师、高级教师职称，必须主动报名或具备交流工作经历且工作实绩突出。

第三，对符合交流条件但拒不服从组织交流决定的教师，按照《某区教师管理办法》的相关规定执行。

7. 工作要求

第一，加强领导，畅通管理渠道。集群教师交流工作，关键在领导，核心在管理。集群内各校校长为教师交流工作的第一责任人，区教育局党委成员实行集群挂包制，负责统筹协调集群内学校的教师交流工作。

第二，提高认识，树立大局意识。城乡教育一体化是区教育持续发展的主旋律，集群教师交流是推进义务教育优质均衡发展的重中之重。无论是组织实施的学校、科室，还是广大干部、教师，都要从讲政治、讲大局、讲纪律的高度提高认识，统一思想，精心组织，积极参与，以实际行动为某区教育优质均衡发展作出应有的贡献。

第三，严明纪律，规范操作模式。开展集群内教师交流工作，涉及面广、政策性强、操作难度大，具体负责组织实施的相关学校和科室要严格遵守交流工作的有关纪律制度，坚持原则，公道正派，规范操作，确保这项工作公开、公平、公正地进行。要切实采取有效措施，不断完善教师交流考核评价体系，逐步促进交流工作的规范化、制度化。

（二）某区小学教师队伍交流轮岗的现状

1. 调查目的

本研究的目的有两个：一是通过问卷调查，全面了解全区小学教师队伍交流轮岗的现状；二是试图在调查中发现当前推进全区小学教师队伍交流轮岗中的问题，分析产生问题的原因，进而为完善"集群办学"机制、推进全区小学教育均衡发展提供相应的建议与参考。

2. 调查对象与方法

（1）调查工具

本次调查采用的是自编问卷的形式。问卷依据教师均衡发展的相关理论成果和实践经验，从教师的个人信息、对教师交流轮岗政策的看法、态度和教师交流轮岗的现状三个方面进行编制。问卷以封闭题型为主，包括单项选择题和多项选择题。

（2）样本构成

本次调查以全区19所小学教师为调查对象，共发放问卷200份，回收有效问卷197份。有效问卷中，城区小学教师56份，城乡结合部小学教师74份，农村小学教师67份。样本构成如表1所示。

表1 样本构成

样本类别		人数（人）	占总样本数的比例（%）
性别	男	59	29.9
	女	138	70.1
教龄	3年以下	14	7.1
	3—5年	9	4.6
	6—10年	28	14.2
	11—20年	69	35
	20年以上	77	39.1
职称	二级教师	68	34.5
	一级教师	106	53.8
	高级教师	21	10.7
	正高级教师	2	1

(续表)

样本类别		人数(人)	占总样本数的比例(%)
学历	高中及以下	1	0.5
	大学专科	27	13.7
	大学本科	163	82.8
	研究生及以上	6	3

3. 调查结果

（1）教师基本情况

① 教师职称情况：从图1可以看出，具有高级及以上职称的教师占该区域的比例分别为城区占23.2%，城乡结合部仅为4%，农村占10.4%。可见，全区各校高级教师的分布很不均衡。

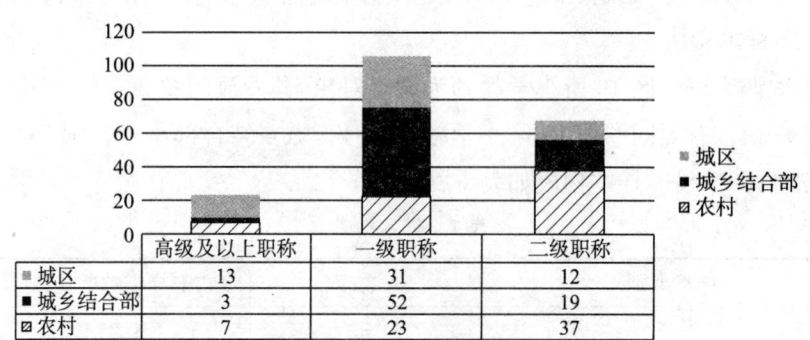

图1　教师职称情况

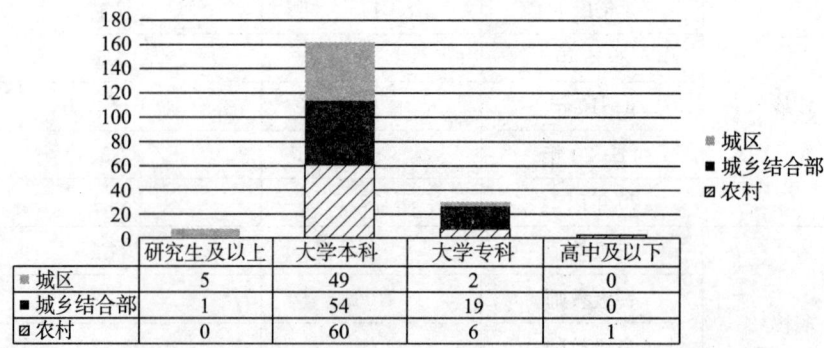

图2　教师学历情况

② 教师学历情况：从图2可以看出，大学本科及以上学历的教师占该区域的比例分别为城区占96.4%，城乡结合部占73%，农村占89.6%；研究生学历的教师占该区域的比例分别为城区占8.9%，城乡结合部占1.4%，农村没有。总体来看，高学历教师相对集中于城区学校。

(2) 教师对交流轮岗政策的看法与认识

① 教师参加轮岗的意愿：从图3可以看出，大部分教师是愿意参加交流轮岗或是无所谓的，但不太愿意或不愿意参加教师交流的也占了一定的比例。

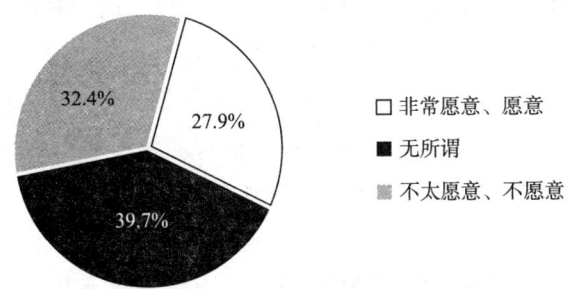

图3 教师参加交流轮岗的意愿

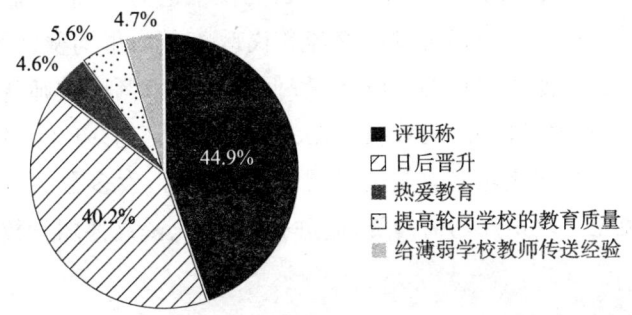

图4 教师参加交流轮岗的目的

图4显示了教师参与轮岗的目的，可以看出，大多数的教师都是为了自己评职称着想和为自己将来的晋升着想，只有14.9%的受访教师参加交流轮岗是因为对教育事业的热爱，或是为了提高轮岗学校的教育质量以及给薄弱学校教师传送经验。以下是对参与交流的教师的访谈实录。

问：您知道我们区一直都在实行的教师交流吗？

答：当然知道，这个政策已经实行了好几年了，我自己就参加过的。

问:那您当初参加交流是自愿的吗?

答:这个怎么说呢?自愿肯定谈不上,毕竟在一所学校待习惯了之后就不想有什么变动了,调来调去的太麻烦了。

问:那您后来参加交流是出于什么样的考虑呢?

答:上面的政策下来了,自己又符合条件,没办法拒绝,只能参加,毕竟大家一样,都得动,你就算这次不去,下次一样还得上。何况参加交流对我们也不是没有好处的。参加交流回来之后我们在评职称还有以后的晋升上都占一定的优势,这样一想的话,参加就参加吧,也就两三年的时间,熬一熬也就过去了。

问:您觉得有没有教师参加交流是因为想给薄弱学校传送经验的?

答:这个不好说,可能会有吧,不过在我周围我好像没听说有这样的人。毕竟大家首先考虑的都是自身的利益,哪有多少人是真正为了教育的改进和发展,教育的发展和改进哪是我们这些平凡教师能做到的。

从访谈中,我们不难发现,教师对交流轮岗这一政策并没有持很高的积极性,参加交流也多是从自身的利益和日后的发展考虑。

② 区域内执行教师交流轮岗政策的目的及推进力量:表2显示有61.5%的受访教师认为教育部门实施教师交流轮岗政策是为了均衡区域师资、促进教育公平以及提升薄弱学校的办学质量;但也有21.7%的教师认为实施教师交流轮岗政策只是教育部门搞政绩工程、形象工程;还有16.8%的教师不清楚教育部门实施教师交流轮岗政策的目的。可以看出,大多数的教师还是比较认同教师交流轮岗政策在均衡师资、促进教育公平、提高薄弱学校教学质量的作用的。

表2 区域内执行教师交流轮岗政策的目的

	政策执行的目的			
	均衡师资,促进教育公平	提升薄弱学校的教学质量	搞政绩工程、形象工程	不清楚
比例(%)	37.2	24.3	21.7	16.8

表3 区域内教师交流轮岗政策实施中的推进力量

	政策实施中的推进力量			
	教育局的行政命令	学校领导的命令	教育局和学校的宣传动员	广大教师的热情
比例(%)	32.4	29.6	21.6	16.4

表3显示了在教师交流轮岗政策推进力量上,62%的受访教师认为是依靠教育局的行政命令和学校领导的命令来推行这一政策;21.6%的教师认为是依靠教育局和学校的宣传动员;只有16.4%的教师认为这一政策的实施依靠的是广大教师的热情来推进的。以下是对某区教育局人事科科长的访谈实录。

问:我们区各个学校参加交流的教师的名额是如何确定的呢?

答:我们按照出台的文件确定每个学校应该参加交流的数量,至于具体由谁来参加,这是由学校来安排。一般来说,先由学校教师自愿报名,学校从自愿报名的教师中进行筛选;当自愿报名的数量不足时,就由学校在符合交流条件的教师中指定参加交流人员。

问:对于由学校指定参加交流的那些教师,学校会征求他们的意见吗?

答:这个不需要征求意见的,那些老师都知道自己是符合交流的条件的,他们就应该参加交流,就算这次不参加,那下次也还是得参加,迟早都得轮到。而且参加交流对于他们以后的评职称有很大的帮助。参加交流对他们而言利大于弊,他们没有理由不参加,没有理由会拒绝。

问:那如果有教师因为特殊原因不愿意参加,出现这种情况该怎么处理呢?

答:在我们实行了这么久的教师交流政策后,你说的这种情况没出现过。即使出现了,我想我们可以这么做:根据具体情况,如果老师就是因为不愿意参加交流,那我们肯定要做老师的思想工作;如果老师仅仅是因为这一次有特殊情况而不能参加,那我们可以考虑将他(她)放到下一轮交流名单当中。

从教育局的工作人员的回答中,我们也可以看出,教师轮岗交流这一政策执行中的推进力量主要集中在教育局和学校的行政命令,较少关注教师本身的意愿,认为只要教师符合了交流的条件,就必须参加交流。

(3) 对全区教师队伍交流轮岗现状的看法与态度

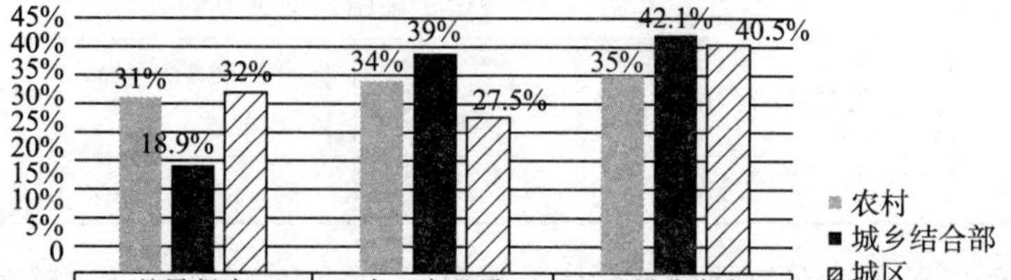

	差异很小	有一定差异	差异非常大
农村	31%	34%	35%
城乡结合部	18.9%	39%	42.1%
城区	32%	27.5%	40.5%

图 5 不同地区教师对轮岗前后所在学校教学条件的差异度

如图 5 显示，32％的城区教师、18.9％的城乡结合部教师和 31％的农村教师认为自己原来所在学校与轮岗后的学校在条件上差异很小；27.5％的城区教师和 39％的城乡结合部教师以及 34％的农村教师认为轮岗前后学校的条件有一定差异；40.5％的城区教师、42.1％的城乡结合部教师和 35％的农村教师认为轮岗前后学校的条件差异非常大。由此可看出，不同区域的学校在办学条件上存在一定的差异。

根据我们收回的问卷调查显示，有 26.7％的受访教师认为教育部门执行交流政策时改变了重点学校的教师优良结构；64.5％的教师认为教师被交流到其他学校后难以适应新的学校环境；21.8％的教师认为教育相关部门和学校实施教师交流政策时过于强制，教师存在较大抵触情绪；28.2％的教师认为中小学教师交流政策在实施过程中需要法律制度的保障与监督；42％的教师认为各校要收集、推广并及时开展经验交流和成果展示活动；36.8％的教师认为教育部门和学校应该设立专业机构指导交流工作，以及对交流中表现突出的学校和教师要给予嘉奖。以下是对一位教师的访谈实录。

问：您认为，您在交流过程中遇到过什么困扰吗？

答：困扰当然有，毕竟我们是从一所自己已经习惯了的学校交流到一所自己完全陌生的学校，在很多方面都会不习惯，不管是和交流学校的校长、老师的交流还是和接手的班级的学生的相处，都会不适应。有些性格内向的老师甚至在整个交流阶段都结束了还不能完全适应交流学校的环境。

问:您觉得参加交流的老师不能适应交流学校的环境,会对教师的教学效果产生影响吗?

答:这肯定是有影响的,而且影响还不小。教师不适应环境,会反映在教师与学生之间的关系上,师生关系受了影响,教师在教学时可能就会受束缚,放不开,课堂教学效果就达不到预期的效果。同时,教师不适应环境也会影响教师与交流学校其他教师的相处,教师无法很好地进行教学经验的交流与讨论。

问:在这样的情况下,您觉得本区教师交流的成效怎样?

答:刚开始实行教师交流的效果肯定是不行的,大家都有所顾忌。后来,随着教师交流成为常态,老师们也就习惯了,实行教师交流的初衷也就慢慢得以实现了。至少教师交流政策执行到现在,最显著的就是我们区的"择校热"已经得到了有效控制,我觉得这是一种好兆头。

问:那您觉得教师交流政策还有哪些地方是值得改进的吗?

答:我个人觉得,教师交流的初衷是好的,为均衡教育资源、促进本区教育的发展作出了贡献,但不能为了追求表面上的公平而将区内的教师进行大批次的交流,尤其是将重点学校的师资大量的外放。将重点学校的教师外放可能会造成原学校教学质量降低,从而使得名校趋于平庸,使我们区的教育失去优势。另外,在确定交流名单时,我希望上面能更多地参考一下我们的意见,不要一味地命令我们参加交流。还有就是,我希望在每一次教师交流中,能够定期举办一些经验交流会,帮助交流双方学校的教师进行经验的交流与传递,从而让好的做法与经验得到认可。也要对在交流中表现突出的教师进行适当的嘉奖,这样能够更好地调动教师的积极性。

该教师的回答让我们看到了一线教师对教师交流这一政策的顾虑与改进意见。

(三)当前某区教师交流轮岗的特点

一是创新"集群办学"模式。在前期"组团办学"实践成功的基础上,按照"相对就近、统筹兼顾、联动发展"的原则,升级创新"集群办学"模式,将全区18所公办小学分为四个集群,率先实行小学公办学校"零择校",明确"义务教育阶段学校全面实施免试就近入学",落实"公办不择校,择校到民校"的规定。从 2014 年招生情况来看,城区超大规模、超大班额学校得到了有效控制,育才小学从 13 个班减少至 8 个班,汶河小学从 13 个班减少至 8 个班,东关小学从 12 个班减少至 9 个班,班级生数明显下降,生均面积不足等问题也将逐步得到缓解。薄弱学校生源实现"大回流",宦桥小学、文峰小学、解放桥小学等一批薄弱学校招生人数较往年都有很大程度地提升。

二是创新"跨区办学"模式。在 2010 年"组团办学"理论系统化之后,某区创办育才小学西区校,成功创立跨区办学新体制;成功探索管办分离的新模式,育才小学派师资、出管理,区政府投资金保发展,实现了强强联手、事半功倍、福泽民生的效应;成功彰显组团办学、集群发展的新成效,育才小学派出干部教师进驻西区,在学校管理、师资配备、教学资源等多方面实现"无缝对接"。办学五年来,生源结构、管理水平、办学质态等方面不断优化提升,名校跨区办学效应不断彰显。

三是创新"合作办学"模式。某区先后跨省市结对 25 所,跨国际结对 18 所,签订了合作协议书,互派师生代表团,充分利用双方学校各种教育资源,以"借力、借智、借道"加快世界儿童友好城区建设,推动区教育在国际化的平台上实现区域均衡化、特色化、现代化。

四是持续优化师资队伍结构。在教师交流模式上突出传承与创新对接,城区集群之间采取轮岗式交流,乡镇集群之间采取共建式交流,城区集群和乡镇集群之间采取跟岗式交流。交流中突出科学与人文并重,区教育局根据当年一年级招生计划的 50%,预设交流教师数量,以自愿报名、随机派位等方式推进,干部教师逐步由"学校人"走向"系统人"。在交流对象上突出干部与教师同步,全区一年级异校教师执教占比 50% 以上,教师交流总人数持续超过全区教师总数的 15%,如宦桥小学一年级 5 个班就由 3 所百年老校的 10 名中层干部或骨干名师执教,初步实现了教师大面积交流走向优质师资的均衡分布。

三、Y市某区"教师交流轮岗政策"的运行特征

(一)Y市某区"教师交流轮岗"政策成效

某区全面开启"组团集群"模式。在骨干教师支教成功探索的基础上,2010年以来,某区先后创新"组团办学",推行"集群交流",走出了一条有利公平、特色鲜明、内涵丰富、社会认可的义务教育优质均衡发展之路。

一是内涵发展组团。依照"区域整合、特色吸引、全体独立"的原则,综合规模、位置、特色等因素,2010年起将全区中小学分成七大组团,2015年起在组团交流的基础上进一步深化工作,划分四大集群,实现了区域组团在管理、师资、生源等方面融合发展。图6展示了育才组团的教师交流。

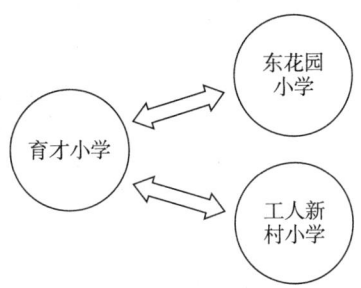

图6 育才组团的教师交流

二是师资流动集群化。按照"相对就近、统筹兼顾、联动发展"的原则,将全区18所公办小学分为城区规模学校、城区一般学校、乡镇南北片区学校等四个集群,采取轮岗式、共建式、跟岗式三种模式,制度化推行干部教师逐步由"学校人"走向"系统人"。教师成为"系统人"并不仅仅是一种身份的变化,职责等也随之变化,教师在交流上的阻碍也变小了。因为所处一个"系统",交流轮岗的灵活性也大大提升。某区从组团到集群的过渡也进一步促进了教育的均衡发展,从组团到集群的变化不仅停留在交流方式上,也在一定程度上意味着在城区、城乡结合部以及农村之间建立起一座高架桥,促进优质资源更深层次的交流。优秀教师不再是名校的专属,而是属于该集群,属于整个集群内的所有学校。图7展示了两个集群学校之间的教师交流情况。

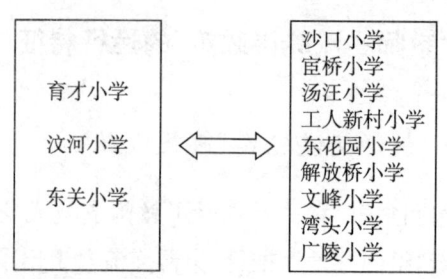

图7 第一集群与第二集群学校之间的教师交流

三是均衡探索科学化。在集群交流的有益实践中,根据当年的一年级招生计划的50%,综合考虑教师任教年限、家庭情况、学科结构等因素,通过自愿报名、随机派位、人事托管等方式,推进教师交流从校际"点对点"互换走向集群"面对面"互动,教师交流总数持续四年超过符合交流条件教师总人数的15%,实现干部教师轮岗交流新常态。

(二) Y市某区"教师交流轮岗政策"执行失真的特征

经过几年的探索与努力,某区的教师交流轮岗政策取得了令人欣喜的成效,然而在经过问卷调查和访谈之后,我们也发现了一些问题。

1. 交流对象"校长"缺位

2010年,在《关于推进全系统教师交流工作的意见》中规定,交流对象为"区属中小学校、少年宫的公办教师,其中以义务教育阶段学校的公办教师为主";2011年,在《关于进一步推进全系统教师交流工作的意见》中规定,"在区属义务教育学校连续任教满六年、离法定退休年龄在六年以上的公办编制教师,必须按照统一安排参与交流",并对无法参加交流的教师有所规定。但是某区教育局的教师轮岗政策文本中一直未有"校长交流"的内容。《国家中长期教育改革和发展规划纲要(2010—2020)》中明确提出:"加快薄弱学校改造,着力提高师资水平,实现县(区)域内教师、校长交流制度。"

无论是"组团交流",还是升级后的"集群交流",校长只是教师轮岗政策中的"旁观者",不参与"交流",却是教师轮岗交流政策的"决策者"。韩国教师交流已经实施了四十多年,基本消除了择校现象,其交流对象有三种:中小学校长、校监(相当于国内的教导主任)、教师,并对不同对象的工作年限、流动年限与不流动教师作出了具体的规定,且不同对象的流动程序不同,这些值得我们借鉴学习。

2. 保障激励机制缺乏吸引力

教育教学评价机制是评定教师教学成果和教育对学生的影响的一系列制度形成的有机结构,是保证教育教学成果得到合理评价、教师价值得到正确评定的制度性因素。通过对教师的教育教学的评价,确定教师的薪酬、晋级、职称等等,以此来鞭策或者激励教师更好地为教育事业作出贡献。义务教育教师轮岗交流政策的顺利实施也需要教育教学评价机制的保证作用。教师轮岗到其他学校,教育教学的评价不仅仅依据原有教学成绩的稳定与提高,还要看到教师本身的专业知识和教学能力的提高。值得一提的是,日本的教师轮岗制度在经济保障方面的考虑缜密详尽,主要包括基本工资、基础津贴、普通津贴和特殊津贴等,不同类型的经济保障方面的规定具体而周全。日本教师的津贴种类繁多、覆盖面广,比如抚养津贴、住房津贴、交通津贴等基础津贴,又如特殊业务津贴、期末勤勉津贴、义务教育教师特别津贴、夜间教育津贴等普通津贴,再如寒冷地区津贴、偏僻地区津贴、特殊地区勤务津贴、长距离人事调动津贴等特殊津贴。①

某区教育局的教师轮岗政策文本只有"奖励制度"一项激励流动教师的规定,对参与交流轮岗的教师在职称评定上给予优先考虑,而奖励以"优先推荐、优先评选、优先评聘"为主,没有实质上的经济激励政策,缺乏基本保障制度,缺乏吸引力。而把教师参与轮岗作为教师评职称和晋级的条件,不根据教师在轮岗交流中的成绩进行具体对待,很难保证教师在轮岗中的精力投入,容易让教师错误地认为只要参加轮岗就有评聘高一级职称的优先权。在访谈中,老师们表示他们参加交流更多地就是出于为以后评职称和晋升考虑。

3. 政策内容过于笼统,缺乏人文关怀

在查阅相关资料时,笔者发现,由于韩国定期轮岗制度比较完善且操作相对科学公正,很少有韩国教师对流动制度表示不满。② 韩国政府除了确保对流动教师进行利益补偿外,在政策文本内容中也不乏细致关怀之处。比如,在规定不流动教师方面考虑到了特长教师不流动,"对于有体育竞赛、科学教育、英才教育

---

① 付淑琼,高旭柳.日本教师定期轮岗制的经济保障制度及其对我国的启示[J].教师教育研究,2015(1).

② 教师轮岗:我们跟韩国学什么?[J].亚太教育,2015(2).

等办学特色的学校,教师具有特长并有工作实绩,校长要求留任的教师可以申请暂不流动";在考虑教师家庭状况方面,"父母、配偶、子女或自己身体有残疾的教师也可申请不流动"[①];在安排教师定期轮岗时,首先要考虑其居住地的方便性,一般不会安排教师流动到离家很远的地方,一般距其居住地不会超过90分钟的车程,如果超出90分钟车程,道教育厅要给予教师相应的安家费以及住宿和生活补贴等福利待遇。[②]

而纵观某区教育局的政策内容,在2010年《关于推进全系统教师交流工作的意见》中规定,"在同一所学校连续任教满一定年限的教师应当流动",对于交流年限规定不具体。虽然在2013年《关于进一步推进全系统教师交流工作的意见》中作出改进,但是仍有待改善。在实施步骤上,政策文本上的规定相当笼统,缺乏可操作性。从动员部署到推荐人选再到确定人员,教师交流名单的决策权基本落于名校校长之手,如"推荐人选:名校确定本单位参与交流的教师名单,经各组团均衡总协调和各校校长会商并统一意见后,7月20日前上报区教育局",未考虑教师个人意愿与基本家庭状况,使得在政策实施过程的行为因缺乏行动参照而变得不可控。

教师轮岗过程中,工作地域的异动,很多教师要轮岗到离家较远的地方任教,某区虽然将整个区域划分为几个集群,但集群内的相关学校之间距离较远的现象还是客观存在的,这必然给教师的生活带来诸多不便。基本上大部分教师为了工作方便都会选择居住在学校附近,而轮岗后,这一优势显然变成了劣势。加上没有交通补贴,一些家住得较远的教师还是不得不承担了一部分因轮岗带来的交通费、生活费等费用,每天在路上花相当长的时间也无形中存在一定程度的安全隐患。再者,教师轮岗交流中有些是学校比较优秀的骨干教师,这些骨干教师年富力强,带动作用巨大,可是这些教师也多是"上有老下有小",上有年逾花甲父母需要关心照料,下有年幼的子女需要爱护教育,这些教师在没轮岗交流之前尚处于家庭与工作交织缠身的状态,更何况教师轮岗交流之后离开了原有工作所在地,有的甚至离家较远,交通安全问题矛盾突出,对家庭疏于照顾造成了教师巨大的心理负担,甚至可能激发家庭矛盾。

---

① 薛正斌,刘新科.日韩中小学教师管理与流动对中国的启示[J].宁夏社会科学,2009(2).
② 教师轮岗:我们跟韩国学什么?[J].亚太教育,2015(2).

4. 交流教师存在功利心态，扭曲了交流的最初目的

实施教师轮岗交流的最初目的是为了均衡各个学校之间的师资配置，推进义务教育的均衡发展。然而部分地区为了实施教师轮岗交流政策，通常把教师参与评优评先、晋升、评职称、选拔干部等的条件与参与教师交流相挂钩，使教师轮岗变了味。某区在实施这一政策时也不例外。通过对参与交流的教师的交谈，我们发现，一些参与交流的教师只是将这一经历作为自己评优评先、晋升、评职称以及干部提拔的砝码，而不是发自内心地想帮助薄弱学校。从这种意义上来说，教师轮岗交流已经被看成一种功利性的手段，教师交流已经扭曲了交流的最初目的。

某区一些规模较小的学校教师定期交流遇到瓶颈，这些学校中满足交流条件的教师已经很少或已没有，如文峰小学、汤汪小学、湾头小学等。近两年，交流规模较小的学校是一批工作不足六年，甚至是参加工作才两三年的教师，还有部分规模小的学校教师前期交流过了，今年暑期未满六年却要面临二次交流，如湾头小学。面对这样的情况，不少教师提出希望能够在满六年之后再进行二次交流，而教育局的人员则表示也很无奈，一方面是《关于进一步推进义务教育学校教师和校长流动工作的意见》中提到的"各县（市、区）每年教师交流比例不低于符合交流条件教师总数的15%，城镇学校骨干教师交流比例不低于符合交流条件骨干教师总数的15%"的指标要求；另一方面又是在为交流而交流，有违设计者所预期的促进优质教师资源共享和城乡学校"共赢"的目标；同时还要应付来自教师和家长们的一些意见和不满。

5. 部分交流教师难以适应新的学校环境，师生关系不稳定

教师轮岗交流到另一所学校后都会需要一个过程来适应新的环境。交流教师不仅要适应对方学校的教学设施等"校园硬环境"，还要适应对方学校学生群体的认知水平、学校的办学风格以及新同事之间的人际关系等"校园软环境"，这些在短时间内是很难适应的。一方面，对于从优质学校交流到薄弱学校的教师来说，他们迫切地想在第一时间内带动学生整体水平的提高，但由于薄弱学校的学生基础相对较差，交流教师很难在教学上取得"立竿见影"的效果，这往往会使交流的教师感到很失落，有时甚至会丧失信心，消极对待。另一方面，从薄弱学校交流到优质学校"取经"的老师同样也会遇到相似的难题。优质学校的学生基础相对较好，对教师的业务水平要求也较高，教师们都是高强度、快节奏地工作，这对于轮岗到优质学校的教师来说会感觉有很大的心理压力,因而也很难适应新的学校。

教师轮岗交流,新教师代替老教师,难免会使原有的良好师生关系受到影响,师生之间的稳定性遭到破坏。众所周知,良好的师生关系对于教育质量的提高有很大的帮助,而这种关系的构建是师生长期共同努力的结果。师生关系一旦形成,将会长期影响着学生的学习和生活,这是一个逐渐建立信任和关爱关系的过程,在这个过程中,教师和学生都得到了成长和升华。而据笔者了解,某区在具体实施过程中规定交流时间为2—3年,这就意味着老师和学生需要不断地接受新的学生和老师,不断构建新的师生关系,这需要老师和学生花费更大的心力来适应这种不断变化的师生关系。虽然经过双方努力,能够建立起和谐的师生关系,但由于只有2—3年的时间,还没来得及产生多大的正面影响,就已经结束了。所以,尽管这种轮岗在一定意义上为师生关系的发展带来了新的积极的影响,但毫无疑问,这种轮岗非但不能促进教学相长,反而会给部分教师造成一些问题。对于流动至薄弱学校的老师来讲,他们很难真正融入教学中去,也就不可能让薄弱学校的教学发生根本性的变化。而对于学生来讲,频繁地更换老师,要不断地适应新老师的脾气、教学方法等,也为他们原本紧张的学习生活增加了更多的压力。由此可见,教师的轮岗交流从某种程度上会破坏师生关系的稳定性,以致增加了教师和学生相互作用的成本,也使得教育教学成本增加,从而可能影响教育教学的效果,反而偏离了轮岗交流的初衷。

(三)对"教师交流轮岗政策"执行中出现问题的原因分析

1. 政策层面的原因

首先,教师交流政策的制定过程缺乏民主。从其制定、实施过程来看,教师交流政策是我国典型的自上而下、强制性的政策。作为政策主体之一的教师,在政策制定与实施中缺少话语权,教师对交流政策制定的背景、目的等相关规定缺少足够的认识与理解,一些特殊教师群体的基本利益难以得到保障与维护。

其次,我国现行的中小学教师人事管理体制不利于教师交流政策的实施。根据李改对来自全国部分市、县教育局长培训班的调研报告发现,"六成地市局长认为现行的教师人事制度不利于教师交流。可以说,改革教师人事管理制度,是推进教师交流绕不过去的一道门槛"。现行的教师人事管理体制一般是把教师的编制关系放在各个具体的学校,这样从一开始教师就认为自己是属于某个特定的学校,很多教师会对原来学校存在较强的归属感,产生不愿交流的情绪。

再次,教师交流政策的配套措施不完善。以Y市某区推行"系统人"人事管理体制为例,根据我们的问卷调查结果显示:城区教师中,有5.4%的不清楚,23.3%的不赞成或强烈反对;城乡结合部学校教师中,13.5%的不清楚,6.8%的不赞成或强烈反对;农村教师中,有9%的不清楚,24.4%的不赞成或强烈反对。一个好的方案却因缺乏配套的、具体的、直观的措施而被忽略或反对。有研究表明,超过六成的教师认为教师交流政策缺乏完善的配套制度,很难发挥法律制度对教师交流政策的规范和监督作用,也会造成教师行为偏差。

2. 教师层面的原因

对教师轮岗交流政策实施过程中出现的问题,除了政策层面的原因,教育政策的执行者——教师自身也有原因。

教师轮岗交流积极性不高、难以适应新学校环境以及交流存在功利色彩等问题,除了客观上因为交流给教师的生活带来的一些不便,还由于教师的教育信念匮乏。"百年大计,教育为本",教育对于一个国家的发展和民族的未来都起着至关重要的作用。而教师对于教育的发展又起着关键性的作用,教师具有崇高的教育信念会对整个教育事业的发展起到举足轻重的作用。但伴随着改革开放以来市场经济的发展,以及社会上诸多不良因素的诱惑,教师也难免有功利与自私的一面,去追求个人利益的最大化。一些教师由于缺乏正确的教育信念,在交流过程中,把工资、福利等优惠政策看得太重,而忽视了"教书育人"的教学宗旨,对于通过教师交流来促进义务教育均衡发展的意义更是考虑不足。由于教师缺乏正确的教育信念,导致交流政策缺少强有力的精神动力,因而会影响教师交流政策的实施。

四、对Y市某区"教师交流轮岗政策"的执行建议

(一)完善配套政策体系

教师交流轮岗涉及编制岗位、职务职称、聘用管理、考核培训、薪酬福利、评优表彰等多方面政策的调整。需要加强统筹规划,打破教师交流轮岗的管理体

制障碍。

1. 完善人事管理制度

目前，国家层面正在推动义务教育教师队伍"县管校聘"示范区建设，Y市某区可从全区的实际情况出发，大胆探索教师队伍管理新机制，实行全员合同聘任制和无校籍管理，交流期间，教师的工资、编制等关系暂由区教育局托管，教师从"学校人"变为"系统人"。进一步完善教师调配管理办法，从而有效避免人事权和聘任权的分离带来的区域内交流不畅。

2. 改革教师薪酬制度

建立全体教师收入平衡机制，实施薪酬倾斜性补偿的制度，适度向区内薄弱学校倾斜，为实现教师交流提供公平、合理的保障。还可设置教师交流轮岗的动态专项基金（即特殊津贴），用于交流教师的管理、奖励、培训及相关交流方面，特别是补助那些交流到条件特别艰苦的学校的教师，并严格做到专款专用。

3. 建立健全激励机制

将到薄弱学校工作作为培养锻炼教师的重要平台，与教师职业发展进行全过程、全方位有机衔接，树立正确用人导向。在编制核定、岗位设置、职务（职称）晋升、业绩考核、培养培训、评优表彰等方面制定优惠倾斜政策，激发教师参与交流轮岗的积极性和主动性，变"要我交流"为"我要交流"。

（二）完善相关程序，规范操作

1. 完善交流程序，严格执行

规范教师校际间交流的程序和办法，严肃纪律，公开操作，加强监督，防止腐败现象产生。按照宣传动员—自主报名—单位推荐—集体研究—确定人选的工作流程，最大范围兼顾老师和学校的多样诉求。各校在符合轮岗条件的教师中明确划分可以交流、暂不交流的范围，患病、怀孕、哺乳期或家庭有特殊困难的教师不得作为轮岗对象；尊重教师意愿，所有参加轮岗教师提交选校志愿表，作为教育局统筹安排的依据之一。参加集群间义务教育阶段学校交流的教师，以2—3年为一个周期跨集群交流，交流期满后返回原学校，待符合条件后参加下一轮集群交流。

2. 让缺位的交流对象"校长"归位

根据《国家中长期教育改革和发展规划纲要（2010—2020年）》的要求，加快薄弱学校改造,着力提高师资水平,实现县(区)域内教师、校长交流制度。Y市某区应完善校长参加交流的实施方案,将各个学校的校长纳入教师交流的队伍中,在确定每一次的交流名单时,将学校校长考虑进去,从而使得缺位已久的交流对象"校长"归位。

(三)强化激励评价,确保交流政策实施效果

1. 建立教师轮岗交流的激励机制

教育相关部门和学校需要从教育教学、教师专业发展、教师荣誉感多个方面考虑,建立形式多样的激励政策来鼓励教师参与交流。一是在绩效考核时,给予在交流中表现出色的教师合理的倾斜,即给出经济上的奖励,教师和其他普通的人一样,在追求事业成就的同时也有对经济收入的需求;二是给予在交流中表现出色的教师从事重要岗位的机会,如安排他们参与学校决策与管理或者让他们担任学科带头人等职务,这些教师可以通过重要岗位的实践得到宝贵经验,促进自身职业成长,此种激励方式可以调动教师参与交流并且努力工作的积极性;三是相关教育部门应定期召开教师交流表彰大会,将在交流中取得明显成绩的教师、学校树立为典型样板,对其成功经验进行总结、概括、升华,使之成为一面旗帜,可以起到导向、示范、带动和辐射的作用,让大家看到教师交流带来的直接好处,最形象直观地感受到教师交流符合他们的价值观和人生观,那么他们将采取支持态度和支持行动。

2. 完善教师轮岗交流的评价体系

在某区中小学教师轮岗交流实施过程中,除了对交流对象、时间等作出相应的规定外,对考核的方案、评价机制等并没有一套详尽完整的实施计划,各校都按照自己的实际情况各自为政,由学生、老师和校长对轮岗教师进行形成性与总结性评价。无论是在交流期间的形成性评价,还是轮岗结束时的总结性评价都是必要的。在评价过程中,教师要对自己的授课效果进行评价,而更重要的是学生、教师和校长甚至是学生家长都应可以对其作出评价,这样多维度的评价主体才能更加公正、客观。

(四)注重人文关怀,转变教师观念

1. 根据具体情况合理安排轮岗交流对象

教师轮岗不仅涉及教师工作、生活等多方面的变动,而且不同规模的学校安排轮岗的对象也应该依具体情况而定,注重人文关怀,而不是"一刀切"、整齐划一,为完成交流目标而安排交流对象。针对不同情况,教育主管部门在开始选拔轮岗教师的时候,应该综合考虑每所学校、每个教师的实际情况,包括学校规模与整体水平、教师的适应能力、家庭情况等,应尽量选择达到一定的交流规模的学校,选择家庭事务较少、离交流的学校较近或是交通相对比较便捷的教师。尤其对于新建学校中新进教师占多数,很少有教师达到任教六年的交流条件的情况,就应该作出具体规定,比如可以减少或暂停较小规模学校教师的定期交流,待满足条件后再进行交流;对于这类小规模学校,可以将校区一体化教师轮岗、网上结对、对口支援送教等纳入教师交流范围进行统计。

在教师轮岗的实施过程中,更要坚持以人为本的原则,要切实解决与教师生活、工作密切相关的实际问题,关注教师的精神需求和体验,从根本上使教师的物质和精神生活条件得到改善,只有这样才能真正激发教师对于轮岗潜在的积极性。此外,学校还应该多关注教师心理和职业幸福感的问题,可以针对轮岗教师提出"轮岗教师关爱年",对这一特殊群体教师实施关爱工程,使他们更多地体会到教育部门乃至整个社会对他们的关心和爱护,在推进教育均衡发展的同时,稳步提升教师的生活质量和幸福指数。只有切实解决好轮岗教师的实际困难,才能顺利地开展教师轮岗交流工作。

2. 鼓励教师树立崇高的教育信念,消除功利色彩

首先,要夯实教师教育信念的基础。对于广大教师来说,对交流政策的理解、接受与认同是教师对交流政策产生教育信念的基础,是交流政策是否可以顺利实施的一个必要前提。Y市某区要加大宣传,创造轮岗交流的社会氛围。通过新闻、广播、网络等多种媒体广泛宣传教师轮岗交流对于逐步改善区内师资配置状况,实现本区域内义务教育相对均衡发展的重要意义,使学校和广大教师认识到自己与轮岗交流的关系,使他们自觉地形成轮岗交流的意识,而不是仅仅为了自身的发展而参加轮岗交流。其次,教师要发扬爱岗敬业的精神。翻开中外教育史可以看到,能否树立坚定而又正确的教育信念是判断一名教师是否真正

践行爱岗敬业的重要标准之一。在交流政策实施过程中,教师要发扬爱岗敬业的精神,把"育人成才"这份伟大的职业当作毕生所要追求的事业,能够守得住寂寞,甘心奉献自己的青春,做到鞠躬尽瘁、诲人不倦,为教育事业作出贡献。教师只有具备了崇高的教育信念,并且将其深深扎根于内心,才能做到只要是有利于教育事业发展的教育政策,不管自己的利益得失都会全心全意地去贯彻执行。

崇高的教育信念是教师无私奉献的精神支柱,教师只有在具有崇高的教育信念时,才能克服在轮岗交流中遇到的困境、冲突、不公、挫折等不如意的情况。因此,Y市某区广大义务教育教师要树立崇高的教育信念,使教育信念真正成为推动Y市义务教育教师实施轮岗交流的精神动力。

(五)成立专业的指导机构,促进教师专业发展

教师长期以来接受的都是具有较强专业性质的知识和技能,他们依据自己的专业知识作出判断和决定。作为专业人员,教师更加倾向于接受本专业同行、专家所给予的意见,视他们的行为与言论为自身行动的主要参照标准。因此,教育部门应该成立专门的教师轮岗交流领导小组,以分管领导为组长,相关业务科室和教育专家为成员,根据本地实际情况制订完善、可行的调研计划,指定专门的人员或与有关学者合作对本地各校教师轮岗交流的实际情况进行分阶段和不定期相结合的全面调研。

具体来说,在交流工作开展前,专家队伍需对本区域的不同层次学校进行实地调查,摸清学校之间可能存在的学科配置、教师数量、教师年龄、管理水平等多方面的差异,同时系统地调查被交流教师的个体能力、教学特点、业余爱好及教师自身职业发展需求。然后,结合学校与教师的实际情况,科学合理地安排交流教师的教学、科研或者管理岗位,充分发挥学校之间取长补短、教师之间人尽其才的作用。在交流过程中,专家队伍需安排专门的区域负责人,对交流政策中明确规定的交流教师应该履行的职责(如听课和公开课的数量、论文以及心得体会的撰写等)进行有力的指导和监督,掌握交流教师的思想动态和交流工作进展。若负责人发现交流中出现问题,要及时反馈给专家队伍,专家队伍应对问题进行全面的调查和集体探讨,科学合理地修改完善交流政策和交流程序。在对调研结果进行充分整合、分析的基础上,教育部门可以建立交流教师的数据库,方便对这些教师进行进一步的后续跟踪调研,同时也为各方提供教师轮岗交流的信息依据。

参考文献

[1] 付淑琼,高旭柳.日本教师定期轮岗制的经济保障制度及其对我国的启示[J].教师教育研究,2015(1).

[2] 教师轮岗:我们跟韩国学什么?[J].亚太教育,2015(2).

[3] 薛正斌,刘新科.日韩中小学教师管理与流动对中国的启示[J].宁夏社会科学,2009(2).

[4] 向园园,李经天.教师交流轮岗实施过程存在的问题与对策探究[J].教师教育论坛,2014(5).

[5] 何舒颖.教育公平视域下的中小学教师轮岗制审视[J].继续教育研究,2013(6).

[6] 严文利.中小学教师交流轮岗中的问题及对策[J].亚太教育,2015(26).

[7] 杨雪.县域内"教师轮岗政策"运行研究[D].南京:南京师范大学,2015.

[8] 王保声.县域内义务教育学校教师定期轮岗交流制度研究[D].武汉:华中师范大学,2012.

[9] 陆文燕.教师轮岗交流政策实施状况分析[D].苏州:苏州大学,2013.

[10] 管敏.HA市直小学教师交流轮岗制问题及对策研究[D].苏州:苏州大学,2014.

[11] 陈栋.县域教师轮岗交流制度的政策伦理研究[D].芜湖:安徽师范大学,2014.

[12] 韩林.江苏省洪泽县义务教育教师轮岗交流的调查研究[D].淮北:淮北师范大学,2015.

[13] 国家中长期教育改革和发展规划纲要(2010—2020年)[Z].http//www.gov.cn/jrzg/2010－07/29/content_1667143.htm.

附录 1

扬州市教师交流轮岗调查问卷

尊敬的老师：

您好！非常感谢您抽出宝贵的时间接受我们的书面调查！我们正在进行中小学教师交流轮岗的有关研究，需要您的支持和配合。本调查采取无记名方式，调查结果仅作为研究依据，不会给您本人及您所在的学校带来任何不利影响。请您根据自己真实想法回答问题，将您认为最符合答案的选项写在括号内，答案没有对错之分。衷心感谢您的支持与合作！

第一部分 个人基本信息

1. 您的性别（   ）

    A. 男　　　　　　　　　　　B. 女

2. 您的教龄是（   ）

    A. 5 年以下　　　　　　　　B. 5—10 年

    C. 11—20 年　　　　　　　 D. 20 年以上

3. 您目前的职称是（   ）

    A. 一级　　　B. 二级　　　C. 高级　　　D. 正高级

4. 您的学历是（   ）

    A. 高中及以下　　　　　　　B. 大学专科

    C. 大学本科　　　　　　　　D. 研究生及以上

5. 您目前所在的学校是（   ）

    A. 城区学校　　B. 城乡结合部学校　　　C. 农村学校

6. 您的婚姻状况（   ）

    A. 单身　　　B. 已婚无子女　　C. 已婚有子女

7. 您目前月工资为(　　)

　　A. 2 000—3 000 元　　　　　　　　B. 3 000—4 000 元

　　C. 4 000—5 000 元　　　　　　　　D. 5 000 元以上

8. 您曾经历过几次学校间的流动(　　)

　　A. 无　　　　B. 1 次　　　　C. 2 次　　　　D. 3 次及以上

第二部分　对教师交流轮岗政策的理解

1. 您愿意参加轮岗吗?(　　)

　　A. 非常愿意　　B. 愿意　　C. 无所谓　　D. 不太愿意

　　E. 不愿意

2. 影响您的轮岗意愿的主要原因是?(可多选)(　　)

　　A. 为了自己教师专业更好的发展

　　B. 轮岗学校路途远,生活不便

　　C. 无法照顾家庭和孩子

　　D. 新环境的人际关系难以处理

　　E. 工作难以展开

　　F. 待遇得不到保证

　　G. 其他原因

3. 您了解教师交流轮岗政策吗?(　　)

　　A. 非常了解　　B. 比较了解　　C. 基本上了解　　D. 不太了解

　　E. 不了解

4. 您从哪些途径了解教师交流轮岗政策?(可多选)(　　)

　　A. 教育局宣传　　B. 学校宣传　　C. 同事之间宣传

　　D. 自己网上查询　　E. 其他途径了解

5. 您清楚本区教师交流轮岗政策制定的程序吗?(　　)

　　A. 非常清楚　　B. 比较清楚　　C. 基本清楚　　D. 不太清楚

　　E. 不清楚

6. 您认为本区教师交流轮岗政策制定程序合理吗?(　　)

　　A. 非常合理　　B. 比较合理　　C. 基本合理　　D. 不太合理

　　E. 不合理

7. 您认为区教育局实施教师交流轮岗政策的主要目的是什么？（可多选）
（   ）

   A. 均衡区域师资、促进教育公平

   B. 提升薄弱学校办学质量

   C. 应付上级检查评比

   D. 搞政绩工程、形象工程

   E. 不清楚

8. 在制定教师交流轮岗政策过程中，区里征求过教师意见吗？（   ）

   A. 经常有　　　B. 偶尔有　　　C. 没有　　　D. 不太清楚

9. 您认为本区教师交流轮岗政策依靠什么力量推进？（可多选）（   ）

   A. 教育局的行政命令　　　　　B. 教育局的宣传动员

   C. 学校领导的命令　　　　　　D. 学校领导的宣传动员

   E. 广大教师的热情　　　　　　F. 不清楚

10. 您认为本区教师交流轮岗政策的执行过程符合当初政策文本的规定吗？（   ）

    A. 非常符合　　B. 比较符合　　C. 基本符合　　D. 不太符合

    E. 不符合

11. 您认为轮岗教师对贵校教育教学质量的提升有帮助吗？（   ）

    A. 非常有帮助　B. 比较有帮助　C. 一般　　　　D. 不太有帮助

    E. 没帮助　　　F. 不清楚

12. 您认为参与轮岗的教师是出于什么目的？（可多选）（   ）

    A. 热爱教育事业　　　　　　　B. 为了提高轮岗学校的教育质量

    C. 给薄弱学校教师传送经验　　D. 为了自己评职称着想

    E. 为自己将来晋升着想　　　　F. 说不清楚

13. 您所在学校选派教师参与轮岗交流的方式是？（可多选）（   ）

    A. 学校选派　　B. 自愿参与　　C. 随机选取　　D. 投票选取

    E. 其他

14. 您所在学校教师参与轮岗交流的时间是多久？（   ）

    A. 1年以内　　　B. 1—2年　　　C. 2—3年　　　D. 3年以上

第三部分 教师交流现状调查

这部分共有13题,每题有五个备选项,请根据您的实际情况在适当的空格处打"√",每题只能选择一个答案。

题号	题目	完全属实	基本属实	不清楚	基本不属实	完全不属实
1	您认为某区教师交流政策宣传力度不够,教师对交流政策精神实质理解不充分					
2	您认为在进行教师交流过程中存在部分政策(福利待遇、津贴补贴等政策)没有被完全落实的现象					
3	您对您原来所在学校的教学条件感到很满意					
4	您到交流的学校后对该校的教学条件不满意					
5	您认为本市教育部门执行交流政策时改变了重点学校的教师优良结构					
6	您认为教育相关部门和学校实施教师交流政策过于强制,教师存在较大抵触情绪					
7	您认为学校领导对外校交流过来的教师不予以重用					
8	您认为教师被交流到其他学校后很难适应新的学校环境					
9	您认为教育部门和学校应该设立专业机构指导交流工作					
10	您认为对于在交流中表现突出的学校和老师要给予嘉奖					
11	您认为各校交流中的有效做法要收集、推广,及时开展经验交流和成果展示活动					
12	您认为教师交流政策实施过程中监督与评价体系不健全,阻碍本市教师交流的效果					
13	您认为某区中小学教师交流政策在实施过程中需要法律制度的保障与监督					

问卷内容到此结束,再次感谢您的大力支持!祝您身体健康、工作顺利、万事如意!

附录 2

教师交流轮岗政策实施的访谈提纲

您好！我们正在做一个关于教师交流轮岗政策的课题调研，课题名称是"江苏省教师交流轮岗政策实施现状的调查研究"。因此，我们需要了解有关义务教育轮岗方面的一些问题，轮岗就是我们平常说的"教师交流"。访谈大约占用您30分钟，为了消除您的顾虑，我们对此次访谈不做任何录音，只做纸笔记录，同时在论文中一律采用化名。谢谢您的支持！

访谈提纲一：针对教育局工作人员的访谈提纲

1. 请问本区是哪一年开始实施教师轮岗的？当时推行教师轮岗的初衷有哪些？
2. 请问本区在推进教师交流轮岗方面具体出台了哪些政策？
3. 请问本区教师轮岗政策是如何制定的？实施程序是怎样的？
4. 请问本区在执行教师交流轮岗政策中做了哪些工作？比如，和其他部门的协调、对学校和教师的宣传动员以及争取上级政府部门的政策扶持。
5. 请问本区教师交流轮岗政策取得了哪些成效？
6. 您觉得本区教师交流轮岗政策在实施中存在哪些问题？
7. 您对本区教师交流轮岗政策的执行有没有什么建议？

访谈提纲二：针对轮岗教师的访谈提纲

1. 请问本区在制定教师交流轮岗政策时有没有通过一些方式征求一线教师的意见，比如采用征求意见箱、网络邮件等方式。
2. 在轮岗前您清楚本区有关教师交流轮岗的政策吗？具体的渠道有哪些？
3. 您觉得你们学校的领导对于教师交流轮岗是怎样的态度？
4. 你们学校是如何确定参与轮岗教师的人选的？

5. 您是自愿参加轮岗的吗？参加轮岗的原因是什么？

6. 您认为教师交流轮岗对于均衡学校间的师资水平和提升教学质量有帮助吗？为什么？

7. 您认为教师交流轮岗政策执行中存在的最大的困难是什么？

8. 您在轮岗中的最大收获是什么？

9. 如果有机会，您还会继续参加教师轮岗吗？为什么？

10. 您对于本区教师交流轮岗政策的执行有没有什么建议？

访谈提纲三：针对部分校长的访谈提纲

1. 您能介绍一下贵校的教师队伍状况吗？
2. 您能介绍一下贵校教师交流的情况吗？
3. 您能谈谈贵校在教师交流政策实施过程中遇到了哪些问题或困难吗？
4. 您能谈谈自己对教师交流政策的看法吗？
5. 您认为国家或政府应出台或配套哪些政策措施以促进义务教育教师轮岗交流的有效实施？

访谈提纲四：针对部分家长的访谈提纲

1. 您知道教师交流轮岗这一政策吗？
2. 您孩子的班上有轮岗的教师吗？您怎样看待这些教师的教学？您的孩子是怎样看待轮岗教师的？孩子有哪些感受？
3. 您对本区实行的教师交流轮岗政策怎么看？赞同还是不赞同？为什么？
4. 您对教师交流轮岗政策的执行有什么建议吗？

访谈到此结束，谢谢您抽出宝贵的时间回答问题！

城乡义务教育教师编制现状调查研究
——以 S 市为例

田烨　石小丹　刘凤楠　李清生

（南京师范大学教育科学学院　江苏　南京　210097）

摘要：义务教育均衡发展是我国基础教育改革的重要战略性目标，师资均衡对实现这一目标起到关键性作用，教师编制是调节师资分配的重要工具，教师编制分配的均衡对教育均衡发展目标的实现有着重要的推动作用。本研究选取了 S 市市区直属学校 3 所、升级达标学校 2 所，分别从各学校的班师比、生师比、教师学历结构、专任教师与非专任教师分配、教师职称分配、教师性别分配、教师年龄结构等多个方面进行统计，分析各学校教师编制的现状，并针对 S 市城乡义务教育阶段教师编制现状中存在的问题提出若干合理的建议和措施。

关键词：义务教育；教师编制；现状调查；均衡

一、引言

（一）研究背景与意义

1. 研究背景

义务教育是整个教育的基础，它关乎整个民族素质的提高和民族的伟大复兴，对整个教育的发展具有奠基性意义和深远的历史作用。城乡义务教育统筹发展涉及教育基础设施、教育经费、师资队伍等方面，其中师资队伍建设是城乡义务教育统筹发展的关键内容,师资队伍建设应该从质和量两个方面来考量:质的方面主要是优劣问题;量的方面则是教师编制数量的问题,编制多少、是否充足等直接决定学校能否高效培养人才和正常运行。

充足的教师编制是提升农村教育质量、实现城乡教育均衡发展的前提与关键,是落实科学发展观的必然要求。2006年秋,农村义务教育阶段实行两免一补政策,这项政策的实施减轻了农村家庭的负担,解决了上学难的问题,促进了农村教育的发展。[1]在解决了上学难问题之后,义务教育的质量问题逐步凸显,追求优质教育开始成为社会关注的焦点。教师资源是教育资源中的核心资源,是学校教育质量的保障。随着义务教育学校办学条件不断改善和免费义务教育的实施,如何科学合理分配城乡教师资源,统筹义务教育教师编制工作成为一个突出问题,优化教师编制成为义务教育师资队伍建设的突出问题。

2. 研究意义

(1) 为设计科学合理的教师编制标准提供理论依据

本文从多个角度探究教师编制等多个方面存在的问题,并通过对城乡教师编制的比较,寻求在城乡教育编制中存在的差异,根据现有的政策提出相应的对策建议。从存在问题成因的层面出发,有针对性、预见性和实效性地提出改进建议与对策,同时为各级政府、教育主管部门、各类学校设计科学合理的教师编制标准提供理论依据。

(2) 为教师编制政策实施提供实践指导

义务教育的均衡发展是当前我国教育发展的最主要目标之一,是实现教育公平的基础性工程,然而现阶段城乡编制失衡已严重影响了师资均衡目标的实现。本文基于对江苏省S市的城乡教师编制现状的抽样调查,发现城乡学校教师编制配置存在一些问题,并针对这些问题提出关于教师编制政策实施的改进建议,为教师编制政策的实施提供实践指导,为该领域的后续研究提供借鉴。

(二) 教师编制政策梳理

1. 国家层面教师编制的相关政策

一是国办发〔2001〕74号文件提出了中小学教职工编制的国家标准,《国务院办公厅转发中央编办、教育部、财政部关于制定中小学教职工编制标准意见的通知》,这一文件提出了中小学教职工编制的国家标准,并对教职工编制的内部结构进行了规定。各省市依据国办发〔2001〕74号文件中小学教职工编制标准的有关规定，根据城市、县镇、农村等不同地域以及高中、初中、小学等不同教育层次，按照学生数的一定比例核定教职工的编制。[2]

二是教人〔2002〕8号文件折算出中小学每班教职工配备的参考标准，依据国办发〔2001〕74号文件精神，教育部下发了《关于贯彻〈国务院办公厅转发中央编办、教育部、财政部关于制定中小学教职工编制标准意见的通知〉的实施意见》，明确了中小学人员编制的核定和分配。[3]根据国办发〔2001〕74号文件附表"中小学教职工编制标准"折算出了教职工的配备标准。

三是中央编办发〔2009〕6号文件提出进一步落实国办发〔2001〕74号文件的要求。2009年，为做好中小学编制工作，中央编办又下发了《关于进一步落实〈国务院办公厅转发中央编办、教育部、财政部关于制定中小学教职工编制标准意见的通知〉有关问题的通知》，就进一步做好中小学编制工作提出了要求。文件要求切实加强中小学教职工编制的总量调控与统筹使用；进一步改进农村中小学教职工编制核定工作；认真落实国办发〔2001〕74号文件规定的增编因素；不断完善中小学教职工编制动态管理机制；严格规范中小学教职工编制管理。2011年，教育部对2009年文件的执行情况进行了专项检查。

四是2014年11月13日，中央编办、教育部、财政部发布的中央编办发〔2014〕72号文件《关于统一城乡中小学教职工编制标准的通知》。通知要求统一编制标准，促进城乡中小学教育资源均衡配置。在遵循《国务院办公厅转发中央编办、教育部、财政部关于制定中小学教职工编制标准意见的通知》（国办发〔2001〕74号）和《关于进一步落实〈国务院办公厅转发中央编办、教育部、财政部关于制定中小学教职工编制标准意见的通知〉有关问题的通知》（中央编办发〔2009〕6号）关于核定中小学教职工编制原则和有关工作要求的基础上，将县镇、农村中小学教职工编制标准统一到城市标准，即高中教职工与学生比为1∶12.5、初中为1∶13.5、小学为1∶19；加强部门配合，做好动态调整与统筹使用工作。[4]各级机构编制部门要会同教育部门、财政部门，在机构编制总量调控的前提下，按照统一后的标准做好中小学教职工编制的具体核定并统筹使用。县级教育部门在核定的编制总额内，按照班额、生源等情况统筹分配各校教职工编制，并报同级机构编制部门和财政部门备案；考虑实际需求，对农村边远地区适当倾斜。根据当前基础教育均衡发展的新要求，各地在严格执行国家关于向农村边远地区倾斜等规定的同时,重点对学生规模较小的村小、教学点,按照教职工与学生比例和教职工与班级比例相结合的方式核定教职工编制。

2. 江苏省市层面教师编制的相关政策

一是 2015 年 8 月 26 日,江苏省编办、督察处发布《省编办积极推进控编减编工作》的通知。通知要求对全省党政群机关行政编制、政法专项编制、事业编制基数进行细化分解;结合政府职能转变,取消下放行政审批事项,事业单位改革等重点改革;规范编制使用,全面落实机构编制实名制管理,确保编制与实有人员一一对应;加大控编减编力度,确保到 2017 年全省行政编制、政法专项编制、事业编制只减不增。[5]

二是 2015 年 11 月 27 日,S 市编办发布了《S 市提高市级事业单位机构编制资源使用效益》的通知。通知要求撤销、撤并整合部分职能相似的或相近事业单位;进一步厘清协会与政府机关和事业单位的关系;着力推进涉审中介事业单位的经营性职能剥离或体制调整。[6]

二、研究设计与相关概念界定

(一)研究思路

本课题实施的目的在于了解江苏省中小学教师编制的实施现状,因此该研究选取了 S 市为例,在了解 S 市市区直属和升级达标中小学教师编制实施情况的基础上,通过两者对比来发现其中所存在的问题,以此来了解整个江苏省的中小学教师编制实施过程中所存在的问题。鉴于以上目的,本研究实施的具体思路如下。

第一,查阅和分析相关的文献资料,在此基础上界定"编制"这一概念,并结合实际观察,全面总结出教师编制实施过程中可能会存在的问题。

第二,根据上一步所总结出的可能存在的问题,编制出需要统计和了解的相关信息,形成一份调查统计表。

第三,深入 S 市市区直属和升级达标 5 所中小学校,通过调查和访谈来收集 S 市教师编制实施状况的相关数据。

第四,根据调查的数据和访谈的结果,借助一定的数据分析工具,分析和对比市区直属与升级达标中小学教师编制实施过程中存在的差异,以及其所反映出的问题。

第五,根据教师编制实施过程中所存在的问题,结合现有的教师编制政策,提出相应的解决问题的策略。

(二)研究方法

由于研究内容和研究目的的需要,本课题采用文献研究法、调查统计法、访谈法。采用文献研究法,查阅相关方面的文献,了解什么是"教师编制"、义务教育教师编制的研究现状,以及当前教师编制实施过程中可能存在的问题;采用调查统计法,统计各中小学校相关方面的具体数据,通过数据分析来发现教师编制实施过程中所存在的具体问题;采用访谈法,了解各校教师对教师编制实施过程中所存在问题的认识和建议等。

(三)研究对象

本研究主要是关于农村教师编制的,因此需深入到农村学校中进行调查,另外本研究还选取了城市学校,以城乡编制现状的对比来反映其差异。本课题以S市为例,调查统计了5所学校,其中有2所农村学校和3所城市学校,2所农村学校分别为斜塘学校(小学部)、斜塘学校(初中部),3所城市学校分别为S市高新区实验初级中学、S市工业园区第十中学、S市工业园区文萃小学。需要说明的是,由于S市的城镇化水平较高,没有严格意义上的农村学校,只有升级达标学校与市区直属学校,因此在本研究中,升级达标学校指的是农村学校,市区直属学校指的是城市学校。

(四)教师编制的概念界定

教师编制特指对教师群体的规模、结构等的核定和管理。教师编制是事业编制的重要组成部分,是教育事业编制的核心部分。

如果从编制的本质上来说,教师编制是教师的定额,这种定额的确定主要依据学生的数量以及教学工作量,但这仅仅是从"量"的层面来考虑。而在教师编制的实际过程中,我们不仅要考虑"量",更要考虑"质"。综合"质"与"量"两方面的因素,实际的教师编制具体可从以下三个方面来考量:其一,教师编制应遵循学校内部机构设置和职位数量的规定；其二，教师编制应遵从学校各类人员配备标准和结构比例的规定；其三，教师编制应遵从教师周工作量和课时标准的规定。此外，在教师编制的实施过程中，还应该从班师比、生师比、班额等方面进行考量。[7]

据上所述，在编教师即为事业单位工作人员，非在编教师则为临时聘用人员或者称作合同工。非在编教师一般也称作代课教师。[8]相对于非在编教师，在编教师的优势在于：

第一，教师的编制属于全额拨款事业单位编制，享受事业单位工作待遇。[9]

第二，有编制的教师薪资由基本工资、津补贴、职称工资组成。其中，职称工资可以随着职称和工龄的提高而提升。非在编教师工资固定，职称晋升和工龄方面无法保证，虽然近几年来这方面在改革，但实际操作中仍然与在编教师存在很大差异。

第三，有编制的教师工作更稳定也更有保障，既可以调动，退休后也可以享受相应的社保和职业年金。而无编制教师，一旦发生较大变动，工作则无保障。[10]

虽然原则上教师编制和教师职称评定两者没有直接关系，非在编教师也可以评教师职称，但是每一所学校都会考虑职称评定时的名额问题，如果在名额紧张的情况下，职称评定很少考虑编外人员，所以说非在编教师评职称较为困难。

（五）研究过程

2016年2月初，小组成员开始广泛收集相关政策资料，梳理国家、江苏省以及S市关于义务教育教师编制的政策，了解目前关于教师编制方面研究的关注点和调查研究的视角，掌握现阶段江苏省和各个地方的教师编制实施现状。通过文献收集整理，目前关于义务教育教师编制的研究已有不少，但大部分是关于农村教师编制情况的研究，而针对城市与农村学校教师编制情况的比较研究相对较少。本项目对比城乡教师编制的实施现状，从新的视角找出目前教师编制实施过程中存在的问题。小组成员通过查阅相关文献，在指导老师的帮助下，编制了关于本项目的调查统计表，因为所需数据是每个学校的整体状况，所以必须从学校的教务管理处直接采集数据，以保证数据的真实可靠性。2016年3月初，小组四位组员一起到S市的学校进行实地调查，然后选取5所学校作为研究对象,分别是 S 市高新区实验初级中学、S 市工业园区第十中学、斜塘学校(小学部)、斜塘学校(初中部)、S 市工业园区文萃小学,调查的部分基本信息见表1。本次调查主要是从教师的学历层次、职称层次、年龄、性别等方面对城乡义务教育阶段的教师编制进行分析与对比,并综合访谈教师的内容,总结教师编制实施过程中存在的问题。

表 1 基本信息统计总表

学校	项目											
	学历层次				职称层次			年龄			性别	
	研究生	本科	专科	高中	初级	中级	高级	35 岁以下	35—50 岁	50 岁以上	男	女
S 市高新区实验初级中学	32	126	0	0	31	75	52	55	77	26	51	107
S 市工业园区第十中学	33	100	0	0	35	42	31	90	38	5	48	85
斜塘学校(小学部)	12	71	6	0	33	52	4	27	49	13	32	57
斜塘学校(初中部)	6	64	6	0	7	55	14	23	41	12	38	38
S 市工业园区文萃小学	17	55	1	0	51	20	2	58	13	2	20	53

二、城乡中小学教师编制调查结果

(一)生师比、班师比、有无编制情况

表 2 是我们深入 S 市各市区直属和升级达标中小学校进行统计调查后所得到的学生数、教师数和班级数的原始数据。

表 2　学生数、教师数、班级数

项目	学校				
	市区直属学校			升级达标学校	
	S市高新区实验初级中学	S市工业园区第十中学	S市工业园区文萃小学	斜塘学校（初中部）	斜塘学校（小学部）
学生数	2 172	1 511	890	590	1 628
专任教师数	158	133	73	76	89
班级数	15	37	27	15	35

经过进一步的数据分析计算后，我们得到了各校生师比、班师比、有无编制教师数等信息，如表3所示。

表 3　生师比、班师比、有无编制教师数

项目	学校				
	市区直属学校			升级达标学校	
	初中		小学	初中	小学
	S市高新区实验初级中学	S市工业园区第十中学	S市工业园区文萃小学	斜塘学校（初中部）	斜塘学校（小学部）
生师比	10.8∶1	9.69∶1	9.08∶1	6.28∶1	14.8∶1
班师比	1∶10.53	1∶3.6	1∶2.7	1∶5.07	1∶2.54
教育部规定的江苏省生师比	10.81∶1		16.74∶1	10.81∶1	16.74∶1
在编教师总数	201	155	96	94	110
无编教师数	0	1	2	0	0

首先，根据中华人民共和国教育部网站上所公布的各级学校生师比分配情况，江苏省生师比标准为：初中10.81∶1、小学16.74∶1。我们将上表中计算出的S市各中小学实际生师比与标准作比较，发现主要表现为两种情况：第一，无论是市区直属学校还是升级达标学校，其实际生师比与标准相比较，均已达标，5所学校生师比分别为10.8∶1（初中）、9.69∶1（初中）、9.08∶1（小学）、6.28∶1（初中）、14.8∶1（小学），接近标准值10.81∶1（初中）和16.74∶1（小学），这反映出5所学校在编教师数量均已超过了标准规定的教师数量；第二，无论是市区直

属学校还是升级达标学校,均存在有实际生师比明显小于标准生师比的情况,如S市工业园区文萃小学、斜塘学校(初中部)和斜塘学校(小学部)的生师比分别为9.08∶1、6.28∶1和14.8∶1,与标准值10.81∶1(初中)和16.74∶1(小学)差距较大,所以该3所学校可能存在相对比较严重的教师超编问题,其中有1所是市区直属学校,2所是升级达标学校。

其次,从有无编制教师数来看,在所调查的5所学校中,除了S市工业园区第十中学和文萃小学各有1名和2名教师无编制外,其余学校的教师均有编制。存在无编制教师的这2所学校的生师比均已达标,并且无编制教师的人数均比较少,其中文萃小学的生师比明显低于标准生师比,这说明文萃小学存在相对比较严重的教师超编问题。综合数据分析,S市工业园区第十中学和文萃小学存在无编制教师的这种情况,可能并不是由学校缺编所造成的。

(二)教师学历结构情况

图1是我们深入S市5所中小学校进行统计调查后所得到的升级达标学校与市区直属学校在编专任教师学历层次统计情况。

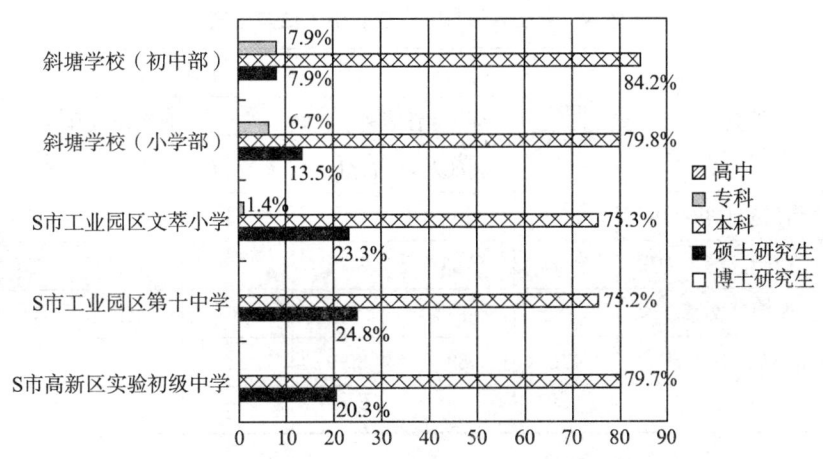

图1 农村与城市学校在编专任教师学历层次统计表

从图1中我们可以看出,升级达标学校专任教师中具有专科学历者占总数的比例分别为6.7%、7.9%,而市区直属学校专任教师中具有专科学历者占0、0、1.4%;升级达标学校专任教师中具有本科学历者占总数的比例分别为79.8%、

84.2%,市区直属学校专任教师中具有本科学历者占总数的比例分别为79.7%、75.2%、75.3%;升级达标学校专任教师中具有硕士研究生学历者占总数的比例分别为13.5%、7.9%,市区直属学校专任教师中具有硕士研究生学历者占总数的比例分别为20.3%、24.8%、23.3%;升级达标学校和市区直属学校的专任教师中具有博士研究生学历和高中学历者占总数的比例都为0。

通过以上数据对比可发现,升级达标学校与市区直属学校的在编专任教师的学历层次主要集中在本科;升级达标学校具有专科学历的教师所占比例要比市区直属学校多,市区直属学校基本上没有专科学历的教师;而升级达标学校具有硕士研究生学历的教师比例要比市区直属学校少,市区直属学校具有硕士研究生学历的教师较多。因此,升级达标学校在编教师的学历层次结构低于市区直属学校。

(三)专任教师与非专任教师分配情况

表4是我们深入到S市5所中小学校进行调查统计后所得到的升级达标学校与市区直属学校在编专任教师与非专任教师统计情况。

表4 专任教师与非专任教师人数与比例

学校	总人数(人)	教师类别				
		专任教师		非专任教师		
		人数(人)	占比(%)	人数(人)	占比(%)	与学生比
S市高新区实验初级中学	201	158	78.6	43	21.4	1∶5
S市工业园区第十中学	156	133	85.3	23	14.7	1∶65
S市工业园区文萃小学	98	73	74.5	25	25.5	1∶35
斜塘学校(小学部)	110	89	80.9	21	19.1	1∶77
斜塘学校(初中部)	94	76	80.9	18	17.1	1∶32

表4中的非专任教师包括管理人员与后勤人员,从该表中可以看出,市区直属学校的非专任教师与所在学校的学生人数比要低于升级达标学校,其中斜塘学校(初中部)的非专任教师与学生人数比为1∶32,低于其他几所市区直属学校,这是由于该校成立时间较短,目前招收的学生人数还较少,造成非专任教师与学生的比例提高。虽然现有编制核定是把专任教师和非专任教师人数总和加

起来计算与学生的比例,而对于非专任教师与学生之间的配置比例并没有设定标准,但升级达标学校非专任教师与学生之间的高额比例意味着非专任教师要服务更多的学生,因此,不合理的教职工结构不利于满足学生服务的需求。

(四)教师职称分布情况

图2是我们深入S市各市区直属学校和升级达标中小学校进行统计调查后所得到的升级达标学校与市区直属学校在编专任教师职称统计情况。

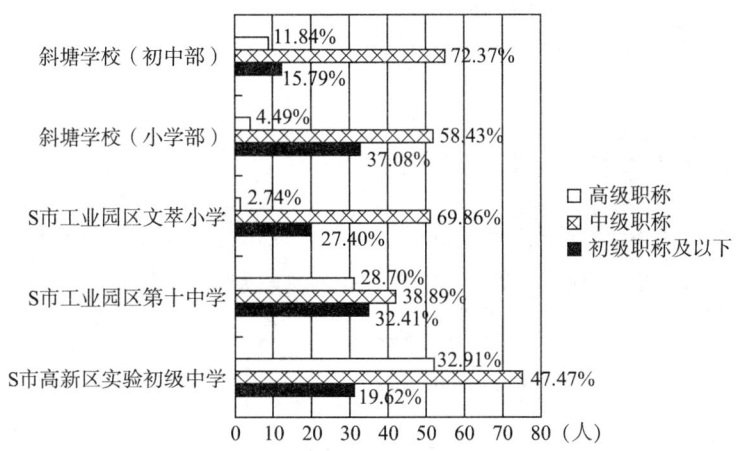

图2 5所学校专任教师职称统计图

由图2可以看出,各个学校的教师职称结构均表现为中级职称教师人数占据较大比重,高级职称人数和初级职称及以下人数较少。并且,市区直属学校与升级达标学校尚存在差距。例如在高级职称数量上,3所市区直属学校中,除文萃小学(考虑其属于新办学学校,教师职称结构方面可能尚在发展阶段)之外,其他2所(工业园区第十中学和高新区实验初级中学)的高级职称教师数分别为31人和52人;而2所升级达标学校(斜塘学校小学部和初中部)的高级职称人数仅分别为4人和9人,远少于2所市区直属学校的高级职称教师数,市区直属学校的高级职称教师数不仅在数量上占优势,占比也在30%左右。由此可见,两类学校在教师职称结构上还是存在较大的差异。

另外一个比较显著的问题是,随着S市各区经济的快速发展和实际的教育发展需求,近年来不乏像工业园区文萃小学这样的新办学学校出现,这类学校教师整体结构发展尚不完善,在教师职称分布上表现为高级职称教师人数较少,而主要以中级和初级职称教师为主。

各个学校教师的高级、中级、初级职称教师数所占比例关系也反映了学校教师构成是否科学。通常情况下,中级职称教师占据多数,高级和初级及以下职称教师相对较少,这样能够维持学校内部各级职称的良性竞争,提高整个教师队伍的质量。从这点来看,S市升级达标级学校在教师职称结构上尚存在问题,从完善在编教师职称分布的角度来考虑,在之后教师编制的实施过程中,一是应该增加升级达标学校的高级职称教师数,二是新办学学校也应该设法增加高级职称教师数量,以此来平衡各个学校的教师队伍,使整个学校的在编教师在职称分布上达到科学和平衡。

(五)教师性别分配情况

图 3 是我们深入 S 市各市区直属学校和升级达标中小学校进行统计调查后所得到的升级达标学校与市区直属学校在编专任教师性别统计情况。

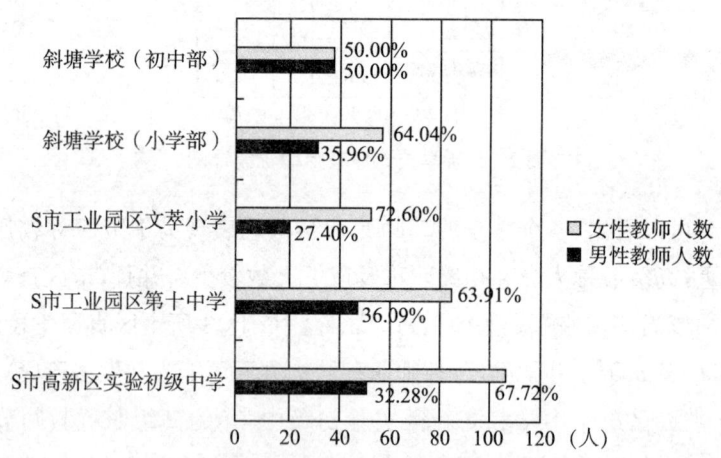

图 3 5 所学校专任教师性别统计图

除斜塘学校(初中部)外,其他 4 所中小学均存在女性教师数远多于男性教师数的情况,女性教师占比均在 60% 以上。由此可见,S 市中小学教师的性别结构方面存在较为明显的失衡,这种现象在市区直属学校和升级达标学校均存在,且无明显差异。经过和校办工作人员的简单沟通了解,我们普遍认为,各学校已经认识到教师性别失衡的问题,各个学校也希望在每年招聘教师的时候多招男性教师,但是男性教师资源少本身就是一个重要的制约因素。由此可见,教师性别结构问题也是目前教师编制中亟须解决的问题。

经过分析认为,收入、社会地位、成就感等因素可能是造成男性教师资源少的原因,男性教师的缺少可能会导致学校"刚"性教育的缺失,这或多或少会影响学生的发展。义务教育中教师性别失衡的现象也是长期存在的问题,当然这不仅仅是中国教育中的独特问题,世界各国在义务教育阶段的教师性别结构上都存在这样的问题。因此,各学校在教师编制的过程中,应尽量采取措施来增加男性教师数量。

(六)教师年龄结构统计情况

图4是我们深入S市5所中小学校进行统计调查后所得到的升级达标学校与市区直属学校在编专任教师年龄分布统计情况。

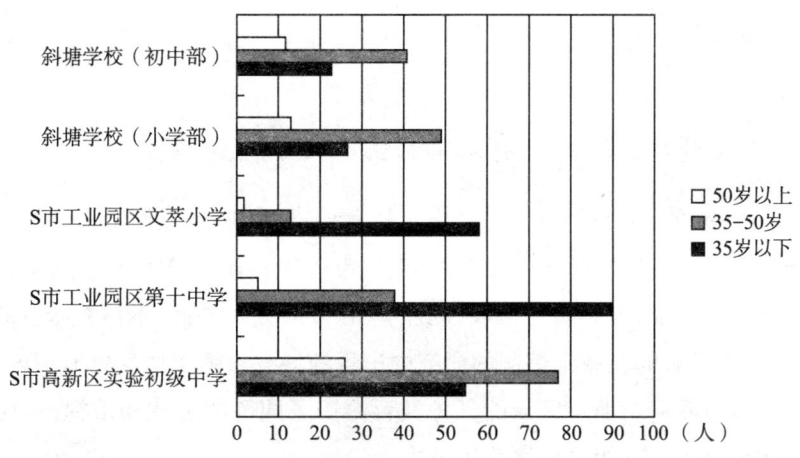

图4　5所学校专任教师年龄分布统计情况

从图4中可以看出,升级达标类学校中,斜塘学校小学部和初中部以及市区直属的S市高新区实验初级中学,35—50岁年龄段的教师占比最大;35岁以下的教师数次之;50岁以上年长教师数最少。而S市工业园区文萃小学和第十中学35岁以下的年轻教师数占比最大;35—50岁的中年教师数次之;50岁以上的年长教师数最少,且均为个位数。经过分析认为,该现象与学校建校历史长短有关,S市工业园区文萃小学和第十中学的建校年份分别为2011年和2009年,属于新开办学校,这是造成这两所学校年轻教师居多的主要原因。由此可见,在教师年龄结构问题上,市区直属学校和升级达标学校无明显差异,只在新办学学校和办学时间较长的学校之间存在少许差异,即新办学学校教学经验丰富的年长教师数量相对较少。

而一般情况下,学校教师的年龄结构应该以中青年教师为主,辅之以年轻教师和年长教师,这样的教师年龄结构不仅有助于青年教师向中青年教师和年长教师学习取经、快速成长,也有利于提升年轻教师的工作积极性,从而调动整个教师队伍的工作积极性;这样的年龄分布能够稳定教师队伍,提高教学水平,也更有利于学生学习成绩的提高和发展。

所以,从教师年龄维度,再结合S市目前中小学的教师年龄实际情况,新创办的学校在招聘年轻教师的同时,应该通过其他方式聘用有教学经验的年长教师,以此来平衡学校教师结构,推动教师队伍的整体发展。

三、讨论

(一) 生师比、班师比、有无编制情况的分析

1. 无论是市区直属学校还是升级达标学校,生师比均已达标

通过对表3中的生师比的分析可知,S市的生师比已基本上达到了教育部规定的江苏省标准,这表明S市各区域的学校发展比较均衡,不存在城乡教师倒挂现象,这和已有的在教师编制的研究中出现的城乡教师倒挂现象不一致,这可能是由于S市政府对所有区域的义务教育给予了同等的关注和重视,从而促进了总体教育资源分布相对较均衡的缘故。

2. 无论是市区直属学校还是升级达标学校,均存在超编现象

通过对表3的分析可知,从生师比来看,有3所学校存在超编现象,其中有1所市区直属学校、2所升级达标学校;从对有无编制教师人数的分析来看,仅有S市工业园区第十中学和文萃小学各有1名和2名教师无编制,其余3所学校的教师均有编制,且这2所学校无编制教师的人数均比较少,所以存在无编制现象可能并不是因为缺编造成的。因此,从总体上来说,S市市区直属学校和升级

达标学校均存在超编现象,且两个区域之间的差别不大,这可能与 S 市近年来整体的发展水平有关,经济的发展促使政府有足够的资金可以在教师人员的配备上投入,从而造成了部分学校超编现象的存在。

(二)城乡教师的学历结构层次存在差异

1. 教师学历层次主要集中在本科,学历层次的"两头"基本没有

通过对图 1 的城乡教师结构层次分析可知,本科学历层次教师占大部分,而"两头"几乎没有,其中"两头"指的是高中学历和博士学历层次的人才。随着义务教育的推进及发展,教育对人才素质以及专业知识提出了更高的要求,其中表现在对教师招聘的学历层次的提高,如今高中学历的人才几乎很难符合现代教育对教师提出的要求,一般来说,教师招聘的学历要求至少在专科学历以上,因此很难发现具有高中学历层次的教师。而对于博士来说,大多数人认为,如果博士进中小学当教师是人才的浪费,或者说是大材小用,出于这样的一种舆论压力,他们更愿意选择进入高校并开展科研活动。因此,在调查中,"两头"的学历层次人数几乎没有,而主要集中在专科、本科和研究生。

2. 升级达标学校的在编教师学历层次结构低于市区直属学校

升级达标学校的在编教师学历层次结构低于市区直属学校,具体表现为:升级达标学校具有专科学历的教师所占比例要比市区直属学校多,而升级达标学校具有研究生学历的教师所占比例要比市区直属学校少。造成该现象的原因较为复杂,但可以从两个方面作出推论:一是城乡二元结构的长期发展,二是农村教师的福利待遇较低、发展机会少。

(1)城乡二元结构的长期发展

虽然国家城镇化水平在不断地提高,但是由于长期以来国家过于重视城市的发展,相对地忽略了农村的发展建设,城乡二元结构对农村后期的发展产生了深远的影响。而在教育方面,国家往往给城市投入的经费要比农村投入的多,重视城市学校的高水平、高学历教师的选拔和任用,造成农村学校的师资学历结构相差悬殊。

(2)农村教师的福利待遇较低,发展机会少

通过访谈我们发现,市区直属学校的教师待遇较高于升级达标学校的教师待遇。由于升级达标学校处于经济发展较为落后的区域,教育财政经费拨款较

少,使得学校的教学设施、教学环境以及教师的工资待遇、福利都不及市区直属学校,因此学历相对较高的教师更愿意选择留在市区直属学校工作。此外,升级达标学校给教师提供进一步学习、培训以及进修来拓宽知识与视野的机会较少,使得教师缺乏提高自身专业技能的意识以及提高学历层次的意识,长此以往,农村教师的学历层次得不到提高,导致乡镇教师的学历结构层次较低。

（三）城乡专任教师与非专任教师分配情况存在差异

江苏省义务教育学校办学标准给予了教职工与学生人数比例标准,要求学校按照省规定的编制标准及教育教学需要,配齐配足教职工,而关于非专任教师与学生的配比,以及非专任教师占教职工总人数的比例没有一个明确的标准,造成学校在招收非专任教师时,没有一个适当的标准来确定人数,往往根据各自学校的需要来招收人员。而且由于升级达标学校教育经费相对较少,为了提高教学质量往往更倾向于对专任教师的招收,忽视了非专任教师对学生管理与服务的作用。

（四）市区直属学校与升级达标学校教师职称分布存在差异

1. 升级达标学校高级职称人数少于市区直属学校

通过数据分析我们可以知道,S市市区直属学校和升级达标级学校的教师职称存在较大差异,升级达标级学校的高级职称教师人数偏少,在职称结构上也不如市区直属学校科学,升级达标中小学高级职称教师数比较少,反映出在该类学校职称评定困难的问题,可能缺失科学系统的职称评定和分配标准。在访谈的过程中,我们了解到,一方面,乡镇学校的教师在资源获取及利用、成果达成方面较为困难,研究项目或课题相对较少,可能导致他们在获评职称中没有一定的限制;另一方面,升级达标学校教师职称分配的名额较少,所以乡镇学校的教师在职称评定的过程中存在的困难较大,导致了城乡教师职称的分配不均衡现象。

2. 新办学学校高级职称人数偏少

由于S市经济的快速发展和实际的教育发展需求,近年来新办学学校较多,这类学校由于发展时间的限制,有经验又有阅历的高级职称教师相对较少,这应该与此类新办学学校教师队伍结构尚不完善有直接的关系。

（五）市区直属学校和升级达标学校均存在教师性别失衡的情况

教书育人的特点就是以身试教，教师的行为有时会直接影响孩子的行为，有可能影响孩子的一生。学校就像一个大家庭，既需要母爱的细腻，也需要父爱的刚毅、直率和坚韧的内心，所以只有学校的男女教师比例协调，才能给孩子创造一个良好的校园环境，但是我国目前普遍存在教师男女比例失衡的现象，S市是全国比较发达的一个城市，但也不可避免地存在男女教师比例失衡的现象。从数据统计中我们发现，S市的市区直属学校和升级达标学校普遍存在在编教师男女比例失衡的情况，女教师在所有教师中所占比例过大，而义务教育阶段对学生成长尤为关键，平衡男女教师比例势必促进学生向更好的方向发展，介于此，S市中小学在教师编制过程中应该尽量采取措施，增加男性教师的编入，在后续的教师招收工作中应该注意这方面的问题，合理调控男女教师的招收人数，平衡教师队伍中男女教师的比例。

（六）在编教师年龄结构方面

1. 市区直属学校和升级达标学校教师年龄无明显差异

从调查数据可以看出，S市在编教师年龄结构方面问题不突出，市区直属学校和升级达标学校都表现为以中青年教师为主，辅之以年轻教师和年长教师，无明显差异，同时在年龄结构上，市区直属学校和升级达标学校都较为合理。

2. 新办学学校尚缺少有经验的年长教师

比较突出的一点是，S市经济发展迅速，近年来不乏新办学学校，这类学校的在编教师中年轻教师比例偏多，而较年长的教师则相对较少。一般情况下，学校教师的年龄结构应该是以中青年教师为主，辅之以年轻教师和年长教师。据此，这类学校在今后的教师招收和编制中应该考虑引入一些有经验的年长教师，调整现有教师年龄结构，促进年轻教师学习成长，增强整个教师队伍的活力。

所以，从教师年龄维度，再结合S市目前中小学的教师年龄的实际情况，近几年来新创办的学校在招聘年轻教师的同时，应该通过其他方式聘用有教学经验的年长教师，以此来平衡学校教师结构，推动教师队伍的整体发展。

四、建议与对策

(一)建议政府继续对区域内的义务教育给予同等程度的关注和重视

政府应该继续对区域内的义务教育给予同等程度的关注和重视,这种同等程度的关注和重视,不只体现在教师编制的名额分配上,其余方面的教育资源如教育经费的投入、教师培训与进修、教学设施等也应该被合理均衡地分配,只有这样才能保证各区域教育发展的相对均衡。

(二)建议政府合理分配各学校教师编制名额,避免超编所造成的教师资源浪费

教师编制名额分配过多,会引起超编问题,从而使闲置教师增多;而名额过少,则会增加教师负担,无法满足学校发展的需要。因此,政府要合理分配各学校教师编制名额,不可过少,亦不可过多,把多余的资金投入到学校其他方面的资源建设上,如教育设施的配备、教师专业技能的提升等方面。

(三)提高教师待遇吸引高学历人才,推行教师补助政策留住高学历人才

无论是处于市内繁荣区域的学校,还是处于经济发展相对较落后区域的学校,教师的待遇都是各学校吸引和留住人才的关键举措之一。相对来说,由于处于经济发展相对落后区域的学校地理位置较偏、教学设施陈旧等因素,高学历人才才更愿意留在城市,所以政府和学校更应该改善该类学校教师的福利待遇,如提高教师的基本工资、课时费用,给教师子女提供免费的学习机会等,以此来吸引高学历的人才。而对于如何留住该类学校的人才,近几年,教育部、财政部围绕改善乡村教师待遇出台了乡村教师生活补助政策,但是还应在现有出台的政策基础上进一步提高教师补助的标准,改善教师的生活质量;扩大补助的覆盖范围,确保处于经济发展相对落后区域内的学校教师能够从中受益,以此来留住该类学校教师。只有待遇提高了,生活质量提高了,教师才能全身心地投入到教育事业中。

（四）提供更多的教师发展和进修机会，提高教师的学历层次

教育行政部门在大力推行城乡义务教育统筹发展的同时，应该认识到教师继续教育深造的重要性，重视教师进修学校的发展与建设，尽可能地为教师创造更多的学习机会，加大对提升农村学校教师高层次学历队伍建设的投入力度，为教师的发展提供保障。为了进一步提升农村的教师队伍素质，改善教师队伍的学历层次结构，提升教师高层次专业学历水平和教育教学能力，农村学校应宣扬教师终身学习理念，提高教师改善学历层次的意识，为教师提供发展以及培训的机会，积极鼓励在校教师通过在职学习、自学考试等途径提高学历水平，并且保障政府所投入的该项经费能够合理地运用到教师的发展和进修中去，以促进农村教师学历层次结构的改善。

（五）升级达标级学校、新办学学校应增加高级职称教师人数，使教师队伍职称结构科学化

S市中小学在编教师的职称结构，升级达标级学校和新办学学校相较于市区直属学校，在教师职称分布上表现为高级职称教师数较少，而主要以中级和初级职称教师为主。由此，升级达标级学校和新办学学校应该适当增加高级教师的引入和编制，从而平衡教师职称结构，促进校内教师职称的良性竞争，提高整个教师队伍的质量。

（六）新办学学校应增加年长教师人数，平衡在编教师年龄结构

从调查数据得出，S市在编教师年龄结构方面问题不算突出，但S市经济发展迅速，近年来不乏新办学学校，这类学校的在编教师中年轻教师比例偏多，而较年长的教师则相对较少。据此，这类学校在今后的教师招收和编制中应该考虑引入一些有经验的年长教师，调整现有教师年龄结构，促进年轻教师学习成长，增强整个教师队伍的活力。

（七）各学校应尽量采取措施增加男性教师人数

S市中小学普遍存在在编教师中男女教师比例失衡的情况，而义务教师阶段对学生成长尤为关键，男女教师比例均衡会促进学生向更好的方向发展。当

然男女教师比例失衡的问题在我国长期存在,并且在其他国家也存在。鉴于此,S市中小学在教师编制中应该尽量采取措施增加男性教师的岗位,平衡教师队伍中男女教师的比例。

参考文献

[1] 赖秀龙.区域性义务教育师资均衡配置的政策研究[D].上海:华东师范大学,2011.

[2] 朱家存.教育均衡发展政策研究[M].北京:中国社会科学出版社,2003.

[3] 顾明远.教育:传统与变革[M].北京:人民教育出版社,2004.

[4] 羌松延.义务教育学校教师编制调查研究:以南通开发区初中学校为例[D].上海:上海师范大学,2010.

[5] 吴志宏,等.新编教育管理学[M].上海:华东师范大学出版社,2000.

[6] 李宜江.农村教师编制动态管理有效路径探析[J].中国教育学刊,2013(6).

[7] 王国明.我国农村教师编制问题的表现、成因与政策建议[J].教育文化论坛,2012(4).

[8] 韩小雨,庞丽娟,谢云丽.中小学教师编制标准和编制管理制度研究:基于全国及部分省区现行相关政策的分析[J].教育发展研究,2010(8).

附录 1

学校教师编制调查问卷

尊敬的校领导：

您好，我们是南京师范大学教育科学学院的研究生，感谢您在百忙之中抽空填写我们的教师编制现状调查问卷，作为江苏省学术联盟的一组队员，本次调查旨在了解贵校教师编制的现状，您的回答将为我们完成这次项目的研究提供最宝贵的依据，为了增强本次调查的有效性，请您尽量给出真实答案，谢谢您对我们调研工作的支持。您所提供的一切信息完全保密，并仅作学术研究之用，请放心填写。衷心感谢您的支持与合作！

一、基本信息

1. 您的职务：_____
2. 您的学校类型：_____
   A. 小学　　　　B. 初中　　　　C. 高中
3. 您的学校所在地：_____
   A. 市区　　　　B. 县城　　　　C. 乡镇　　　　D. 农村
4. 您的学校共有多少个年级：_____
5. 您的学校共有多少个班级：_____

二、相关信息统计

表 1　义务教育阶段学校学生人数调查表

项目	全校综合人数	一年级	二年级	三年级	四年级	五年级	六年级	七年级	八年级	九年级
人数										

注：根据学校实际情况填写。

表 2　义务教育阶段学校各年级专任教师人数调查表

项目	全校综合人数	一年级	二年级	三年级	四年级	五年级	六年级	七年级	八年级	九年级
人数										

注：根据学校实际情况填写。

表 3　义务教育阶段学校教师编制现状调查表

项目	全校教师总人数	正式编制教师	无编制教师
人数			

注：无编制教师包括代课教师、特岗教师等没有取得正式编制的教师。

表 4　义务教育阶段学校专任教师学历层次调查表

项目	全校教师	博士研究生学历	硕士研究生学历	本科学历	专科学历	高中学历	其他学历
人数							

表 5　义务教育阶段学校专任教师职称层次调查表

项目	全校教师	初级职称及以下	中级职称	高级职称
人数				

表 6　义务教育阶段学校专任教师年龄、性别调查表

项目	全校教师	35 岁以下	35—50 岁	50 岁以上	男性	女性
人数						

附录 2

访谈提纲

一、学校领导访谈提纲

1. 您认为贵校的师资现状是师资充足、师资不足还是师资过剩？表现在哪些方面？
2. 本校师资不足时，申请教师名额的程序是什么？一般的结果会怎样？
3. 在教师编制上，你认为县教育行政部门是否公平对待每一所学校？
4. 统一城乡教师编制标准是否对农村学校有利？

二、教师访谈提纲

1. 教师的基本情况（性别、年龄、学历、教龄、职称、身体状况等）。
2. 教师的教学情况（所带班级数量、科目、自我感觉）。
3. 教师待遇如何？是否了解城市学校教师待遇？对比后感觉怎么样？
4. 学校教师数量是否能满足需求？
5. 对本校教师编制分配数量有何评价？有何建议？

谁来当教师？
——江苏省 F 市教师招聘政策实施现状的案例研究

吕梦含 夏云云 赵呈

(南京师范大学教育科学学院 江苏 南京 210097)

摘要：关于教师招聘问题的探讨争鸣乃至诟病，由来已久，"需要的教师招不进来，招进来的又不适合当教师"，已成为近年来教师招考聘用中一个广受关注的议题。本研究通过对 F 市 5 县(市)、5 区教师招聘政策的调查统计以及对近 3 年参加 F 市教师招聘考试的教师的调查，呈现 F 市教师招聘政策的实施现状。在此基础上，呈现了当前教师招聘政策的三个问题，即招聘前存在专业有要求，"意愿"无考察问题；招聘中存在学校话语权较少，内容专业性较弱问题；招聘后存在考进来的教师不会教，会教的教师考不进来等问题。通过原因分析，提出组织教师聘任委员会，赋予学校招聘自主权；细化标准，突出专业能力；量质结合，完善"笔面"形式等对策。

关键词：教师招聘；政策实施；调查研究

近日，山东省委全面深化改革领导小组审议通过《山东省〈乡村教师支持计划(2015—2020 年)〉实施办法》时，强调要"健全完善乡村教师补充机制"。在山东省政府办公厅公布的这一实施办法中，也明确提出"完善教师招聘方式"：从 2016 年起，按照事业单位公开招聘的有关规定，可以县(市、区)为单位，不分城区、农村学校岗位，统一招聘、统一分配，并向乡村学校倾斜，也可按学校组织招聘；按照教师专业标准和任教学科设置考试科目，重点考察教师专业素养和职业能力；合理确定招聘时间，一般每年 3 月底前启动报名工作，6 月底前完成招聘工作;鼓励具备条件的县(市、区)探索采取先面试后笔试的方式招聘教师。看似并不起眼的一段话涉及了教师招聘的问题和改革的措施,政策改革的问题针对性很强,引起了基层教育管理干部、校长的关注和"点赞",也引发了对当前教师招聘相关问题的进一步讨论和思考——教师招聘谁来作主、考试过程如何设计、考试内容依据什么、考试时间如何安排、怎样具体组织实施,才能更有利于选拔优秀人才,充实教师队伍。基于对这一系列问题的思考,本研究对江苏省F市教师招聘政策实施现状进行了实证调查,以期为解决现阶段教师招聘政策中存在的问题,并提出政策建设,完善教师招聘机制。

一、追本溯源:我国教师招聘政策的发展历程

随着市场经济的发展,基于教师专业发展的需要,我国的教师录用制度从新中国成立初的"统分、定向培养"转变为现在的"公开招聘"制度。教师招聘考试又称"教师入编考试",是由地区教育局或人事局统一组织,在具有从事教育行业的执业许可(即获得教师资格证)后进行的一种教师竞争上岗考试,即当地教育行政部门为招聘新教师而进行的选拔性考试,这是一种公开选拔教师的人才录用制度。为了对当前的教师招聘政策有更进一步的了解,本研究将对这一招聘政策的形成过程进行梳理。

(一)产生与发展——我国教师招聘政策的梳理[①]

1. 1993—1999年:单一培养、计划统招统分

20世纪90年代,我国原有封闭性的教师教育体系培养目标单一,导致师范生视野狭窄以及对社会变革和新的要求反应迟钝等问题凸显。教师专业化发展以及新世纪之初的基础教育改革要求中小学教师队伍建设重心从量的补充转移到质的提升上来。教师资格认定制度的出台为中小学教师补员录用和开放准入创造了条件。中共中央、国务院于1993年印发的《中国教育体制改革与发展纲要》中提出:"其他高等院校也要积极承担培养中小学和职业技术学校师资的任务,要建立教师录用的考核制度,实行多数高校毕业生'自主择业的就业制度'。"

---

① 李崇爱.我国中小学教师招聘政策违法乱象检视[J].中国教育学刊,2016(2).

自此,我国教师录用开始实行"双向选择"。1993年颁布的《中华人民共和国教师法》(以下简称《教师法》)首次以法律的形式对教师资格和教师聘任予以规定,"国家实行教师资格、职务、聘任制度,通过考核、奖励、培养和培训,提高教师素质,加强教师队伍建设",还分别对取得各级教师资格应当具备的学历要求——做了规定,不具备本法规定的教师资格学历的公民,申请获取教师资格,必须通过国家教师资格考试。国家教师资格考试制度由国务院规定,但并未列出各项教师资格考试制度的具体实施方法。1999年,教育部印发的《关于师范院校布局结构调整的几点意见》中提出:"我国要坚持独立设置师范院校制度,同时进一步拓宽中小学教师来源渠道,鼓励一批高水平综合性大学参与培养中小学教师。"自此,我国单一培养、计划统招统分的教师补员录用政策开始破冰。

2. 1999—2010年:实施教师公开招聘政策

进入21世纪以来,党和政府更加注重中小学教师队伍建设。随着大学生就业制度的改革,中小学教师的补员与录用也由封闭定向走向开放准入,除教育部属院校免费师范生等少数政策规定的毕业生由教育主管部门统一分配外,其他教师缺员由当地教育主管部门、人事部门面向全社会招聘。2001年、2002年相继颁发了《关于制定中小学教职工编制标准的意见》和《国务院办公厅转发人事部关于在事业单位试行人员聘用制度意见的通知》等文件,这些文件对事业单位人员的聘任与录用作出了明确和详细的规定。如《国务院办公厅转发人事部关于在事业单位试行人员聘用制度意见的通知》要求"事业单位凡出现空缺岗位,除单位确需要使用其他方法选拔人员以外,都要试行公开招聘"。2003年,《人事部、教育部关于深化中小学人事制度改革的实施意见》提出我国推行中小学教职工聘用制度。2005年,人事部公布了《事业单位公开招聘人员暂行规定》,教育部转发了该规定,要求教育单位在招聘人员时遵照执行。2009年,国家教育部在《关于进一步做好中小学教师补充工作的通知》中提出"省级教育行政部门要统一掌握本行政区域内中小学教师编制需求情况,不断完善中小学教职工编制管理,及时满足教师补充需求。全面推行新任教师公开招聘制度,形成长效机制。省级教育行政部门要结合国家或地方'特岗计划'的实施,统一组织教师公开招聘考试,按规定程序择优聘用,坚决杜绝不合格人员进入教师队伍"。2010年,中共中央、国务院发布的《国家中长期教育改革和发展规划纲要(2010—2020年)》中提出:"完善并实行严格教师准入制度,严把教师入口关……县级教育行政部门按规定履行中小学教师的招聘录用、职务(职称)评聘、培养培训和考核等管理职能。"自此,中小学教师公开招聘政策逐渐形成。

3. 2010年至今:完善教师资格考试,推进"县管校聘"体制改革

2012年,国务院下发了《关于加强教师队伍建设的意见》(以下简称《意见》),该《意见》对我国各级各类教师培养培训、教师的准入标准、教师的聘用等提出了具体意见和明确要求。《意见》还指出,我国将实行严格的教师资格和准入制度,提高教师的准入标准和教师职业的教育教学能力要求,全面完善教师资格考试,实施定期注册制度。2015年,国务院办公厅正式印发了《乡村教师支持计划(2015—2020年)》,明确要求推动城镇优秀教师向乡村学校流动,全面推进义务教育教师队伍"县管校聘"管理体制改革,为组织城市教师到乡村学校任教提供制度保障。教育部批准成立了义务教育学校教师队伍"县管校聘"管理改革示范区,提出力争2020年在全国落实推广。作为教师人事管理体制的一项重大变革,中小学教师补员录用由"计划统招统分"到公开招聘的变革其意义和价值不言而喻,但各地在教师招聘过程中基本依据的是中央和地方的行政规范性文件,尚没有专门的法律法规,更缺乏具有操作性与针对性的实施细则,各地教师招聘各行其是,缺乏统一规范,甚至出现违规违法的乱象。

(二)遵循与变通——江苏省F市教师招聘政策现状

根据《教师法》和国家有关法律、法规的规定,结合本省实际,1996年,江苏省第八届人民代表大会常务委员会第二十四次会议通过《江苏省实施〈中华人民共和国教师法〉办法》,并于1997年1月1日开始实施,2004年进行修改。"学校和其他教育机构不得聘任未取得教师资格的人员专门从事教育教学工作;取得教师资格的人员首次任教时,必须有一年的试用期;学校及其他教育机构的教师实行职务聘任制。未取得教师资格的人员,不得参加教师职务评审和聘任。教师职务的评审及聘任办法,按照国家有关规定执行。"这一政策为江苏省的教师招聘政策打下了基石。2009年,江苏省师资工作会议决定,"江苏省自2010年开始,将统一部署开展中小学教师招聘考试,改变以往主要由各省辖市、县单独组织的形式,从而使全省教师学历、教学水平、师德等保持大体统一的标准"。据悉,"全省统一部署"是指由省里制定标准、统一要求,公开招聘考试还需要省、市、县以及招聘学校相互配合完成,特别是教学能力考核还是要由学校来做。江

苏省近几年来新任教师的录用采取教师公开招聘考试的办法,各地采取不同的考试形式。当地教育局汇总本地中小学教师需求的专业、数量,结合人事局分配给教育系统的编制数量,在地区教育网或人事网发布招聘简章,由教育行政部门组织公开考试。

目前,F市教师招聘工作的开展,除了遵循《中华人民共和国教师法》的相关规定外,还严格遵循《事业单位人事管理条例》《江苏省事业单位公开招聘人员办法》等规定。《事业单位人事管理条例》全文(共十章四十四条)于2014年5月15日公布,自2014年7月1日起施行。其中,第三章"公开招聘和竞聘上岗"中规定,"事业单位新聘用工作人员,应当面向社会公开招聘。事业单位公开招聘工作人员按照下列程序进行:(一)制定公开招聘方案;(二)公布招聘岗位、资格条件等招聘信息;(三)审查应聘人员资格条件;(四)考试、考察;(五)体检;(六)公示拟聘人员名单;(七)订立聘用合同,办理聘用手续"。《江苏省事业单位公开招聘人员办法》(以下简称《办法》)于2011年由江苏省委办公厅、江苏省政府办公厅颁发,它对公开招聘做了如下规定:"事业单位新进人员,除国家政策性安置人员、按干部管理权限由上级任命及涉密岗位等确需采取其他方法选拔任用人员外,一律实行公开招聘;公开招聘要在编制和招聘计划内,并有岗位空缺的前提下,按照岗位职责和任职条件,采取考试、考核的方法择优聘用;公开招聘要坚持德才兼备、以德为先的用人标准,贯彻民主、公开、竞争、择优的原则,做到信息公开、过程公开、结果公开,切实增强事业单位公开招聘工作透明度;公开招聘要坚持政府宏观管理与落实事业单位用人自主权相结合,统一规范、分类指导、分级管理。"此外,该《办法》还对招聘的职责分工、招聘程序、方案、公告、报名与资格审查、公示与聘用、纪律与监督等做了详细规定。由此可以看出,F市教师招聘工作的开展完全是将学校视为一般事业单位来进行的,F市的教师招聘与公务员招聘没有本质区别。

二、现实考察:江苏省F市教师招聘政策的实施现状调查

(一)背景铺设:F市教师招聘政策的基本介绍

1. 研究概念界定

所谓教师聘任制度,是指聘任双方在平等自愿的基础上,由学校和县级以上

教育行政部门根据教学需要而设置的工作岗位,聘请具有教师资格的公民担任相应教师职务的一项重要的人事管理制度。教师聘任主要涉及三方面的内容:招聘过程、任用管理、争议处理,其中教师招聘过程包括科学设岗、公开招聘、择优聘用等三个环节。自2009年教育部下达有关中小学教师队伍补充的通知后,已经有不少的省份开始实施中小学教师公开招考省级统考,考试的形式一般分为笔试和面试,笔试由省里统一组织考试,面试由各个地区、市、县负责,笔试的内容分为教育综合知识和学科专业知识,面试的内容一般为说课、试讲、答辩等。笔试面试都通过的考生,体检合格,经过一年的试用期,考察合格,签订聘用合同,即可转为正式教师。

由于教师招聘政策涉及从幼儿园教师到高等教育教师的招聘,而幼儿教师、中等专科教师和高教学校教师招聘方法各异,不便归类统一调查,因此本研究所研究的教师招聘政策特指中小学教师招聘政策。

2. 调查背景

F市位于江苏省西北部,面积11 258.3平方千米(其中市辖区1 037.7平方千米),人口916万(其中市辖区184万),辖6个市辖区、2个县级市、3个县。据2015年统计结果显示,全市有924所小学,112个教学点,40 445名专职教师;328所普通中学,33 673名专任教师。除去每个辖区、县所管理的学校,还有市教育局直属学校21所。

(二) 宏观考察:F市教师招聘政策"由上而下"的实施

1. 教师招聘的总体情况

(1) 教师招聘方式多元化

目前,F市教师招聘方式除了众所周知的社会公开招聘外,还有师范高校定点招聘、农村教师选聘进城、选调外市教师、高层次教师引进、学校自主招聘等多种方式(见附录3)。其中,师范高校定点招聘的主体多为升学率较高的中学,招聘对象则针对高校师范类毕业生,在一定程度上能够保证教师队伍的专业性;农村教师选聘进城的招聘主体是城市学校,招聘对象多为在该县(区、市)农村学校服务5年以上的农村教师,这在一定程度上给广大农村教师寻求优质工作学校提供了很大的机会,但也在一定程度上增加了大学毕业生的进城教书的难度和压力;选调外市教师则是从外市借调高水平的教师,在一定程度上能够改善学校教学资源；高层次教师引进和自主招聘的招聘主体多为市教育局直属学校，这也在一定程度上证明了"好学校能够得到更多的优质教学资源，从而越来越好"的"潜规则"。

（2）教师招聘时间不统一，人数不定

F市的教师招聘政策在时间上没有实现全市统一，除了个别学校随时进行自主招生外（如附录3中F市第一中学2015年全年进行了5次公开招聘），每个县（区、市）单独确定招聘时间，从每年的1月份一直持续到10月份，其中5、6、7、8四个月较为集中。与N市统一在1月份开始教师招聘的笔试（报考人员只能报一个区）相比，F市的招考政策显然提供了更多的机会，而且考试时间也不一致，在时间上能够给人更大的选择空间。其次，每个地区的招聘人数也是有多有少，以社会公开招聘方式为例，2015年F市G区招聘人数为20人，F县则为227人。再次，由于编制问题，有的地区不会每年都进行教师招聘，如2015年F市Q区就没有进行公开招聘。

（3）教师招聘主体复杂，分工不明

除自主招聘学校外，21所教育局直属学校的招聘主体是市教育局与市人力资源和社会保障局，其他的都是所在区的教育局与人力资源和社会保障局。总体来说，教育局人事处与人力资源和社会保障局人事处共同负责招聘政策的制定，笔试由教育局人事处负责，面试的招聘领导小组成员则由人社局和教育局共同筛选，负责监督工作的有监察局、人社局的监察室、教育局的监察室，个别地方还有人大代表和政协委员。学校自主招聘时，招聘政策由校长或学校招生领导制定，由教育局和人社处批准与监督。由于各种利益牵扯，研究者没有调查出每个招聘主体在招聘过程中到底负责什么工作，招聘主体的复杂性和分工的不明确性给招生工作带来了一系列问题。

2. 教师招聘条件分析

无论是哪种招聘方式，都有一定的招聘条件，通过对F市各区域2015年教师招聘条件的分析，研究者发现目前F市的教师招聘条件存在以下特征。

（1）学历、年龄有硬性要求，户籍限制较小

通过调查分析，F市教师招聘（社会公开招聘）的学历条件普遍为：小学教师要求本科及以上学历，中学教师（尤其是高中）为硕士及以上学历。只有P市（县）和F县对小学教师的学历要求为专科及以上学历，但是户籍上有限制，要求

是本地户籍。此外,因为是挑选已经有很多年工作经验的农村教师,农村教师选调进城的学历条件较为宽松,为专科及以上学历。在年龄上普遍限制是本科学历30岁以下,硕士学历35岁以下,在职教师45岁以下。也有个别地区将年龄限制为28岁甚至26岁,如F市(县)、G区、T区等。另外,F市对户籍要求较少,只有对大专学历的有本地户籍要求。从对学历、年龄、户籍等方面的要求可以看出,F市各地区在这三个方面要求差别不大,学历越高的人,参加招聘考试限制越少,学历越低,则在年龄以及户籍上会有相应限制。

(2) 重视专业对口,轻视学校师范属性

总体来说,F市各地区对教师招聘的专业都有一定要求。要求较低的则是必须持有与所报岗位相应的教师资格证,要求较高的则有大学所学专业和教师资格证认定的学科须与报考学科要求一致。对硕士学历的要求也不一致,有的地区要求硕士学历的本科所学专业也需对口,有的则只要是教育学专业的即可。此外,由于师范专业的普遍开设,F市地区对师范学校和非师范学校基本上没有要求,一视同仁。通过对专业、教师资格证、学校等方面的要求,也可以看出F市在这些方面要求较为一致,学历较高的在竞聘中存在优势。

3. 教师招聘流程和内容分析

(1) 笔试内容缺乏专业性和针对性

F市教师招聘流程基本分为笔试和面试两个环节,但在S县和F县两个地区,硕士学历的竞聘人员无须笔试,可以直接进入面试环节。笔试内容多为教育学、教育心理学、教育法律法规及公共基础知识、学科专业知识、师德规范、写作能力、时事政治,除了P市(县)和F市(县)考察学科专业知识外,其他地区考的多是教育学知识以及公务员考试的相关内容,这和实际教学工作关系不大。

(2) 面试容易流于形式,评判随意性较强

面试多分为独立备课、设计教案、说课、即兴演讲、现场答辩等环节,但这些环节的评判标准却有很大的变化空间,而且备课、说课的模式很容易被考生"死记硬背",有时候并不能看出一些考生的实际能力。还有多个地区面试比重都占60%,这也更容易加剧不公平。

(三) 微观透视:F市教师招聘政策"由下至上"的调查

在实证研究的过程中,要做到宏观与微观相结合,不仅要从宏观方面分析F

市教师招聘政策的总体情况,也要深入"微观"去探讨身为"剧中人"的教师招聘政策的参与者——教师的主体构成及其对这一政策的看法。

1. 调查基本情况

本次选取了近3年参与江苏省F市招聘考试的教师作为调查对象,由于样本资料的有限性,本次调查问卷只发放25份,回收有效问卷25份。现将调查结果统计如下。

2. F市中小学教师招聘政策的调查结果

(1) 教师群体的个人基本信息

本次调查了25名对象,有68%的教师在城市学校任教,16%的教师在县城学校任教,16%的教师在镇上学校任教。25名调查对象中有24名女生,1名男生,这也在一定程度上体现了当前男性教师过少的情况。此外,76%的为江苏籍,24%的为非江苏籍,存在一定的地域差异。

(2) 教师群体的考前准备

① 学历及专业背景等信息。调查结果显示,本次调查对象的学历构成无博士学历和大专学历,64%的教师为本科学历,36%的教师为硕士学历。其次,来自师范学校的教师群体占多数(84%来自于师范类学校,16%来自于非师范类学校),多数教师都是专业对口(教育学专业和学科师范专业的占了92%),因此取得教师资格证的方式也多为毕业即获得(人数高达88%)。

② 个人当教师的原因和动力情况。在谈到为什么要参加教师招聘考试时,80%的人选择了教师工作稳定,假期多这一选项,60%的人选了专业选择所限,还有60%的人选了本人热爱,这在一定程度上表明选择从事教师行业的客观因素影响较大;此外,60%的人在参与教师招考之前没有教师工作经验,这也可能使得其初为人师时,所想的当教师的原因没有如愿,因而会有很大的适应困难。只参加过一次教师招聘考试和两次及以上的人数差不多分别为52%和48%,但只有20%的人参加了教师招聘培训班,无法判断这些教师对职业的渴望和动力。

(3) 教师群体的考后态度——对教师招聘政策内容的看法

总体来说,参与招聘的教师群体对当前教师招聘政策内容是较为满意的,普遍认为教师招聘的难易程度一般,笔试内容较为合理,面试内容的比重设计、笔试和面试比重的设计也较为合理,面试内容较能体现个人专业素养,教师招聘较为严格。但只有 4% 的人对当前的教师招聘政策很满意，比较满意的也只有 44%。从对笔试和面试等的态度来看，这个结果确实比较令人惊讶。此外，我们也不得不看到，依然有 8%、12%、24% 的人对笔试和面试内容的合理性存在不满，这也使得我们需要进一步访谈，挖掘出背后的缘由。

（4）教师群体的入职情况——招聘内容对实际教学的影响

调查结果显示，教师所教科目与其教师资格证基本一致，但是 36% 的人却认为招聘考试的内容对实际教学的帮助不大，这也体现了招聘内容在一定程度上不具有针对性和筛选性。

三、精准审视：江苏省 F 市教师招聘政策存在的问题及归因探析

通过相关资料的搜集和统计以及对问卷调查的分析，我们对当前 F 市教师招聘政策的实施现状有了一定的了解，在此基础上，研究者发现目前 F 市教师招聘政策存在一些亟须厘清和解决的问题。

（一）招聘前：专业有要求，"意愿"无考察

1. 谁能够当教师

基于对教师群体的问卷调查，发现当前招聘产生的教师群体具有以下特征：学历为本科学历以上，毕业院校多为师范类，专业多是教育学、小学教育和学科教学等师范专业，获得相应教师资格证书且参加过多次教师招聘。因此，应聘教师首先要有一定的专业、学历等背景，才能符合教师招聘政策的招聘条件，获得准入资格；其次还要做充分的准备，对笔试内容和面试内容熟练掌握，在招聘考试中取得好成绩；最后是身体条件、政治面貌也要达到相应要求。经过层层筛选，才能迈入教师职业的门槛。

2. 谁愿意当教师

一个人达到当教师的标准，不一定就会选择做教师。那么，为什么会选择教师这一职业呢？根据问卷调查和访谈，当前选择做教师，很大程度上是因为教师工作稳定，节假日丰富；其次是因为当时无奈学了师范，毕业后也不想太辛苦，就只能当教师；还有父母对其的期待等因素，本人真正热爱教师职业的却很少。

访谈内容：

20150220-QW

笔者：有个问题很老套，我还是想问下，你为什么选择当老师？

Q：你也知道，学了这么多年教育学，家里人都觉得当个老师挺好的。而且毕业那会，也找了别的工作，感觉还是老师比较适合自己。

笔者：那么，当了也有快两年老师了，你有别的感悟吗？

Q：其实，刚开始，我有点不适应。因为我们这里的新老师，都要当班主任，当时事情非常多，也很杂。那时候觉得老师也没有想象中那么轻松。不过这一年半来，我也想不断尝试。有的人说教师这个工作就像养老一样。说真的也要看你的环境，比如说你的学校整体是那种力争向上的，所有人都是那种很正能量的，都想拼先进，都想努力的那种的还好。当然也有人混吃等死。其实像教师这行，很安定很稳定。所以这样子的话，也会有让人很堕落的时候。就看你自身努不努力，比如说，我自身的话，能多考些东西，好，那你就继续考些。但是你不想干什么的话，待遇也不错，那你就这样混下去。就看你自身愿不愿意去尝试吧！

20150210-LR

笔者：你为什么选择当老师？

L：你知道的，爸爸是小学数学老师。我从小看他教学生的样子，我就想我长大以后也要当个老师。所以后来，我一直读的专业也是与教育相关的，也可能与我自己喜欢孩子有关。虽然后来也有人说教师待遇不高啊，每天都是重复劳动。但是，我一直觉得我的性格还是很适合当老师，我喜欢和孩子们在一起。而且，我也学了这么多年教育学，我也不想荒废，再说，我爸爸也一直支持我。他们觉得女生当个老师生活比较安定，以后也能顾到家里挺好的。

总之，教师招聘对考生的专业性做了一定的要求，但对其当教师的原因或动力没有太多考察。由于缺乏公司面试时对考生职业适应度等相关的测试，招进来的教师群体看似专业性较强，教学能力强，但是也导致部分"急功近利"者通过考试突击进入这个群体。这部分"只求工作稳定，有节假日"的教师在日后的教学工作中势必会给学校和学生发展带来困扰。

（二）招聘中：学校话语权较少，内容专业性较弱

目前，教师招聘考试过程中存在以下的招考程序：第一步是建立领导组织，一般是成立跨部门的招考领导小组。部分地方招考中也会组织成立专家考评委员会，专门负责出题和评卷，对报考者的教学业务能力、专业素养等进行考核；第二步是网上发布招录考试简章；第三步是招录考试的实施，通过笔试、面试对应考者的知识背景、教育教学能力、综合素质进行考察；最后一步是签约聘用，学校和应聘者双方签订聘用合同。当前，F市多地区采用的是县（区）教育局统一招聘，个别学校也可采用自主招聘的方式（但是学校自主招聘存在没有编制的问题），在这一过程中仍然存在一些问题。

1. 教师招聘程序不完善

由于国家制定的公开招聘考试制度的程序尚缺乏完善的机制，导致在教师招聘考试的过程中存在一些问题，从而阻断了一批优秀教师的步伐。首先，在成立跨部门的招考领导小组时，领导小组的标准和人员选拔具有随意性。尤其是出题和评卷教师，通常都是抱着完成任务式的心态参与其中，很少认真学习中小学教师公开招聘考试大纲，不能很好把握最新的命题动向、题型变化、试题的难度，也没有为考试及早准备、收集素材、准备资料，所以，F市教师招聘笔试每年都有一些相同的题目或是一些其他地区考过的题目，考卷质量不高，难以筛选出真正优秀的人。其次，虽然对笔试、面试内容与考核都有一定的规定，在面试人员确定上，大部分地区采用笔试成绩从高到低顺序排列，按比例确定入围面试人员，但是比例标准不尽相同；此外，由于面试时间有限，人数较多，面试内容多为说课和即时演讲，说课形式虽在一定程度上能体现教师的教学思路，但是很容易被"套模板"，流于形式，相比之下，讲课的考核方式更能考核教师教学能力。最后，招聘政策在资格审查、笔试、面试等一系列流程的时间、地点安排等方面也存在一些"特殊"的规定，一定程度上加大了对外地考生的限制，进而导致招聘考试无法面向全国甚至是全省招聘优秀人才。

2. 教师招聘主体不完善

学校这一具体的用人单位、教育主管部门以及相关的人力资源和社会保障部门在教师招聘的实际操作过程中扮演何种角色、承担何种责任都没有明确界定。2015年，F市P县教师招聘公告中规定，根据《事业单位人事管理条例》和

《江苏省事业单位公开招聘人员办法》等面向社会公开招聘,这里涉及的决策主体有两方:一是教育局人事处,二是人力资源和社会保障局的人事处。目前,F市仅有市重点中学实现了学校自主招聘(此处自主招聘是指有编制的,有很多单位会自主招聘代课教师,没有编制),很多地区也都是和P县一样实施县域内统一招聘,然后按照学校的等级(如P县有4所公办高中,按升学率等分为3个等级;33所初中分为5个等级)、招聘考试的最终成绩对教师进行分配。可以说,作为用人单位之一的一线中小学在教师招聘中很难握有主动权。除了区域内重点学校的校长可能会被邀请加入招聘领导小组,参与面试环节,其他所谓"一般学校"的校长在教师招聘中没有参与权和话语权,参与程度较低,也没有完整的人事管理权,难以依据学校实际需要聘任教师,只能是被动地接受上级教育行政部门分配下来的新教师。而教育主管部门忽视了学校的需要与学生的匹配度,也会影响学校的教育教学。

访谈内容:
20150210 - LR
笔者:你了解面试你们的都是哪些人吗?
L:我们这基本都是教育局的和一些专家。
笔者:一般他们会提一些什么问题?
L:问的基本都是教育综合里面的内容或者一些教学中遇到的问题该如何应对。比如当时问我的问题就是,如果学生讲你坏话,被你听到了,你如何处理?这些问题,有的是在教学当中会真实遇到的,不过在考前,我们每个人都会提前准备一些。

笔者:有校长参与面试吗?
L:我们那里暂时没有,而且有的地方直接安排"无学生上课",也不用回答什么问题。然后根据考试情况被分配到每个学校。到学校里,再根据你的专业安排工作。

3. 教师招聘内容不完善

研究者在对F市教师招聘政策实施现状调查的基础上,已经提及其招聘内容——笔试和面试均存在一些问题,通过教师访谈,更明确了F市教师招聘内容的具体问题所在。

① 笔试不具有针对性和筛选性。当前教师招聘笔试部分中，教育综合知识的测试大多偏向识记性的教育基础知识，对于非师范生而言属于一种补偿性的考试，而对于师范生则属于一种重复性的考试。通过对 P 县中小学教师公开招考的考试内容（包括教育综合和学科专业知识）的真题试卷（近三年）的分析和对 P 县新教师所做的访谈，发现当前笔试考试存在以下问题：首先，考核内容有限，只注重书本知识而忽略实践能力，带有很大的"应试"痕迹，难以测出应考者实际所具有的专业素养，导致出现"会考的不会教，会教的不会考"现象；其次，教师招考的考试内容多数属于识记的客观题，而其他涉及应考者思维能力、逻辑思辨能力的主观题相对较少，这也在一定程度上使得"死记硬背"的"漏网之鱼"混入，而真正有思想、有能力的应考者却惨遭淘汰。

访谈内容：

150210 - ZBQ

笔者：我们这里教师招聘的笔试内容包括哪些内容？

Z：主要是教育综合和学科知识。这个网上都会公布，但是没有统一的大纲。

笔者：这两部分内容和你之后的实际教学有关联吗？

Z：怎么说呢？就我个人感觉而言，我觉得有点纸上谈兵。考的内容都过于理论，在实际教学中不怎么用到。我们都是当时准备的时候拿本资料背诵，为了考试而背诵啊。但是，现实中遇到的问题复杂多了，在我们日常教学过程中，最头疼的就是各种家长。有些家长你们想都想不到，可能我们这里家长素质都有待提高。

150220 - QW

笔者：你怎么看待教师招聘的方式？

Q：说到这个，还是有很多话要说。比如说笔试部分吧，像我考的这里，这边的话公共基础也就是所谓的那些理论考得不多的，但是那个学科能力考的很多的，其实主要的也是高考题。所以说，我觉得笔试不太合理，其实理论部分应该多一点的，但是实际不多。

笔者：你为什么觉得公共基础知识应该多考一些？

Q：我们这里可能不像别的地方，要么只考理论不考学科，要么只考学科不考理论，我们这里两者都考，看起来比较综合一点。但是，它考理论也形同虚设，就几分,而且最后所占的比例也非常小,所以还是比较看重学科能力,这是笔试中我们觉得不合理的部分。而且,学科能力固然重要,但是笔试考察的是知识考试的能力,在现实当中,不是说考得好就教得好。

② 面试不具有专业性和筛选性。通过调查发现,F市大多数中小学教师招聘面试的考点为非教学现场,面试的方式为说课和临时讲演(回答面试考官提出的有关教育教学方面的问题),时间为15分钟左右。因为时间有限,面试考官只能对应聘者的相关学习背景、个人的行为举止、语言表达能力等基本情况有初步了解,即对其最浅层次的胜任特征有初步了解。而且在没有学生参加的试讲或者说课中,很难了解到考生实际的课堂组织能力、个人的心理健康素质、职业素养和职业态度等。同时,大部分中小学教师的面试考官是没有进行所谓的面试考官培训的,其来源的单一性及非专业性也会导致对应考者综合素质判断的失误,从而影响整个教师招聘的教师素质。

此外,说课的课题一般是在面试的时候采用随机抽签的方式决定,然后有30分钟的准备时间。像这样的面试带有很强的应试考试的痕迹,考生们只要肯花时间认真准备,成绩一般是中等水平。俗话说,一切教学要以学生为中心,然而现在教师招考的绝大部分内容就是说课,说课只能体现考生的一部分的教学水平,因为缺少了学生的参与,不能充分展现应考者实际的班级组织能力。

访谈内容:
20150210 - ZBQ
笔者:面试和笔试你觉得那个比较容易?
Z:这个看个人啊。有的人背书很厉害,他会分析历年试题,笔试就很容易过。但有的人就是讲演型,特别会说,那么他在面试中所占的优势也比较大啊。不过也不一定,现在大家都说面试水太深。
笔者:怎么说?
Z:我们这里还好,可能因为我们这属于农村,大家都不愿意来。但我有的同学在城里,在笔试成绩出来之后,好多人都开始找人。虽然说,面试成绩是当场就出来,但谁也不知道这个成绩的评判标准是什么?而且,有的人成绩高得吓人,这有时候也会让人觉得蛮惊奇的。

20150220－QW

笔者：那么笔试呢？你怎么看待？

Q：笔试嘛，你就懂了呀，大部分是凭实力。其实像整个教师招聘过程中可能有一点不太公平的就是面试了。因为首先面试它所占比重比较大，占60%，笔试占40%。面试的时候，你当场虽然出了成绩，但是你只知道自己的成绩，不知道别人的成绩。当最后成绩出来的时候，你会发现某个人可能他笔试只有很低的成绩，比如招20个，他可能笔试排在第18、19名。但是他面试考个第一名，就90多分，非常优秀的那种，你就会觉得挺惊讶的，反正我当时就经历了这种现象。

（三）招聘后：考进来的教师不会教，会教的教师考不进来

通过层层筛选，终于通过教师招聘考试，获得教师编制，进入学校，可是通过这种政策招聘走入学校的"新教师"，往往都会面临教学和管理难题，从而对自己产生怀疑："我怎么做不好一名教师呢？"

1. 考进来的教师不太会教

通过对P县Z小学L校长以及几位"新手教师"的访谈，发现即使经历了严格的教师招聘流程，这些"教师"在教学中依然不合格。当"纸上谈兵"对上"真枪实弹"，问题就随之而来了。

（1）不会教

① 教学设计有偏差。无论哪一科目，在笔试和面试中，教学设计都占了很大的比重。按照这样的逻辑，新教师在入职前对于教学设计这一部分已有一定的了解，但是，在实际教学中，新教师在进行教学设计时，对教学比重和重点的把握、重要的核心知识的理解都存在一定的问题。"现在这些教师基本上都是在网上查教案，拿过来直接用，根本不清楚教学重难点。对整本书的知识结构也不够了解。当下的招聘方式，对于教学知识的考核只是通过一点或者一块，难以考察教师对整个知识系统的把握。而且这样的考核方式，考生可以根据往年经验备考，造成他们就自己的想法进行设计，但是对学校教学的重难点，他们并不了解"，L校长在谈到这一问题时，如是说道。

② 教学过程不流畅。有不少教师反映，在教学过程中不知道如何调动学生

的积极性,不知道如何才能吸引学生的注意力。访谈中有的老师会说:"这和我预料的不一样啊,我们在考试时不都要写教学设计吗?我觉得我设计的挺好的,但是在现实中,我发现学生的反应和我预料的不一致,我就不知道如何应对了。"这反映了这些新老师在教学方法的使用上遇到了现实的困境,可能他们在考试中可以想出丰富多彩的方法,但是一旦面对不同主体的学生,他们的想法就有点"不切实际"了。L校长对此评价道:"现实的问题比他们所想的复杂,教学也不像在考试时设想的那样,考试和现实差距蛮大的。就我来说,考察一个老师适不适合,先把他放到学校里上一段时间课,既能考察师德又能考察教学能力,而不是就现在这种单一的模式。"

(2) 不会管

课堂管理是教师在教学过程中需要处理的最复杂的问题之一,构成了许多新教师教学中的困境。新教师都提出,在面临学生挑战自己教学权威的情况时,为了体现对学生平等、尊重的教育理念,往往不知如何处理。访谈中一位刚工作半年的K教师在谈到课堂管理时,情绪非常激动:"真的不知道怎么管,有时候真恨不得把那些孩子拉出去打一顿","在面试时,考官也会提出类似的问题,但是,那时候都是自己想象的,自认为可以解决好学生的问题。但只有自己真正面对时,才知道有时候情绪上来了真的不知道怎么控制自己"。还有教师反映,"因为个别学生课堂纪律问题,不得不停下教学"。还有面对课堂上的突发情况会手足无措,不能迅速、准确地作出判断,表现出教学机制方面的欠缺。对于这一问题,L校长认为这一方面是由于新教师自身经验的不足,另一方面也应该思索当下的教师招聘方式。"教师这一行业,有时候经验比知识、学历管用多了。"

2. 会教的教师有可能考不进来

关于教师招聘问题的讨论争执延续至今,"需要的教师招不进来,招进来的又不适合当教师",这已成为近年来教师招聘中一个广受关注的问题。为什么会出现"会教的教师考不进来"这样的问题?在教师招聘环节中,到底哪里出了问题?归根结底还在于学校需要的教师和区域统招的教师存在分歧。

(1) "特殊的"和"普遍的"之间的矛盾

学校需要一个适合自己学校的教师,而区域教师招聘是笼而统之的,不能针对某一学校。教师招聘主体的不完善,校长等学校人员在教师招考中地位的缺失,这些都导致学校难以根据自身的需要对教师进行选拔。在整个招考过程中没有教育部门、学校的人员参与,学校作为用人单位不能直接与应聘人员交流,不能了解应聘人员的基本素养和职业取向,使那些并不喜欢、也不适合从事教师工作的人员,反而考入了"教师群体"。

(2)"能教的"和"能考的"之间的矛盾

学校需要的是"能教的"教师,而教师招聘招到的却是"能考的"教师。当下的教师招考强调的主要还是理论知识和技能展示,但是学校需要的是具体教学人员。比如,招聘足球教师时,本应该对其进行 1 000 米体能测试,实际考试时考的却是让其展示跑步要领。由于人社部门对教师专业要求和专业素养标准不熟悉,对教育教学实践环节不清楚,导致了上述情况的出现。目前,虽然面试和笔试比重进行了调整,但是,依然是先笔试后面试。教育部门组织的统一招聘考试体现的还是学生的应试能力,虽然有面试,但是面试时大多是无生上课,这和现场教学还是有一定差距。学校和教育部门考察重点不一致,学校需要的教师是要"上得了讲台",而非仅仅只会展示和考试的人才。

(四)教师招聘政策中问题的归因探析

1. 教师招聘政策没有深入体现岗位特征

教师岗位无差别,但教师岗位分多个阶段——大学教师、高中教师、中小学教师、幼儿教师。针对一个人不同的年龄成长阶段的受教要求,不同阶段的教师是应该有不同的责任和要求的,决不能"一刀切",按招聘高中教师的要求来招聘小学教师。中小学教师岗位有其特殊的要求,只有通过透彻的岗位分析,了解中小学教育的不同要求才能有的放矢,有针对性地设计考试题目,真正选拔出适合的人才。

现阶段,我国中小学教师公开招聘考试实际操作中普遍存在不分析岗位要求,而只看重应聘人员的学历,只看其毕业学校的"牌子"而不看其实际的教学能力的现象,招聘考试考核不够全面,教学能力、管理能力、个人素质、教育思维等真正"专业性"的要求较少。这种招聘考核方式也往往在实际工作中造成很多的问题:有的教师的价值观念与学校的办学文化不相兼容,在学校中不能很好地开展教学工作;有的新招聘的教师喜欢独来独往,不善于团队合作,只会埋头单干,不利于学校学科的整体建设;有些教师学历虽高,但教学技能差,不能把教学重点讲授清楚,严重影响了教学效果,学生知识的获取和成绩的提高都极受影响。

2. 教师招聘政策考核方式比较单一

数千年来，考试，尤其是各行各业的选拔考试与合格考试，不仅是人们争相角逐的目标、希望视线的焦点，而且始终是人类科学研究中具有特殊诱惑力的课题。为强化考试的社会适应能力，使之正常发挥不同社会期求的功能，各个时代的人们都曾倾心竭智于此。真正从理论上研究考试问题是直到20世纪初才开始的，而从科学的角度系统研究考试理论，并作为一门独立的学科创建，则时日更短。20世纪中叶以来，为应对人才素质的挑战，无论是发达国家还是发展中国家，都把振兴教育作为根本措施，这就不得不关注考试的创新，并把科学的考试视为实现人才培养目标的"整速器"，调节人才合理流动的"杠杆"。与此相适应，随着考试模式的更新和规模的扩大，电脑技术、自控技术等高新技术成果被广泛应用于考试实践，这一方面强化并扩大了考试的社会功能，另一方面也加剧了重知识轻能力、重检测轻督导、重结果轻过程、重继承轻创新的传统考试观念及其指导下所形成的传统考试理论与日益变化发展的考试实践的矛盾。

中小学教师公开招聘的考试程序一般是先笔试后面试。最终考核方式一般采取百分制，以笔试占40％、面试占60％的方式确定考试结果。实际上，面试主要是15分钟左右的试讲或说课，试讲就是让面试者模拟讲课，说课就是让面试者说出怎么讲课，主要考察应考者的教学基本功、教学技能等。这种较为单一的考核模式难免使应考者陷入应试怪圈，对应考者的个性、态度、情感、心理素质以及道德感、责任感等的考察略显不足，而这些非智力因素恰恰是中小学教师必须具备的素养。短时间试讲并不能完全反映应聘人员的教育教学能力，更不能反映出职业道德修养等内在特质，而且大多数是非现场教学，这种考核方式更像是一种表演，这种招考方式不利于招聘到真正适合教学的人。

3. 教师招聘政策缺乏专业性，可操作性不强

2009年，教育部发出通知，要求全国各地的中小学教师补充必须采用公开招聘考试的方式，不得再以其他方式招聘教师，这是我国深化教育管理体制改革和国家人事制度改革的产物，与此前的教师分配、派任的制度相比，具有许多优越性，但它在我国的实践时间还比较短，没有历史的经验可供借鉴，还有许多不完善之处。

（1）简单模仿事业单位招聘制度，没有突出教师招聘的专业性

中小学教师公开招聘考试不仅是教育系统的工作，也是人事、劳动就业部门

的工作。虽然我国的教育法、教师法、教师资格条例等都对教师招聘考试工作做了一些原则性规定,但目前中小学教师公开招聘考试主要还是借鉴事业单位招聘考试的办法和规定。虽然中小学教师是事业单位人员中一个很大的组成部分,但这部分人员又不同于一般的事业单位人员,他们担负着振兴国家基础教育,为国家培养下一代的重任,其选拔不能完全照搬事业单位人员招聘的方法和制度,必须有自己的发展模式。把中小学教师公开招聘考试等同于其他事业单位招聘考试,忽视中小学教师职位特点的招聘考试,其价值永远不能满足期望和要求。长久以来,一些地区的教育行政部门对教师聘任制的认识还停留在表面,没有从根本上认识到进行教师招聘考试的必然性和重要性。

(2) 教师招聘政策不够系统细致,没有明确的可操作性

目前,我国教师录用的办法没有较为明确的法律法规,教师招聘考试更没有具体的规章制度可循。我国关于教师招聘的法律法规仅有《教师法》的几项规定,以及人事部制定的两个文件《关于加快推进事业单位人事制度改革的意见》和《关于在事业单位实行人员聘用制度的意见》。这些规定在实际的教师招聘工作中缺乏可操作性。各地教育行政部门制定的一些具体的招聘制度也缺乏法律依据,没有达到真正的可操作的要求,且每年政策变动较大,不仅影响考生的备考工作,也不利于教师素质的稳定提高。近年来,全国许多地区已经明确规定了将公开招聘考试作为中小学教师选拔的主要方式,但是制度上对于招考主题、招考程序、是否需要聘请专家、如何聘请等诸多问题没有统一明确的规定,这些规定的空白在一定程度上造成了教师公开招聘考试过程的混乱,影响教师队伍整体素质的提升。

四、"对症下药":针对教师招聘的相关对策和建议

(一) 完善招聘主体,向学校"放权"

1. 组织教师聘任委员会

目前,我国已有政策对教师聘任决策机构规定不明,这在招聘教师时容易造成混乱、不透明。为了选拔出合适的教师人选,教师聘任决策时应集思广益,避免独断专行,应广泛听取教育行政部门领导、学校、家长和学生等多方面的意见

和建议。在英国,学校董事会是学校事务的决策者,由校长、家长、社区人士、学生、地方教育当局官员的代表组成。在美国,中小学教师的聘用由学区教育委员会实施,教育委员会由校长、教务主任、社区代表、家长、学生等组成,它决定需要的教师数量、类别等。我国台湾地区公立中小学教师的聘用由校长、家长代表、教师代表组成的评审委员会决定。这些合议机构在决定教师聘用事务时实行表决制,避免权力过于集中而滋生不公。[①] 我国的教师招聘可以借鉴以上经验,组织多方力量构成教师聘任委员会,对应聘者进行更全面的考察,同时使得教师招聘的过程更加公开透明,避免暗箱操作。

2. 赋予学校招聘自主权

目前许多地方教育行政部门并未将人事权下放给学校,师资仍然由县教育局统一调配,学校没有师资配置的自主权。然而,各学校在办学基础、办学定位、生源状况等方面差异较大,其教师设岗需求也差异明显,由教育行政部门掌握岗位设置管理的绝对权力一般很难适应这种差异。因此,教育行政部门应赋予学校相应的自主权,选择学校需要的教师人才,增强学校办学活力,提高教育质量。《义务教育法》第二十六条规定,"学校实行校长负责制"应得到切实执行,保障校长自主管理、自主用人的权利。并且,"向学校放权"是世界各国的共性,这有利于解决政府对学校的过多干预问题,实现学校的更好发展。我国应该真正落实并完善校长负责制,使其拥有较大影响力。另外,可以借鉴日本较为折中的经验,教师的任命虽然也是行政任命的,但是首先必须由校长推荐,这就充分尊重了学校校长的意见。

(二)改革考核内容和方式

1. 细化标准,突出专业能力

教师招聘考试的核心就是考试的有效选拔性,即筛选出合适的教师候选人。目前,教师招聘考试大多采取公务员招聘考试的形式,考察内容比较单一片面,不能全面地反映教师的综合素质,无法有效考察教师的专业素养。因此,教育行政部门应组织教育研究员、高校教育类专家、学校一线的优秀教师等,按照一定的比例共同构成教师招聘考试命题团队,更全面地考察应聘者的专业素质。在

---

① 李琳.中西中小学教师招聘制度比较研究[J].企业家天地(理论版),2010(8).

考察时,可以借鉴国外选拔合格教师的专业标准,将标准细化与量化,更具可操作性。如英国对合格教师的专业标准规定得很具体,包括3个一级指标、16个二级指标和33项具体标准。具体是:① 专业品质(4项),分别为儿童和青少年的关系、职责与规章、交流与合作、个人专业发展;② 专业知识与专业理解(6项),分别为教与学,评价与监控,学科与课程,读、写、算能力及信息交流技术,成绩多样性,健康与福利;③ 专业技能(6项),分别为计划、教学、评价监控和反馈,反馈与改进、学习环境、团队合作。以上16个方面共提出了33项具体的要求,这为选拔合格教师提供了切实可行的评价标准和依据。[①] 我国可以参考国外教师考试的选拔标准,选择合适的教师人才。

2. 量、质结合,完善"笔、面"形式

就笔试而言,在参照选拔的具体标准时,教师招聘考试的考核内容除了满足共性要求外,还应具有一定的灵活性,对教师的知识更新和专业发展作出要求。就面试而言,应科学合理选择面试考官,组成面试小组,丰富面试形式,对应聘者进行多方考察。引入模拟课堂、演讲、答辩、论文写作等多样化测试形式,以加强对应聘者实际教学能力的测试,将量化评估和质性评估相结合,确保录用德才兼备的人才。在此,我们可以参考发达国家的做法。如在英国,教师招聘的面试环节由四个部分组成,每个部分都是基于应聘者是否充分理解教师这一职业。应聘者要分别与学生、学科同行、校长、学校董事会在一起一定的时间,通过交谈了解应聘教师岗位的愿望是否强烈以及是否符合学校的具体职位标准、与学区的价值观是否趋向一致等。就笔试和面试的关系来说,在保证教师招聘流程公正透明的前提下,应确定面试的合理比重,发挥面试在有效选拔教师上的作用。在此,我们可以借鉴山东省"先面试后笔试"的经验。山东省委全面深化改革领导小组审议通过《山东省〈乡村教师支持计划(2015—2020年)〉实施办法》时,鼓励具备条件的县(市、区)探索采取先面试后笔试的方式招聘教师,按照教师专业标准和任教学科设置考试科目,重点考察教师专业素养和职业能力。这将在一定程度上提高教师招聘的针对性,避免一些不适合当教师的人员入选。

---

① 张新平,褚宏启.教育管理学通论[M].北京:高等教育出版社,2012:281.

参考文献

[1] 国家中长期教育改革和发展规划纲要(2010—2020年)[M].北京:人民出版社,2010.

[2] 张新平,褚宏启.教育管理学通论[M].北京:高等教育出版社,2012.

[3] 李崇爱.我国中小学教师招聘政策违法乱象检视[J].中国教育学刊,2016(2).

[4] 李琳.中西中小学教师招聘制度比较研究[J].企业家天地(理论版),2010(8).

[5] 魏海政.基层学校教师招聘三问[N].中国教育报,2016-01-28.

[6] 曹林林.中小学教师公开招聘考试制度问题及对策研究[D].郑州:郑州大学,2014.

[7] 王丽娜.中小学教师公开招考的现状、问题与对策:以江西省为例[D].南昌:江西师范大学,2013.

[8] 武应坤.当前浙江省中小学教师招聘考试研究[D].金华:浙江师范大学,2011.

附录1

江苏省F市中小学教师招聘政策实施现状调查问卷

亲爱的老师：

您好！首先感谢您参与江苏省F市中小学教师招聘政策实施现状调查问卷。本次调查是要了解F市当前教师招聘政策的现状，为完善教师招聘政策提供依据。本问卷为匿名问卷，调查结果仅作研究之用，不涉及其他任何用途。我们将对涉及个人基本情况的资料严格保密并妥善保管。为使研究结果更加真实客观，请您认真回答每一道题目，在您所选的选项下打钩，除了标注可多选的题外，其他所有题均为单选。

衷心地感谢您能抽出宝贵的时间来完成这份问卷，感谢您对我们调查的支持！

您任教学校所在： A. 市 B. 县 C. 镇 D. 村

您的年龄：

您的性别： 男 女

1. 您的学历：

 A. 大专   B. 本科   C. 硕士   D. 博士

2. 您的户籍：

 A. 江苏省   B. 非江苏省

3. 您属于哪类考生？

 A. 应届生   B. 非应届生   C. 其他

4. 您是哪类大学毕业的？

 A. 师范类   B. 非师范类   C. 其他

5. 您所学专业为？

 A. 教育学(包括小学教育) B. 学科师范   C. 其他

6. 您的教师资格证的取得方式？

  A. 毕业即可获得　　　　B. 通过考试获得　　　　C. 其他

7. 您申请的教师资格证的资格种类与你现在所任教的科目一致吗？

  A. 一致　　　　　　　　B. 不一致

8. 您之前有没有当过教师的经验？

  A. 有　　　　　　　　　B. 没有

9. 您选择当教师的原因？（可多选）

  A. 父母的意愿　　　　　B. 巨大的就业压力　　　C. 专业选择所限

  D. 本人的热爱　　　　　E. 教师门槛较低

  F. 教师工作稳定，假期多　G. 其他

10. 您认为教师招考的报考条件严格吗？

  A. 严格　　　　　　　　B. 不严格

11. 您总共参加过几次教师招聘考试？

  A. 一次　　　　　　　　B. 两次　　　　　　　　C. 两次以上

12. 您有没有参加过别的地区的招聘考试？

  A. 有　　　　　　　　　B. 没有

13. 您有没有参加过教师招聘考试的培训班？

  A. 有　　　　　　　　　B. 没有

14. 您觉得中小学教师公开招考笔试的难易程度如何？

  A. 很难　　　　　　　　B. 比较难　　　　　　　C. 一般

  D. 比较容易　　　　　　E. 很容易

15. 您觉得中小学教师公开招考笔试的内容比重设计是否合理？

  A. 很合理　　　　　　　B. 比较合理　　　　　　C. 一般

  D. 比较不合理　　　　　E. 很不合理

16. 您认为笔试考试中的考试内容对您的实际教学有多大程度的帮助？

  A. 很有帮助　　　　　　B. 比较有帮助　　　　　C. 一般

  D. 帮助不大　　　　　　E. 没有帮助

17. 您觉得笔试和面试的比例设计是否合理？

  A. 很合理　　　　　　　B. 比较合理　　　　　　C. 一般

  D. 比较不合理　　　　　E. 很不合理

18. 您觉得中小学教师公开招考面试的内容比重设计是否合理?
    A. 很合理　　　　　　B. 比较合理　　　　　　C. 一般
    D. 比较不合理　　　　E. 很不合理

19. 您认为中小学教师公开招考面试的内容多大程度上体现个人的专业素养?
    A. 完全能体现　　　　B. 比较能体现　　　　　C. 一般
    D. 较少能体现　　　　E. 完全不能体现

20. 您对当前的教师招聘制度满意吗?
    A. 很满意　　　　　　B. 比较满意　　　　　　C. 一般
    D. 比较不满意　　　　E. 很不满意

21. 您对中小学教师招聘考试的招考条件有什么看法和意见?

22. 您对中小学教师招聘考试的招考形式(笔试和面试)有什么看法和意见?

附录 2

教师招聘政策一览表

时间	文件	相关内容
1993 年	中国教育体制改革与发展纲要	建立教师录用的考核制度
1993 年	中华人民共和国教师法	国家实行教师资格、职务、聘任制度,通过考核、奖励、培养和培训,提高教师素质,加强教师队伍建设
1999 年	关于师范院校布局结构调整的几点意见	进一步拓宽中小学教师来源渠道
2001 年	关于制定中小学教职工编制标准的意见	对事业单位人员的聘任与录用作出了明确和详细的规定
2002 年	国务院办公厅转发人事部关于在事业单位试行人员聘用制度意见的通知	事业单位凡出现空缺岗位,除单位确需要使用其他方法选拔人员以外,都要实行公开招聘
2003 年	人事部、教育部关于深化中小学人事制度改革的实施意见	提出我国推行中小学教职工聘用制度
2005 年	事业单位公开招聘人员暂行规定	教育部转发了该规定,要求教育单位在招聘人员时遵照执行
2009 年	关于进一步做好中小学教师补充工作的通知	全面推行新任教师公开招聘制度,形成长效机制。省级教育行政部门要结合国家或地方"特岗计划"的实施,统一组织教师公开招聘考试,按规定程序择优聘用
2010 年	国家中长期教育改革和发展规划纲要(2010—2020 年)	完善并实行严格的教师准入制度,严把教师入口关;县级教育行政部门按规定履行中小学教师的招聘录用、职务(职称)评聘、培养培训和考核等管理职能
2012 年	关于加强教师队伍建设的意见	我国将实行严格的教师资格和准入制度,提高教师的准入标准和教师职业的教育教学能力要求,将全面完善教师资格考试和实施定期注册制度
2015 年	乡村教师支持计划(2015—2020 年)	全面推进义务教育教师队伍"县管校聘"管理体制改革

附录3

F市2015年教师招聘情况一览表

序号	县（区）	招聘时间	招聘类型	招聘人数	招聘方式
1	F市(县)	2015.01.15	中学教师	26	高校定点单招（东北师范大学）
		2015.04.08	中学教师	23	高校定点单招（江苏师范大学）
		2015.05.04	小学教师	69	社会公开招聘
		2015.08.21	中小学教师	30	农村教师选聘进城
		2015.08.21	中小学教师	5	选调外市教师
2	P县	2015.03.16	中小学教师	158	社会公开招聘
3	T区	2015.04.24	中小学教师	120	社会公开招聘
		2015.08.07	中小学教师	60	公开选调
4	P市(县)	2015.05.16	中小学教师	210	社会公开招聘
		2015.07.27	中小学教师	74	农村教师选聘进城
5	J区	2015.05.25	中小学教师	100	社会公开招聘
6	F县	2015.06.17	中小幼教师	227	社会公开招聘
		2015.08.25	小学教师	17	农村教师选聘进城
7	S县	2015.07.07	中小幼教师	204	社会公开招聘
8	K区	2015.08.01	中小学教师	189	社会公开招聘
9	Y区	2015.08.11	小学教师	94	社会公开招聘
10	G区	2015.10.10	小学教师	20	社会公开招聘
11	市教育局直属学校	2015.05.20	中小学教师	58	社会公开招聘
		2015.08.10	中小学教师	10	高层次教师招聘

F市2015年学校自主招聘情况一览表

序号	学校	招聘时间	招聘条件	招聘人数	招聘政策制定	招聘工作监督
1	F市第一中学	2015.03.13—12.31（共5次）	"985"或"211"高校毕业的应、往届博士生；全日制高校优秀硕士应届毕业生；理科类应聘者应具备较强的科研能力、实验操作能力	22	F市第一中学	徐州市人力资源和社会保障局、徐州市教育局
2	F市第三中学	2015.03.13	具有符合高中教育教学资质要求的教师资格证；高层次人才引进；"985"或"211"高校毕业的应、往届博士生	4	F市第三中学	徐州市人力资源和社会保障局、徐州市教育局
3	J县JH学校	2015.05.19	本科及以上学历，具备岗位所需的专业和技能条件，能够熟练地应用现代化教学技术	11	J县JH学校	睢宁县人力资源和社会保障局、睢宁县教育局
4	JS未来实验学校	2015.05.26	硕士研究生及以上学历者优先聘用，必须为名校全日制毕业生（211,985或全国排名前20的师范类院校）；可接收在职优秀教师，必须是全日制本科学历者，同时有极为优秀的教学业绩，其所服务的学校为市级以上重点中学	待定	JS未来实验学校	徐州市人力资源和社会保障局、徐州市教育局
5	KY大学附属中学	2015.05.28	硕士研究生毕业，第一学历为全日制汉语言文学本科毕业（不含三本）；年龄在35周岁以下	1	KY大学附属中学	徐州市人力资源和社会保障局、徐州市教育局
6	J县NH外国语学校	2015.07.12	师范类，本科学历，能胜任高中学科教学及班主任工作，普通话、计算机水平达到国家规定	48	J县NH外国语学校	睢宁县人力资源和社会保障局、睢宁县教育局

(续表)

序号	学校	招聘时间	招聘条件	招聘人数	招聘政策制定	招聘工作监督
7	F县第一中学	2015.08.01	F市内公办中学优秀初中教师	10	F县第一中学	新沂市人力资源和社会保障局、新沂市教育局
8	KY大学附属小学	2015.10.23	语文、数学学科专业,师范类全日制本科毕业(不含三本),且有3年以上教学工作经历;或者硕士研究生毕业,且第一学历为相应学科专业师范类全日制本科毕业(不含三本)	2	KY大学附属小学	徐州市人力资源和社会保障局、徐州市教育局

附录 4

F 市各区域教师招聘条件一览表

序号	县（区）	招聘条件					
		学历	年龄	户籍	学制	专业要求	师范属性要求
1	新沂市	本科及以上学历	35周岁及以下	不限	全日制	本科所学专业或教师资格证认定的学科须与报考学科岗位要求一致	不明确
2	沛县	本科及以上学历	28周岁及以下	不限	全日制	具有与招聘岗位相同学科教师资格	不明确
3	铜山区	本科及以上学历	28周岁及以下	不限	全日制	取得相应学位、相应岗位及以上教师资格证书	不明确
4	邳州	初始学历为大专及以上学历	30周岁及以下	不限	不限	教师资格证书上的任教学科与报考岗位要求的学科一致	不明确
5	贾汪区	本科学历	30周岁及以下	不限	全日制	教师资格证书上的任教学科与报考岗位要求的学科一致	不明确
		研究生学历	35周岁及以下				
6	丰县	本科及以上学历	30周岁及以下	不限	全日制	具有与招聘岗位相同学科教师资格	师范类院校师范专业毕业生专业不限，非师范类专业有限制
		硕士研究生及以上学历	40周岁及以下	不限			
7	睢宁县	本科及以上学历	30周岁及以下	不限	不明确	所学专业和报考学科相符且具有相应教师资格证	不明确
		硕士研究生及以上学历	35周岁及以下				

（续表）

序号	县(区)	招聘条件					
		学历	年龄	户籍	学制	专业要求	师范属性要求
8	经济技术开发区	大专及以上学历	35周岁及以下	不限	全日制	所学专业和报考学科相符且具有相应教师资格证	不明确
		本科及以上学历					
9	云龙区	本科学历	30周岁及以下	徐州籍	全日制	报考者须持有与报考岗位相应的教师资格证	不明确
		硕士研究生及以上学历	32周岁及以下	不限			
10	鼓楼区	本科学历	28周岁及以下	不限	全日制	教师资格证书和应聘岗位一致	不明确
		硕士研究生及以上学历	20周岁及以下				
11	市教育局直属学校	专科学历	30周岁及以下	徐州籍	全日制	专科、本科学历报考者须持有与报考岗位相应的教师资格证。硕士研究生及以上学历可以没有资格证	不明确
		本科学历					
		硕士研究生学历	35周岁及以下	不限			
		博士研究生学历	40周岁及以下				
		应往届博士研究生	40周岁及以下				

F市各地区教师招聘内容一览表

序号	县（区）	笔试内容	面试内容	各项成绩比重
1	新沂市	教育学、教育心理学、教育法规及专业课基础知识(占60%)和编写教案(占40%)	其他岗位面试采取说课的方式进行，应聘者在规定时间内，按指定内容独立备课、设计教案(50分钟)、限时说课(12分钟)，艺术类多一门专业测试	笔试权重50% 面试权重50%
2	沛县	教育学、教育心理学、教育法律法规及公共基础知识	面试形式为说课。说课根据课题，先备课，后说课，备课30分钟，说课15分钟	笔试权重40% 面试权重60%
3	铜山区	教育学、教育心理学及教育法律法规	在规定时间内，独立备课、设计教案(30分钟)，说课(10分钟)；现场答辩(5分钟)	笔试权重40% 面试权重60%
4	邳州市	教育教学基本理论和本学科专业知识等	面试内容分为说课和即席演讲。说课：在规定时间内，按指定内容独立备课、设计教案(30分钟)，然后进行说课(10分钟)；即席演讲：随机抽取题目，进行限时即席演讲(5分钟)	笔试权重50% 面试权重50%
5	贾汪区	教育学、教育心理学、基础教育理论和教育法律法规及师德规范等	面试包括教育教学能力测试和现场答辩。教育教学能力测试采用说课形式，教学方案设计时间30分钟，说课时间10分钟；现场答辩时间为5分钟	笔试权重40% 面试权重60%
6	丰县	教育学、教育心理学、教育教学理论及写作能力(报考高中教师岗位人员不参加笔试，直接面试)	面试采取说课的方式进行，应聘者在规定时间内，按指定内容独立备课(30分钟)，限时说课(10分钟)，艺术类要加专业能力测试	笔试权重50% 面试权重50%
7	睢宁县	教育学、教育心理学、教育法律法规和公共基础知识(报考高中教师岗位人员不参加笔试，直接面试)	其他岗位面试采取说课的方式进行。要求在规定时间内，按指定内容独立设计说课稿(40分钟)，说课(10分钟)，艺术类要加专业能力测试	笔试权重50% 面试权重50%

(续表)

序号	县(区)	笔试内容	面试内容	各项成绩比重
8	云龙区	公共基础知识、教育学、教育心理学及师德规范等	说课和现场答辩	笔试权重40% 面试权重60%
9	鼓楼区	公共基础知识、专业基础知识、教育教学综合知识	在规定时间内,独立备课、设计教案(30分钟),说课(10分钟);现场答辩(5分钟)	笔试权重40% 面试权重60%
10	市教育局直属学校	公共基础知识、教育教学综合知识	面试在市教育局的监督下,由所属招聘学校组织实施。形式主要为课堂教学和答辩	笔试权重40% 面试权重60%

江苏省小学教师奖励性绩效工资现状调查
——以 N 市为例

郑倩倩　崔玮　孙晓晗　周思敏

(南京师范大学教育科学学院　江苏　南京　210097)

摘要：作为绩效工资的重要组成部分，奖励性绩效工资对于激励教师工作积极性有着不可替代的导向作用。义务教育学校实施绩效工资改革后，人们对此褒贬不一。本文以江苏省N市为例，通过问卷和访谈调查了小学奖励性绩效工资的实施现状。在统计分析的基础上发现，在实施过程中存在奖励性分配方案公开性和透明度低、考核结果缺乏沟通和反馈、未对全体教师一视同仁等问题。因此，建立起一套行之有效的奖励性绩效工资激励机制非常必要，需要国家政策的保障、学校绩效考核有效性的保障和全体教职工的共同努力。

关键词：小学教师；绩效工资；奖励性绩效工资；激励

　　小学教育是国家基础教育的重要组成部分，在普及义务教育的发展过程中，教师工资待遇的高低无形中会影响到教师队伍的整体素养和教育质量的稳步提高。2008年12月，国务院总理温家宝主持召开国务院常务会议，审议并通过了《关于义务教育学校实施绩效工资的指导意见》，规定从2009年1月1日起实施教师绩效工资制度，随即全国各地也纷纷出台了本地有关义务教育教师绩效工资的政策和措施。江苏省从2009年1月1日开始在全省范围内实施绩效工资，至今已有7年的发展历程。绩效工资政策在江苏省的实效如何？实施过程中存在哪些问题？教师对此有何反映？奖励性绩效工资是否真正发挥了其预设作用？是否需要进一步改进？带着以上一系列问题，我们项目组以义务教育教师绩效工资政策为背景,以奖励性绩效工资为切入点,以 N 市公立小学教师为调查对象,深入展开调研,并形成了调查报告,以期为各小学及相关决策部门提供借鉴与参考。

一、教师奖励性绩效工资概念界定及政策背景

教师绩效工资作为一个重要概念,有其丰富的内涵。笔者将从政策角度入手,解读教师奖励性绩效工资的概念,并对其政策作出梳理。

(一) 教师奖励性绩效工资的概念界定

1. 绩效工资的内涵

"绩效"一词是人力资源理论的核心概念。对"绩效"的解释,学界没有统一的见解:有的认为绩效是执行组织给定的任务;有的将绩效定义为一种结果;墨菲认为绩效只包括与组织目标相关的,并且可以按照个人的能力即贡献程度进行衡量的行为或行动;有的学者认为好的绩效不仅取决于做事的结果,而且取决于做这件事时所采取的行为。[①] 最后一种解释为现在大多数人所接受。

绩效工资是以职工被聘上岗的工作岗位为主,根据岗位技术含量、责任大小、劳动强度和环境优劣确定岗级,以企业经济效益和劳动力价位确定工资总量,以职工的劳动成果为依据支付劳动报酬,是劳动制度、人事制度与工资制度密切结合的工资制度。[②]

2. 教师绩效工资的内涵

教师绩效工资是一个政策性概念,是根据教师的工作表现和实际业绩来发放工资的一种薪酬制度。广义上讲,教师绩效工资是根据个人、团队和学校业绩的变化而确定的弹性薪酬。狭义上讲,教师绩效工资是把教师的薪酬与业绩挂钩,根据教师个人行为表现和业绩的变化来确定其薪酬的高低。笔者认为教师绩效工资的内涵介于两者之间,因为现行的绩效工资制度把绩效工资分为基础性部分和奖励性部分。基础性绩效工资与地区经济发展水平、物价水平、岗位职责等相关,而奖励性部分则与教师个人的工作量和实际贡献直接挂钩。

---

① 郭继东.学校人力资源管理[M].天津:天津教育出版社,2006.
② 刘祥辉.农村义务教育教师绩效工资实施现状、问题与对策探究[D].上海:华东师范大学,2010.

教师绩效工资就目的而言，主要是要建立适合学校实际的激励机制，按照工作人员的实绩和贡献适当拉开分配差距，向一线教师、骨干教师和作出突出贡献的人员倾斜，充分调动广大教师的积极性和创造性。就内容而言，教师绩效工资制度以教师岗位确立为前提，以岗位考核为基础，是身份管理向岗位（绩效）管理过渡的重要环节。

3. 教师奖励性绩效工资的内涵

义务教育教师绩效工资由两部分组成：基础性绩效工资和奖励性绩效工资，分别占工资总量的70%和30%。基础性绩效工资主要体现地区经济发展水平、物价水平、岗位职责等因素，由岗位津贴、生活补贴等构成。按照同一县级行政区域同类人员实行统一发放标准的原则确定，一般按月发放。

奖励性绩效工资主要体现工作量和实际贡献等因素，由班主任津贴、一线骨干教师津贴、超课时津贴、教育教学奖励等项目组成，具体发放办法和标准由学校在考核的基础上自主确定。除班主任津贴按月发放外，其他项目在年度考核后发放。奖励性绩效工资不仅能拉开同一地区工资差距，而且对教师工作积极性起着非常重要的激励作用，在一定程度上左右教师实际收入，自然就成了教师的关注焦点，成了冲突的聚合点。因此，我们从奖励性绩效工资入手，有针对性地进行调查。

（二）教师奖励性绩效工资的政策背景

1. 国家绩效工资政策梳理

新中国成立至1953年，我国中小学教师工资实行"实物工资制"。1952年7月经政务院批准，教育部发布了《关于调整全国各级各类学校教职工工资的通知》，规定全国高等、中等、初等学校教职工实行以"工资分"为单位的工资标准。这是新中国成立以来实行的第一次教师工资改革，初步统一了全国各级学校教职工的工资标准并相应地提高了中小学教师工资待遇。

1954年至1984年，我国中小学教师工资实行"职务等级工资制"。1956年6月，国务院发布《关于工资改革的决定》，取消了供给制，统一全国教师工资制度，实行"货币工资制"，决定教师工资标准的因素包括职务、能力、资历等，突出强调职务的作用。通过这次改革，建立了基本符合社会主义"按劳分配"原则的工资制度，奠定了我国工资制度的基础，也奠定了职务在教师工资制度中的地位。但随着社会和经济的发展,职务等级工资制度的弊端日益突显,突出表现在"职级不符""劳酬脱节",正常的增资机制没有建立,工资调整幅度过缓,工资标准过细,指标复杂,缺乏弹性等方面。小学教师工资制度中的"行政级别"一直影响至今,也是教师改革中易引发教师不满的敏感部分。

1985年至1992年,中小学教师工资实行"结构工资制"。中共中央、国务院于1985年7月25日下达《关于国家机关和事业单位工作人员工资制度问题的通知》,决定普通中小学从1985年1月1日起执行新工资制度。新工资制度由基础工资、职务工资、工龄津贴和奖励工资四部分组成,其中以职务工资为主,教师同时实行教龄津贴。小学按高级教师、一级教师、二级教师、三级教师四个等级分列。这次工资改革使事业单位工资制度从国家机关中独立出来,进入了新的工资轨道。与之前相比,更加注意发挥工资的激励作用,把奖励工资作为独立单元有利于调动教师工作积极性。但这次改革依然停留在计划经济体制模式中,各单位在工资分配方面没有自主权;工作人员的工资依然不能随经济发展而正常增长;工资管理方面,没有体现分类管理的原则。

1993年至2005年,中小学教师工资实行"职务(技术)等级工资制"。1993年11月,中共中央、国务院制定实施《事业单位工作人员工资制度改革实施办法》和《机关、事业单位艰苦边远地区津贴实施办法》,规定教育事业实行专业技术职务等级工资制。工资由职务(技术)等级工资和津贴两部分构成,各占70%和30%。职务(技术)等级工资为工资中固定的部分,主要体现工作能力、责任、贡献、劳动的繁重复杂程度;津贴主要体现各类人员的岗位工作特点、劳动的数量和质量。改革建立了正常增资机制,工资水平随着国民经济的发展有计划地增长;对建立符合教育工作特点的津贴、奖励制度进行了初步的探索,力图使教师报酬与实际贡献紧密结合起来,克服平均主义。但是教师收入差距的问题开始出现,外部环境对教师工资改革的影响也越来越明显。

2006年至今,中小学教师工资实行以"岗位绩效工资制"为主的改革。2006年6月29日,国家新修订的《中华人民共和国义务教育法》又一次强调和明确"完善农村教师工资经费保障机制","教师的平均工资水平应当不低于当地公务员的平均工资水平"。2006年10月7日,人事部、财政部、教育部印发《高等学校、中小学、中等职业学校贯彻〈事业单位工作人员收入分配制度改革方案〉三个实施意见》的通知中规定,"中小学实行岗位绩效工资制度。岗位绩效工资由岗位工资、薪级工资、绩效工资和津贴补贴四部分组成,其中岗位工资和薪级工资为基本工资"。2008年12月21日,国务院总理温家宝主持中央工作会议指出,从2009年1月1日起在全国义务教育学校实行教师绩效工资,随后《教育部关于做好义务教育学校教师绩效考核工作的指导意见》中指出在义务教育学校实施绩效工资,分为基础性和奖励性两部分,各占70%和30%。绩效工资制度改革是促进教育均衡发展的重要手段;是对加强教师队伍建设具有里程碑意义的一件大事;为教师工资的稳步增长提供了制度保障;充分体现了党中央、国务院对教育事业的高度重视,对广大教师的亲切关怀。

2. 江苏省绩效工资政策介绍

2009年6月,江苏省人事厅、财政厅、教育厅制定了《江苏省义务教育学校绩效工资实施意见》,要求按国家规定执行事业单位岗位绩效工资制度的义务教育学校正式工作人员,从2009年1月1日起实施绩效工资。

在绩效工资的构成方面,规定绩效工资分为基础性绩效工资和奖励性绩效工资两部分。基础性绩效工资主要体现地区经济发展水平、物价水平、岗位职责等因素,占绩效工资总量的70%;奖励性绩效工资主要体现工作量和实际贡献等因素,占绩效工资总量的30%。

在绩效工资的发放方法方面,规定基础性绩效工资一般按月发放,设立岗位津贴、生活补贴两项,对农村义务教育学校增设农村学校教师补贴;奖励性绩效工资具体发放办法和标准由学校在考核的基础上自主确定。在项目设置上可由学校根据实际情况,设立班主任津贴、一线骨干教师津贴、超课时津贴、教育教学奖励等项目,也可自主设立其他项目并制定具体发放办法。除班主任津贴按月发放外,其他项目在年度考核后发放。

在绩效工资总量和水平核定原则方面,规定教师平均工资水平不低于当地公务员平均工资,合理统筹、统筹兼顾,津贴补贴和年终一次性奖金纳入绩效工资总量,绩效工资总量随基本工资和学校所在县级行政区域公务员规范后津贴补贴的调整相应调整。与当地公务员津贴补贴同步同幅度调整。

在绩效工资的具体核定程序方面,规定基础性绩效工资由学校按照本地区县级申报标准经主管部门审核后,报同级政府人事部门批准;奖励性绩效工资总量由学校主管部门在同级人民政府人事、财政部门核定的本地区义务教育学校奖励性绩效工资总量内,根据考核结果提出所属各学校具体奖励性绩效工资总量,经同级人民政府人事、财政部门审核备案后实施。基础性绩效工资由学校上报有关部门核定,奖励性绩效工资变动应按照年度原则变动。公务员工资调整则教师工资也跟着调整。

江苏省绩效工资政策根据本省实际,贯彻了国务院办公厅文件精神,是贯彻落实《义务教育法》的具体措施,也是深化事业单位收入分配制度改革的重要内容,更是事关广大教职工切身利益的大事,各教育机构和学校都应认真贯彻执行。

二、N市小学教师奖励性绩效工资实施的现状分析

(一) N市小学教师结构现状分析

1. 教师性别比

性别比是指从事教学工作的男教师和女教师的比例。据调查数据整理后所得,教师从性别上看,所调查的176份有效样本中,女教师居多,人数为108人,占61.36%;男教师68人,占38.64%(如图1所示)。由此可见,男女教师比例失调,这也是全国小学教育中共存的问题。由于小学教师工资偏低,男性的性别角色又被社会认知为家庭的顶梁柱,因此很多男教师不愿意从事小学教师行业。再者,缺乏耐心、语言表达能力欠缺等一系列特征决定了一些男生不适合做教师。

图1 教师性别比

2. 教师教龄结构

教龄是指教师从事教学工作的连续累计时间,以年为单位。它反映出教师队伍的活力与发展前景,是保证教育工作连续性的前提。通过对本次调查的有效样本进行整理发现,从教师教龄来看,3年以内的较多,有61名教师,占34.65%;4—9年的教师有41名,占23.29%;从事教育10—20年和21—30年的

各有29人,分别占16.47%;高达30年以上教龄的有16名教师,占9.09%(如图2所示)。由于选取的学校大多为新校区,因此年轻老师居多,老教师较少,导致教龄总体偏低。

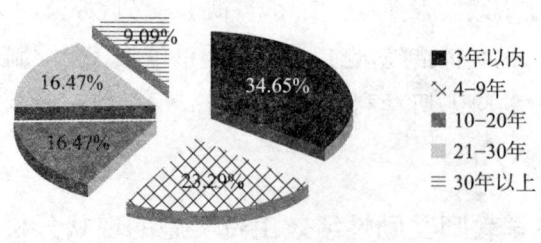

图2 教师教龄结构

3. 教师学历结构

学历结构是指教师群体中每个成员接受不同层次专业教育的比例,反映了教师的业务素质及其以后发展的可能,它是衡量教师队伍水平的一个重要标志。[①] 本研究所调查的学历指教师现在的最高学历,调查发现,大多数教师现在学历为本科,有102人,占57.95%;硕士研究生学历的有38人,达21.59%;专科学历的有36人,占20.45%(如图3所示)。经过访谈,我们了解到,大多数教龄为20年以上的老教师的第一学历为中师水平,因为20世纪80年代到90年代

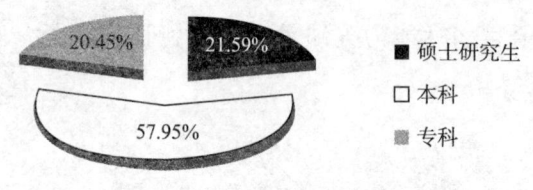

图3 教师学历结构

末,主要是当地的中等师范学校承担当地小学教师队伍的培养工作,所以大部分老教师原始学历比较低。21世纪初,国家要求中小学教师必须达到专科或本科学历,随着对学历要求的提高以及教师个人的追求,一些老教师通过自考、函授、电大以及考在职硕士等途径获得了本科学历甚至是研究生学历。然而一些刚入职的新教师学历也逐步提高,一些硕士毕业的研究生也逐渐加入到小学教师的

---

① 曾晓东,曾娅琴.中国教育改革30年:关键数据及国际比较卷[M].北京:北京师范大学出版社,2009:128.

队伍中来,对提高教师队伍素质和质量有重要影响。本研究调查的新教师比较多,加之老教师对自己学历提升的追求,导致本研究中本科和硕士研究生学历教师偏多。

4. 教师职称和职务结构

教师职称结构是指各类职称教职员的数量比例关系,在一定程度上反映了教师队伍的学识水平和胜任教育教学工作的能力层次。在我们调查的小学教师中,小学高级教师9人,小学一级教师66人,小学二级教师101人,各占5.11%、37.5%和57.39%(如图4所示)。由于调查的入职不到3年的教师比较多,因此小学二级教师偏多。

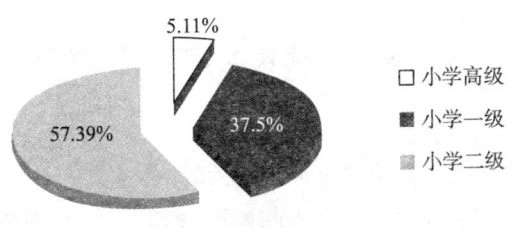

图4 教师职称结构

在职务结构方面,本研究专门针对有无行政职务进行了调查,发现有行政职务的教师有30人,占17.05%;无行政职务的普通教师有146人,占82.95%(如图5所示)。

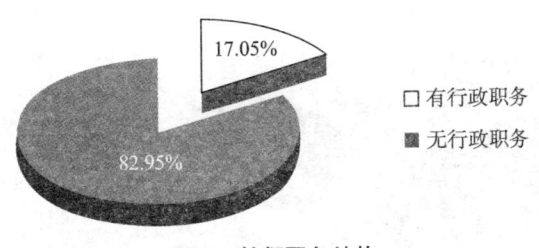

图5 教师职务结构

5. 教师所教学科

本研究调查了语文教师50人,占28.41%;数学教师40人,占22.73%;外语教师21人,占11.93%;品生品社教师17人,占9.66%;科学教师18人,占10.23%;体育教师7人,占3.98%;音乐教师6人,占3.41%;美术教师6人,占

3.41%;信息技术教师11人,占6.25%(如图6所示)。这里的学科指的是教师所承担的主要学科,有的教师还会兼教另一门,不算入内。

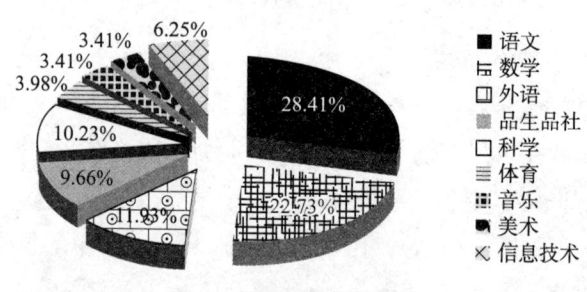

图6　教师所教学科结构

(二) N市小学教师奖励性绩效工资实施的现状分析

1. 教师工资收入情况

小学教师工资一直受到党中央、国务院和社会各界的关注,各级政府非常重视教师工资的经费保障,并设立了"教师工资专用"账户。根据调查问卷上教师自填的最近平均每月的工资收入(包括奖励性绩效工资部分),我们进行了统计,14.2%的教师月工资为2 000—3 000元,28.41%的教师月工资为3 001—4 000元,40.91%的教师月工资为4 001—5 000元,16.48%的教师月工资在5 000元以上,如图7所示。由此可见,大部分教师工资集中在3 000—5 000元之间,与

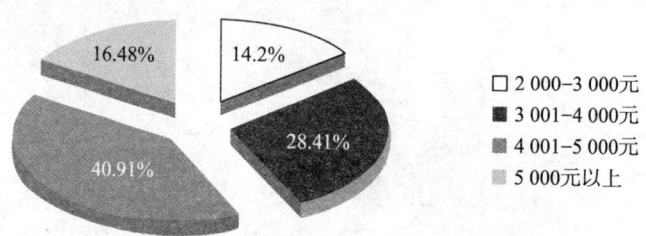

图7　教师月平均工资收入

公务员工资相比还是普遍偏低的。2006年6月29日,国家新修订的《中华人民共和国义务教育法》强调,"教师的平均工资水平应当不低于当地公务员的平均工资水平"。此方面还没有落实,是引起广大教师较为不满的敏感部分,尤其是教龄津贴明显落后于公务员津贴,是应解决的一个重要问题。另外,经统计分

析，教师工资与其职称存在显著正相关（$x^2=107.255$，$p<0.001$），职称越高，月平均工资越高；教师工资也与其职务存在显著正相关（$x^2=83.653$，$p<0.001$），职务越高，月平均工资越高。

2. 教师对奖励性绩效工资政策的知情度和满意度

（1）对政策的知情度

2009年1月1日，江苏省中小学实行绩效工资改革，规定绩效工资分为基础性绩效工资和奖励性绩效工资两部分，各占70%和30%。调查中，在对"您对义务教育学校实施奖励性绩效工资的政策了解吗"这一问题的回答中，选择非常清楚的占10.23%，清楚的占19.32%，一般的占46.59%，不清楚的占17.61%，非常不清楚的占6.25%。由此可见，小学教师们大多数对绩效工资政策了解一般，还有很大比例（约23.86%）的教师不清楚绩效工资政策，有的甚至非常不清楚。在访谈中我们发现，有的教师甚至不清楚基础性工资和奖励性工资所占的比例，而且意料之外的是学校的最高行政人员——书记甚至也不能把有关绩效工资政策的内容叙述得很清楚。

我们同样调查了小学教师了解绩效工资的途径，大多数教师是通过学校传达文件和上级组织的培训会议了解绩效工资政策，还有的通过新闻媒体、互联网、同事间交流得知。

（2）对政策的满意度

对江苏省义务教育学校实施奖励性绩效工资的政策，小学教师感到非常满意的占5.68%，满意的占20.45%，基本满意的占56.82%，不满意的占10.8%，非常不满意的占6.25%。由此可见，小学教师对奖励性绩效工资政策持基本满意以上的态度的占了82.95%，还是比较可观的，这说明实施绩效工资改革得到了大多数教师的认同。但也不能忽略还有一部分小学教师（约占17.05%）对奖励性绩效工资不满意，甚至非常不满意。我们要做的正是要了解教师不满意的部分，急教师之所需，真正反映教师的心声，改善绩效工资政策。

在问及"义务教育学校绩效工资总量的70%作为基础性部分固定发放或者按职务发放，有人提议将作为奖励性部分按绩效考核结果发放的30%的分量提高，您对这种看法是否赞同？"这一问题时，选择非常赞成的占12.5%，选择赞成的占34.66%，一般的占32.95%，不赞成的占18.18%，非常不赞成的占1.7%，可见大多数教师还是比较赞成把奖励性绩效工资部分提高。经访谈得知,一些年轻、有教育科研能力的教师特别希望奖励性绩效工资部分提高,因为他们可能在教龄、职称、职务方面不如老教师,只能通过自己的努力在与教学、科研、活动等挂钩的奖励性绩效工资方面下功夫,以提高自己的整体工资水平。

3. 教师对奖励性绩效工资分配方案及考核情况的知情度和满意度

(1) 对所在学校制定奖励性绩效工资分配方案方式的知情度

《江苏省义务教育学校绩效工资实施意见》中明确规定:"学校在制定奖励性绩效工资分配办法时,要充分发扬民主,广泛征求教职工的意见。分配办法由学校领导班子集中研究后,报学校主管部门批准并在本校公开。"通过调查,我们了解到,学校在制定奖励性绩效工资分配方案时,教师选择"由教职工全体大会或者代表大会通过"的占15.34%,"征求了全部教职工的意见,然后学校确定"的占29.55%,"征求了部分教职工的意见,然后学校确定"的占44.89%,"根本没有征求意见"的占10.23%。由此可见,多半学校并没有广泛征求教职工的意见,没有充分发挥教代会应有的监督与决策作用。经过访谈小学书记和普通教师,我们还发现有行政职务的教师要比普通教师更清楚奖励性绩效工资的分配方案以及制定分配方案的方式;职称高的教师也要比职称低的教师对奖励性绩效工资分配方案和制定方式更了解,这显然与学校对分配方案的公开、宣传不到位有关。

(2) 对奖励性绩效工资分配方案的满意度

在回答"您最关心实施绩效工资中哪方面情况"这一多选题时,"学校的奖励性绩效工资怎么分配"被选择的比例达80.11%,"工资能增加多少"占76.7%,"绩效考核怎么操作"占40.91%。可见,奖励性绩效工资的分配情况得到了广大小学教师的普遍关注。那么,教师们对所在学校奖励性绩效工资分配方案的满意度如何呢?带着这个问题,我们进一步做了调查,小学教师对本校奖励性绩效工资和奖金分配方案感到非常满意的占4.55%,满意的占18.18%,一般的占42.61%,不满意的占28.98%,感到非常不满意的占5.68%。从数据上来看,仍有34.66%的教师感到不满意甚至非常不满意,对于关系到每位教师切身利益的奖励性绩效工资,要想使全体教师普遍认可并不是一件容易之事。

深入调查分析发现,教师对奖励性绩效工资分配方案的满意度与多种因素相关。第一,有行政职务的教师对本校的奖励性绩效工资分配方案的满意度要高于普通教师($x^2=11.465, p<0.05$)。第二,职称较高的教师对奖励性绩效工

资分配方案的满意度高于职称较低的教师($x^2=17.134$,$p<0.05$)。第三,方案制定方式为"教职工全体大会或者代表大会表决通过"的学校,教师对分配方案的满意度要高于制定方式为"征求部分教职工意见"或"根本没征求教职工意见"的学校($x^2=31.074$,$p<0.05$)。

(3) 对奖励性绩效工资分配方案和考核中满意和不满意方面的调查

在对"您觉得您所在学校奖励性绩效工资分配方案和考核中的问题是什么"的调查中,选择"制定过程不公开"的占22.73%,认为"教师与管理人员差距太大"的占23.86%,"没有体现多劳多得"的占15.34%,没问题的占21.59%,不知道的占12.5%,其他的占3.98%。由此可见,在学校制定奖励性绩效工资方案和实施方案时,仍存在诸如制定过程不公开、教师与管理人员差距太大等问题,导致教师不满。通过访谈发现,年轻、有科研能力的教师认为教师教学(诸如上公开课)、教育科研(论文发表)、带领学生社会活动等方面是他们最满意的部分,而在教龄、职务、职称方面他们则处于劣势。然而对一些老教师来讲,由于他们精力有限,对于带领学生活动、搞教育科研方面已没有太大激情,所以他们认为奖励性绩效工资中这些对他们来讲是不大令人满意与公平的,然而在教龄、职务、职称方面他们仍处于优势。这样分析来看,奖励性绩效工资正是以缩小教师间工资差距、激励教师积极性为目的的。然而学校如何进行奖励性绩效工资的分配与考核仍然是值得深入研究的问题。

4. 教师奖励性绩效工资发放的公开性和透明度的调查

(1) 学校告知教师工资明细的方式

义务教育学校在制定绩效工资考核方案时,必须做到公开、透明和民主。与此同时,在方案的实施过程中也需要公开、透明。只有在每位教师都对自己的工资有清晰了解的情况下,奖励性绩效工资才能真正起到促进作用。调查表明,教师对于工资明细越了解,越是能够提升工作积极性。根据对"您是通过何种方式看到或拿到自己的工资单"这一问题的调查结果分析,37.5%的教师是通过去财务处签字的方式确认工资详单,31.1%的教师是通过学校分发给教师的工资详单了解具体的工资情况,28.5%的教师是以短信的形式收到工资总额,未见工资详单。同时有少部分教师是以其他的方式来获取具体工资情况。可见,大多数老师没有拿到自己的工资详单,只是单纯地去签字确认或是通过短信收到工资总额。经数据分析,奖励性绩效工资促进工作积极性程度与工资详单的告知方式存在正相关($x^2=21.143, p<0.05$),如表1所示。学校分发给每位教师工资详单的方式对教师工作积极性的促进明显高于其他方式。由此可以看出,大多数教师希望能够具体了解自己的工资情况。我们不能忽视其中有28.5%的教师是以短信的形式收到工资总额,而未能见到详单,这种做法会大大降低奖励性绩效工资的公开性和透明度,当教师不能了解自己工资的具体情况时,会使奖励性绩效工资的激励作用大大降低。

表1 奖励性绩效工资促进工作积极性程度与工资详单告知方式的卡方检验

	卡方检验		
	值	df	渐进 Sig.(双侧)
Pearson 卡方	21.143a	9	0.012
似然比	22.727	9	0.007
线性和线性组合	18.616	1	0.000
有效案例中的 N	176	—	

(2) 教师工资单的核对情况

当教师以不同的方式拿到工资单时,教师对工资单的核对情况能够反映出教师对工资具体分配的重视程度,同时能够获得各种工资公布方式对教师工资单核对情况的影响。根据对"您是否认真核对工资详单"这一问题的调查结果分析,签字确认和收到工资详单的教师中有55.4%的教师选择会核对,44.6%的教师则不会核对。可见,存在一大部分教师不会去理睬和在意自己的工资总额是怎么来的,可见其对工资分配和考核具体方面的重视度。特别是一些年轻教师对自己工资糊里糊涂,这对教师专业发展极为不利。

(3) 教师对学校发布工资方式的建议

在"您希望学校通过哪种方式发布工资明细"一题的调查中,选择"学校发给教师纸质工资详单"和"邮件方式发送工资详单"的教师各占40.34%和47.73%,而选择"到财务处签字"和"短信告知工资总额"的分别占3.98%和5.6%。可见,教师多数希望看到自己的工资详单,特别是在当今网络时代,希望通过邮件收到工资单的教师越来越多,因为这种方式既能使教师看到自己的工资明细,又方便快捷省时。学校何乐而不为呢?况且,邮件方式告知教师工资也有其可行性,是学校完全可以做到的。只要学校心中有教师,工资发放方式的告知就会体现其合理性。

5. 奖励性绩效工资改革的激励导向作用

奖励性绩效工资改革以充分发挥绩效工资分配的激励导向作用为目的,那么奖励性绩效工资是否起到了其应有的激励作用? 根据我们的调查,在对"实施绩效工资后,您是否赞成教师对工作更加积极这一说法"一题的回答中,非常赞成的占12.5%,赞成的占51.7%,感觉一般的占17.61%,不赞成的占16.48%,非常不赞成的占1.7%。从数据来看,大多数教师(约81.81%)认为实行奖励性绩效工资政策对他们的工作积极性还是有促进作用的。进一步调查"何种激励措施对于调动教师积极性比较有效(可多选)",认为教育教学研究、改进完善教育教学、职务职称晋升、公开场合的鼓励和表扬、更多的个人发展机会(培训、进修等)这5种激励措施激励和导向作用最大的教师所占的比例分别为61.36%、57.95%、52.27%、41.48%、38.64%。可见,教科研、教育教学、职称评定、职务晋升这几个方面对小学教师工作积极性有着较大的促进作用。现如今,小学教师中研究教育教学的人越来越多,"教师也是研究者"的口号在小学越喊越响,教师的行动研究也越来越专业化,这是一个好的趋势。但也应该注意到,当教师为了发论文而写论文的时候,研究的目的就失去了意义。教师应该为改进教育教学、促进学生学习而研究,而不是为了功利性目的,这是广大教师应该注意的,毕竟小学教师的主要任务还是教学。此外,不同的激励措施对不同的教师群体的激励作用是不同的:对于年轻上进的教师来说,教育科研、社会活动、工作量等对他们的激励作用更大些,而对于相对年老、喜欢稳定的教师来说,活动以及科研的刺激作用就不那么重要了;对于职务、职称低的教师来说,职务晋升、职称评定对其激励作用比较大,而对于已经处于较高位置上的教师来讲,这些刺激对其作用也就相对较小些。总之,不同的教师群体有着不同的需求,要想通过奖励性绩效工资促进教师工作积极性,就得多与教师沟通交流,广泛征求教职工意见,真正了解教师需求,反映教师心声,只要管理者心中有教师,就会把奖励性绩效工资政策落到实处,发挥其激励作用。

三、N市小学教师奖励性绩效工资实施的特征分析

为了吸引更多的优秀人才投身于教育事业,并鼓励现有的教师长期执教,稳定教师队伍,积极促进教育事业的发展,2008年,国务院审议并通过《关于义务

教育学校实施绩效工资的指导意见》,这是国家作出的保障义务教育的一项重大举措。文件中指出,义务教育学校的教师绩效工资分配将会以绩效考核结果为主要依据。自2009年1月1日起义务教育教师绩效工资制度开始在全国范围内实施。目前,很多省市已逐步落实和兑现了教师绩效工资。我们通过对N市小学教师奖励性绩效工资实施的现状调查,发现绩效工资政策实施以来,大多数教师对其持赞同态度,同时在问卷和访谈中也发现了存在的一些问题。

(一) 小学教师经济地位

在党中央、国务院和各级地方政府的共同努力下,伴随着我国教师绩效工资改革的不断推进,到目前为止,我国教师的工资水平不断提高,尤其是实行绩效工资考核制度以来,义务教育阶段学校教师在教师待遇和工资水平上都得到了一定程度的提升。但与其他各类职业相比,中小学教师的工资待遇仍处于较低水平。根据2003年至2014年《中国统计年鉴》的分类,我们可以清楚地看出教育行业的工资在全国各行各业中的排名情况,如表2所示。

表2 2003—2014年教育行业工资在19大类行业中的排名情况

项目	年份											
	2003	2004	2005	2006	2007	2008	2009	2010	2011	2012	2013	2014
全国人均年收入/元	13 969	15 920	18 200	20 856	24 721	28 898	32 244	36 539	41 799	46 769	51 483	56 360
教师人均年收入/元	14 189	16 085	18 259	20 918	25 908	29 831	34 543	38 968	43 194	47 734	51 950	56 580
教师工资排名	11	12	12	12	12	12	11	10	11	10	10	10

注:资料来源于中华人民共和国国家统计局官网,www.stats.gov.cn/tjsj/ndsj/,《中国统计年鉴》(2003至2014年)。

从表2中可以看出,近十多年以来,在劳动力市场的各行业排名中,教育行业工资水平略有提升,但总体来说仍处于中等水平,未能进入较高收入行列。2003年到2014年,我国教育领域的平均工资水平一直在第10到12位之间徘徊,近几年逐渐稳定在第 10 位,在参与统计的 19 大行业中无疑是处于中等水平的。而在教育行业中处于较低水平的中小学教师的工资与教育行业平均工资相比仍有一定的差距。这一现实情况与 1993 年的《中国教育改革和发展纲要》所提出的教师工资应处于社会的中等偏上水平的指标并不完全相符。

在国务院颁布的《关于义务教育学校实施绩效工资的指导意见》中明确指出,"义务教育教师规范后的津贴补贴平均水平,由县级以上人民政府人事、财政部门按照教师平均工资水平不低于当地公务员平均工资水平的原则确定"。但在问卷调查的过程中,笔者发现,关于教师收入与公务员收入相比较的情况,绝大多数的教师都认为公务员的工资普遍高于教师的工资,极少部分教师认为两者工资相差不多,几乎没有人认为教师工资比公务员工资高。关于教师的男女比例,大多数学校都是女教师远多于男教师,究其本源,仍是教师工资水平不高造成的,在调查中我们也发现,教师性别与对工资水平的态度是高度相关的,男性教师普遍认为教师工资低于公务员工资。此外,在访谈中,某小学教务主任也讲道,"我工作时间久了,工作 31 年,我的工资在我们学校一线老师里算是最高的了,但算上绩效一共就 7 000 块钱"。据了解,入职一年内的教师月工资基本在 3 700 元左右,结合 N 市物价房价来说,是远远不够的。

(二) 教师对奖励性绩效工资的认识

有教师对奖励性绩效工资制度十分清楚,但毕竟是少数。不少教师对奖励性绩效工资的认识存在一定的误区,这些误区在一定程度上对教师的工作积极性等产生了影响。下面将列举三个最常见的误区并作简要分析。

误区一:认为"奖励性绩效工资就是涨工资"。绩效工资并不是简单的涨工资,它是由身份管理转为岗位(绩效)管理的人事制度改革系统工程中的一环。但目前教师中普遍存在的一个误区就是认为奖励性绩效工资就是涨工资。实际上,绩效工资,尤其是奖励性绩效工资是为了激励教师的积极性而设定的,体现着多劳多得的原则,因而并不是简单的涨工资。从对绩效工资实施的满意情况中可以看出,年轻教师普遍对绩效工资较为满意,而老教师则反之。与年轻教师相比,老教师由于精力或其他原因,往往缺乏竞争观念,"安于现状",这样一来,其拿到的奖励性绩效工资自然就比年轻教师要少。绩效工资作为一种激励性工资制度,绝不是平均分配,它具有奖勤罚懒的功效,特别是 30% 的奖励性绩效工资,更是为了奖励那些骨干教师和作出突出成绩的教师。

误区二:将奖励性绩效工资看作是一种竞争机制。存在这种认识,有可能导致教师之间的恶性竞争。教育部强调"适当拉开差距"的奖励性绩效工资考核制度。一方面,"拉开差距"是指要通过实施奖励性绩效工资带来的差别实现激励教师的作用,从而发挥更多优秀教师的工作积极性,鼓励现有教师长期执教,终身从教,稳定教师队伍,积极促进教育事业的发展;另一方面,"适当"说明了要对竞争的程度和范围进行规范,一旦出现过度竞争,就有可能增加教师工作的压力,甚至可能会出现恶意竞争,破坏教师间的团队合作,若是出现以上情况,那么奖励性绩效工资的基本目标将无法实现,同时也将违背绩效考核工资制度改革的初衷。

误区三:拿教师自己的钱奖励教师自己。在访谈中,某小学教务主任讲了这样一段话:"像我们学校的年轻老师多,那绩效这块我们老教师就做贡献了,就是把我们的30%收入拿出来作为绩效,年底的时候我们又没有拿到手,因为我们没有写论文啊,然后我们这个钱就付给年轻人了。"这其实是对奖励性绩效工资的一种误解。实际上,奖励性绩效工资是从该地区绩效工资总量中预先划分出来的,由学校用于搞奖励性绩效的部分并不是从教师的个人工资中扣除的。

(三)学校奖励性绩效工资分配方案和工资发放的公开度和透明度

根据《国务院办公厅转发人力资源社会保障部财政部教育部关于义务教育学校实施绩效工资指导意见的通知》,江苏省人事厅、财政厅、教育厅联合发布了《江苏省义务教育学校绩效工资实施意见》。该文件中关于奖励性绩效工资的制定明确提出了要"广泛征求教职工的意见。分配办法由学校领导班子集体研究后,报学校主管部门批准并在本校公开"。笔者在调查中发现,关于"对义务教育学校实施奖励性绩效工资的政策的了解度",只有29.5%的教师表示对其清楚或十分清楚,46.6%的教师表示对其了解程度一般,还有23.9%的教师表示对其不清楚或十分不清楚。关于所在学校如何制定奖励性绩效工资分配方案的办法,选择"由教职工全体大会或者代表大会通过"的占15.3%,"征求了全体教职工意见,然后学校制定"的占29.6%,"征求了一部分教职工的意见,然后学校确定"的占44.9%,"根本没有征求意见"的占10.2%。从这两个问题中可以看出,目前还是有很多学校奖励性绩效工资的分配方案只征求了一部分教职工的意见。而对于奖励性绩效工资的考核方案,大多数学校的宣传仍然不够,因而许多教师对此仍不甚了解。这与《江苏省义务教育学校绩效工资实施意见》中的规定并不相符。

关于工资的发放,某小学教务主任讲道,"他们说我工资多少,我就拿来签个字,到现在我也不清楚我工资拿多少绩效",该小学书记还讲道,"大部分老师都不管,有的老师会看工资的具体条目"。这种情况并不是偶然的,据了解还有一部分学校在工资发放过程中,并没有公开具体明细,只出示给教师一个总的数目,而许多教师也因为工作忙或懒得去查等各种原因对工资的具体明细不予关注。这样的工资发放制度难免会导致教师对奖励性绩效工资的分配和考核方法不甚了解,而在具体的考核过程中,教师又没有亲身参与其中,因而教师的知情权没有得到保障。当然也有一部分学校在这方面做得比较到位,通过下发明细工资单的形式较好地保障了教师的知情权。

(四)教师奖励性绩效考核指标及评价方式

奖励性绩效工资实施的目的主要是更好地体现教师的工作量及实际贡献等因素,从而在分配中实现优绩优酬、多劳多得。就目前学校所采取的教师奖励性绩效工资考核制度而言,仍存在许多问题。

首先,从奖励性绩效工资对教师个体激励的角度分析,考核内容主要有班主任津贴、一线骨干教师津贴、超课时津贴、教育教学奖励等。常规性奖励经费占据了奖励性绩效工资的大部分比例,真正能够用于奖励教师创造性劳动、鼓励教师作出突出成绩的经费比例并不宽裕。这样也就导致了奖励性绩效工资的激励效果十分有限。此外,有许多学校对奖励性绩效工资的考核细目没有给出一个明确指标,在考核过程中模糊不清,导致一些教师为了奖励性绩效工资会选择参加一些容易获奖,但对学生或教师本身没有实质性推进作用的比赛。

其次,关于绩效工资考核的主体,大多数学校的绩效工资考核组成员全部为学校相关部门的负责人,包括学校领导、教研组长、班主任等,而作为学校主要组成部分的一线教师却参与甚少,也不曾有学生或家长代表等的参与。如此一来,是否能够真正保证一线教职工的利益呢?

再次,绩效考核中过于强调个人激励,而忽视了对团体的激励,这样的制度有时会导致教师将奖励性绩效工资看作是一种竞争机制。尽管这样的制度有利于提高教师的工作积极性,但也会在一定程度上影响教职工的团队合作。如有的老师为使自己在竞争中处于优势,在团队合作中表现得比较消极,对于集体的工作热情不够,而对于涉及自己个人的工作则积极有余。

最后,绩效考核指标过于量化,缺少质性评价。许多学校在考核过程中过分关注量化指标,比如出勤率、教学工作量等,甚至有些学校将师德、安全等也详细地量化为相应的指标。尽管量化的指标更容易考核,且不易受其他因素的影响,比较客观,但却忽略了一些根本无法用量化指标来考核的内容,比如说态度、情感、品行等。可以说,将师德、安全一类因素量化考核也是不合理的。事实上,质性评价法是一种更为人性化、人文化的方法,对于评价的改进功能来说,它更有利于评价对象的进步。①

(五) 奖励性绩效工资考核结果的沟通和反馈

大部分学校在考核结束后,仅仅将考核的结果以工资明细单或更简便的方式反馈给该学校教职工,而教师也仅仅将领取工资或薪酬的分配当作绩效考核的结果。无论是学校还是教师都没有较好地利用奖励性绩效考核的结果,没有很好地利用考核结果所带来的激励或警示作用。制定奖励性绩效工资政策的根本目的是为了提高教师积极性,最终达到提高学校教学质量的效果。因此,我们不能仅仅为了发放薪酬而进行绩效考核,更应当及时与教师进行沟通,并将考核的结果反馈给教师,只有这样教师才能根据反馈信息有效地检视自己一个月来的教学任务的完成情况,反省自己的职业道德、职业态度,反思是否在教科研方面严格要求自己。如此不断反思,找到自己工作中存在的不足和缺陷,并及时改进调整,从而在后续的工作中更加努力。

此外,绩效工资考核的结果很少与教师的职位晋升以及人事任免等奖惩紧密联系在一起,没有对教职工起到督导的作用。绩效工资考核制度除了要对教师起到激励作用外,还应对各个教职工起到监督的作用。学校应根据绩效考核的结果对不符合要求的教师、有失德行为的教师进行一定的惩戒,从而对教师行

---

① 范先佐,付卫东.义务教育教师绩效工资改革:背景、成效、问题与对策:基于对中部4省32县(市)的调查[J].华中师范大学学报(人文社会科学版),2011(6).

为进行良好规范,以正学校风气。同时也要对师德优秀、圆满或超额完成教学任务的教师给予一定形式的奖励。这里所说的奖励可以是各种形式的。根据马斯洛的需要层次理论,人的需要可以分为生理需要、安全需要、归属与爱的需要、尊重的需要、自我实现的需要五个层次。五种需要层层递进,学校管理者需要深入了解教职工在不同层次的需要,把握其主要需要,培养更高层次的需要。总的来说,学校管理者在根据考核结果对教师进行奖励时要关注教师的实际需要,在满足教师基本物质需要的基础上,发展更高层次的需要,理解和尊重教师。

四、小学教师奖励性绩效工资激励机制的实施建议

依据上述具体分析,我们不难看出,在本次绩效工资全面铺开之后,实际实施过程中仍然存在着诸多问题,特别是奖励性绩效工资这一部分,问题尤为突出。因此,要想充分发挥本次教师绩效工资改革的激励作用,把奖励性绩效工资的激励导向作用发挥到最大水平,不仅仅要依靠政府为教师绩效政策提供更有效的外部环境,与此同时,学校也要不断地完善教师奖励性绩效工资的考核制度,只有当这一制度既有合理的内部基础又有坚实的外部依靠时,教师奖励性绩效工资的激励作用才能发挥到最大水平。

(一)教师绩效激励机制的政策保障

首先是经费保障。义务教育教师绩效工资制度之所以在施行过程中困难重重,很大程度上是因为缺少健全、有力的财政保障机制。只有建立起以省级政府投入为主的政府教育经费体制,义务教育绩效工资才能真正地落到实处。在当前阶段,建立起这样的以省级政府为主要责任对象的经费体制仍处在探索时期。在此次义务教育教师绩效工资改革过程之中,对于省级的财政投入标准没有给出明确的规范,粗线条下指称的"在省级层面做到统筹兼顾"这一要求很难真正实施起来。所以,应进一步细化对省级政府财政统筹制度的规定,省级政府应统筹中央政府转移支付和本级财政教育经费,担负起义务教育学校所需的教育经费,以确保本省范围内的基础教育在财政方面的教育公平。

其次是制度保障。问责制度自 2003 年抗击 SARS 之后引入我国政府部门,即迅速蔓延至行政领域的各个角落。自此之后,如何更加有效地加强各级行政

部门的责任意识被看作是"建设责任政府、法治政府、民主政府的一个重要途径"①。在义务教育教师绩效工资制度实施的过程中,我们应该充分考虑到政策的监督者与实施者各自的责任以及与此对应的各项处罚条款。具体来说,就是县级、市级、省级以及中央政府分别应该担负起什么责任?分别由哪些部门负责这些具体的执行工作?假设不对这些具体的条款进行逐一规定,义务教育教师绩效工资政策就很有可能流于形式,无法发挥其真正的作用。

(二)教师奖励性绩效激励机制的考核

1. 考核方案应据岗而设

学校系统内部有一张复杂的人际关系网,义务教育学校中各个岗位之间的复杂关系会给教师绩效考核带来巨大的考验。学校在进行绩效考核之前应该将各个学校岗位做一个明确的归类,具体可以分为三类:行政岗、教员岗以及后勤岗,依照不同的岗位制定出与之相对应的考核方案。针对行政岗的教师来说,考察的重点可以放在其协调管理能力上面。针对教员岗的教师来说,奖励性绩效考核的重点应该放在教学质量、教学时长、科研能力以及班主任工作上面。对于负责后勤服务工作的教师来说,考核的侧重点应该放置在服务质量、职能实现等方面。只有考核据岗而设,才能体现绩效工资的公平性,才能使全体教职工各司其职,充分发挥奖励性绩效工资的激励作用。

2. 保障绩效考核的多维性

绩效工作考核的结果直接关系到教师薪酬的高低,与教师利益有密切的关系,因此一定要建立起一种既符合教育的规律,同时也能反映教师工作职业特点的教师绩效工资考核制度。只有这样,教师绩效工资的分配制度才能更好地发挥激励作用。现代教师管理理念认为,教师属于专业人员,对教师的考核也应该要涉及教师素养的方方面面。根据教师的专业要求,我们最少应该从以下三个方面对教师的绩效进行考核:一是教育业务的角度,也就是说从教师的教学成就、教学素养、职业道德等方面进行考察;二是个人发展维度,也就是从教育者终身学习的能力以及不断追求自我完善的表现等方面进行考核;

---

① 毛寿龙.问责制在我国民主政治进程中的作用[N/OL].新华网,2008-10-06.http://www.ce.cn/xwzx/gnsz/gdxw/200810/06/t20081006_16982058.shtml.

三是创新科研维度,也就是对教师的创造能力、创新精神以及创新科研成就等方面进行考察。

确保教师绩效考核角度的多维性能够帮助学校建立起更加完善的教师绩效工资考核体系,再进一步细化到具体的教师各项评价指标的确定,则需要在包含的要素以及所占的份额上面着重突出义务教育的要求和特点,要涉及教师工作的主要方面,包括教学质量、教学态度、教学创新以及科研成就四个方面。在进行评价方案的表述时应该做到具体明确,表述清楚,抓住重点,简明扼要,同时还应该注意各项指标所占比重应该要与该指标在整个指标体系中所占的地位保持一致。

3. 教师应参与方案制定全过程

学校要想开展任何教育教学活动都离不开教师的参与,育人工作的实现、教育质量的提升,这些都跟教师的辛勤劳动有着密不可分的关系。教师在学校中起着如此重要的作用,我们可以想象到:假设教师奖励性绩效工资考核方案制定的全部过程中都没有教师的参与,全部由学校说了算,这样的考核政策在实际实行过程中必然会受到重重阻碍。因此,在进行教师奖励性绩效工资的方案制定时,首先应该要做到的就是保障教师的知情权,只有多方听取教师们的意见和建议,将教师的需要充分考虑进考核方案的制定中去,这样的方案才能更加有针对性、更加合理。除此之外,还应该号召教师广泛参与到考核方案的制定中去。这样做既可以保障学校的民主管理,也可以防止学校管理者在涉及金钱利益时以权谋私、暗箱操作,有利于确保教师利益的实现,彰显出学校政务的民主性与公开性。

4. 有效使用考核评价结果

奖励性绩效工资考核是一个十分复杂的过程,虽说由中央到地方再到学校的各级政策一度被要求精简,以求在操作时能够做到简便易行,但是从了解到的学校实施政策来看,执行的考核细则仍然存在表述复杂的问题;其主要原因可能在于:第一,要想全面细致地做好教师的考核工作需要充足的指标;第二,考核过程中,考核主体的多元化也造成了工作量的增加;第三,考核的种类繁多但是考核的周期却很短,这也是造成执行困难的主要原因。因此,为了简化考核工作,就必须要有明确的考核内容以及考核指标,整合各类考核条目,将考核的周期适当进行延长,对班主任工作进行考核时也可以采用分学期进行的方式。

绩效工资考核的结果不能单纯只是和教师的薪酬发放挂钩,同时还应该与教师的职位晋升以及人事任免紧密联系在一起。对于教师职业道德考核存在严重问题的教师应该禁止其参加任何评优评奖活动,延长他们职务晋升的时间,对于多次出现教师职业道德考核不合格的教师应该考虑对其解除聘任关系。针对教师的出勤率应该设置好最低要求,对于管理不规范的学校尤其应该这样,对那些出勤率不符合要求的教师应该给予警告提醒,多次存在这种现象的应该延长他们职务晋升的时间。绩效考核制度除了对一般教师有监督作用外,对校长也应该如此。假设校长的师德考核结果不达标,可以采取"一票否决制",直接解聘。校长存在一次考核不达标的情况应该进行劝诫谈话,如果连续两次及以上没有达到要求,就应该质疑该校长的能力,考虑予以解聘。

5. 建立起绩效考核的反馈机制

制定奖励性绩效工资政策的最终目的是提高教师积极性,最终达到提高学校教学质量的效果。因此,我们不能仅仅为了发放薪酬而进行绩效考核,更应当把考核的结果及时反馈给教师,只有这样教师才能根据反馈信息有效地检视自己一个月来的教学任务是否有效完成,自己的职业道德、职业态度是否正确,在教科研方面是否严格要求自己。据此不断反思,找到自己工作中存在的不足和缺陷,及时改进调整,在后续的工作中更加努力。

因此,学校在进行考核时,考核的结果一定要及时准确,把尽可能详细的绩效考核的明细下发给教师,这样教师才能够在最短的时间内反思自己的工作,尽快改善自己本月在教学工作上的不足。同时,因为绩效考核的最终目的指向是将来的教学工作,因而在进行教师绩效工资考核,尤其是奖励性绩效工资的考核时,应该做到客观准确。一方面要对教师在这段时间内作出的成绩、进步和努力予以肯定;另一方面也要指出其中的不足,督促其自我反思,及时作出调整和改进。最后,学校在把绩效信息反馈给教师的时候应尊重每一位教师,需要注意表达措辞,不要使用训诫的、兴师问罪的口吻,更不可以威胁和教训老师,对缺点和不足最好以事实性陈述的方式代替结论。在针对个别教师进行反馈性面谈的时候,尽量不要随便打断教师说话,在教师提出自己的意见和看法时要给以积极的引导和鼓励。

(三) 教师奖励性绩效激励机制的监督

1. 完善监督体系

教师绩效工资实施过程中最为人诟病的还是奖励性绩效工资的公正性的问题，这就要求义务教育学校以及有关政府机构不断地完善绩效工资评价的监督体系。完善的监督体制能够有效地提高义务教育学校奖励性绩效评价的质量以及水平，使得对教师的考核工作更加公平、公正。

完善监督体系的一个很重要的手段就是建立起由各级人事、财政以及教育行政部门和教育专家等相关人员组成的义务教育教师绩效工资监察小组。如此一来，监察小组能够监察绩效工资是否严格根据规章制度发放，是否做到了专款专用，避免公款私用的现象发生。除此之外，监察小组的主要职责是负责各个义务教育学校中考核方案以及考核指标所对应的相关数据的收集，对收集来的数据进行系统的分析可以看出学校是否做到了"多劳多得，重点向一线教师、骨干教师及作出突出成绩的其他工作人员倾斜"的分配原则。同时，监察小组还可以根据所得数据来分析考核方案是否做到了科学、有效，对于方案中存在的问题进行重新拟定。最后，监察小组还应该对每个学校绩效方案中存在的执行偏差进行严格的监督，对于存在奖励性绩效评价体制却不按照要求执行的学校责令处理。

2. 建立问责制

著名经济学家麦克林和罗斯等人依据企业管理过程中出现的问题提出了"委托—代理"理论。依照这一理论，"当前校长责任制的管理体制中，上级主管部门代表国家和人民将学校委托给代理人——校长，校长拥有包括人事权和财政权在内的许多管理权。校长在不受约束或约束不严的条件下，必定会利用这些权利追求自身的最大利益"。所以，奖励性绩效工资的分配方案以及考核制度存在各种弊病，最应该追究的责任人是校长。但是在实际问责过程中，教师对校长很难作出直接地问责，要想发挥问责制最大的效益，还应该要借助上级政府行政部门的监督。因此，各县(市)的教育行政部门都应该建立起一套针对校长的考核方案，把校长管理职能的实现作为校长绩效考核的重要内容，同本校其他一般教师的绩效考核结果一样进行公开管理。在上级政府行政部门的严格监督和管理之下，各级义务教育学校的校长能够不断增强责任意识，时刻提醒自己保持清廉的工作作风,进一步提高自己的行政办事效率,积极开展本校的绩效管理工作。

义务教育教师绩效工资改革是一个复杂而漫长的过程,不能一蹴而就。由于涉及多方面利益的协调和各种资源条件的保障,在实施过程中会不可避免地出现这样或那样的问题。奖励性绩效工资关系到每位教师的利益,往往是教师关注的焦点。我们相信,只要上级政府、各地教育行政部门和学校领导心中有教师,广泛采纳教职工和专家学者的建议,不断完善绩效工资分配和考核方案,奖励性绩效工资就会发挥其应有的激励作用,小学绩效工资改革就会取得成功。

参考文献

[1] 曹桥,赵子俊.义务教育学校绩效工资改革的困难和问题[J].中国教师,2009(23).

[2] 黄复生.校长负责制下的委托—代理问题初探[J].江西教育科研,2002(8).

[3] 李星云.义务教育教师绩效工资改革初探[J].南京理工大学学报(社会科学版),2010(3).

[4] 袁锁军,王明宾.江苏省小学教师绩效工资实施现状与问题[J].江苏教育学院学报(社会科学),2013(1).

[5] 诸东涛,等.关于绩效工资方案与考核情况的调查分析[J].江苏教育学院学报(社会科学版),2012(6).

[6] 朱凤强.义务教育学校教师绩效工资政策实施现状探析[J].中国电力教育,2010(32).

[7] 曾晓东,曾娅琴.中国教育改革30年:关键数据及国际比较卷[M].北京:北京师范大学出版社,2009.

[8] 董春辉.义务教育学校教师绩效工资实施的问题与对策研究[D].北京:首都师范大学,2013.

[9] 刘祥辉.农村义务教育教师绩效工资实施现状、问题与对策探究[D].上海:华东师范大学,2010.

[10] 马洁.教师奖励性绩效工资激励效果研究[D].北京:首都师范大学,2012.

[11] 吴海燕.义务教育绩效工资改革与教师激励机制的研究[D].上海:上海师范大学,2011.

[12] 周宏伟.教师绩效工资改革的问题与对策研究[D].上海:华东师范大学,2011.

[13] 江苏省人事厅、财政厅、教育厅.江苏省义务教育学校绩效工资实施意见[OL].http://wenku.baidu.com/view/28eeabd5b9f3f90f76c61beb.html,2009-06-11.

[14] 人力资源社会保障部、财政部、教育部.关于义务教育学校实施绩效工资的指导意见[OL].http://www.51labour.com/lawcenter/lawshow-87614.html,2008-12-23.

附录 1

小学教师绩效工资改革与教师激励机制调查问卷

您好！为了了解小学教师对实施绩效工资的看法和建议，我们组织了这次调查。您的意见将会对进一步完善绩效工资实施办法起到重要作用。问卷中问题的回答没有对错之分，请您按实际状况在选项符合的字母上打"√"即可。问卷不记姓名，不会公开您的任何个人信息，请您放心回答。感谢您参与调查，谢谢支持！

1. 您的性别：
    A. 男　　　　　　B. 女
2. 您的教龄：
    A. 3 年以内　　　B. 4—9 年　　　C. 10—20 年　　　D. 21—30 年
    E. 30 年以上
3. 您的最高学历（学位）是：
    A. 博士　　　　　B. 硕士　　　　C. 本科　　　　　D. 专科
    E. 中师　　　　　F. 其他
4. 现在，您平均月工资收入大约是（包括奖励性绩效工资部分）：
    A. 2 000 元以下　　　　　　　B. 2 000—3 000 元
    C. 3 001—4 000 元　　　　　D. 4 001—5 000 元
    E. 5 000 元以上
5. 您的专业技术职务（职称）是：
    A. 小学高级　　　B. 小学一级　　C. 小学二级　　　D. 其他
6. 您在学校里担任：
    A. 有行政职务　　B. 无行政职务的普通教师

7. 您目前所教学科(可多选):

   A. 语文　　　　B. 数学　　　　C. 外语　　　　D. 品生品社

   E. 科学　　　　F. 体育　　　　G. 音乐　　　　H. 美术

   I. 信息技术　　J. 其他

8. 您对义务教育学校实施奖励性绩效工资的政策了解吗?

   A. 非常清楚　　B. 清楚　　　　C. 一般　　　　D. 不清楚

   E. 非常不清楚

9. 您所在学校落实奖励性绩效工资的状况如何?

   A. 非常好　　　B. 好　　　　　C. 一般　　　　D. 不好

   E. 非常不好

10. 您对义务教育学校实施奖励性绩效工资的政策满意吗?

    A. 非常满意　　B. 满意　　　　C. 一般　　　　D. 不满意

    E. 非常不满意

11. 有人说,"奖励性绩效工资考核能促进教师的积极性",对于这种看法,您认为:

    A. 非常赞同　　B. 赞同　　　　C. 一般　　　　D. 不赞同

    E. 非常不赞同

12. 据您了解,教师的收入与公务员收入比较:

    A. 教师的工资普遍高于公务员的工资

    B. 两者工资差不多

    C. 公务员的工资普遍高于教师的工资

13. 您所在学校在制定奖励性绩效工资实施方案时:

    A. 由教职工全体大会或者代表大会通过

    B. 征求了全部教职工的意见,然后学校确定

    C. 征求了一部分教职工的意见,然后学校确定

    D. 根本没有征求意见

    E. 不知道

14. 您了解绩效工资主要是通过何种途径(可多选):

    A. 学校传达文件　　　　　　B. 上级组织的培训会议

    C. 新闻媒体报道　　　　　　D. 互联网

E. 同事之间交流　　　　　　　F. 其他

15. 您认为何种激励措施对于调动教师积极性比较有效(可多选)：
　　A. 职务职称晋升　　　　　　B. 教育教学研究
　　C. 改进完善教育教学　　　　D. 公开场合的鼓励和表扬
　　E. 更多的个人发展机会(培训、进修等)

16. 据大多数人叙述实施绩效工资后与实施之前相比,教师的工资减少了,您对这种说法：
　　A. 非常赞成　　B. 赞成　　　C. 一般　　　D. 不赞成
　　E. 非常不赞成

17. 您最关心实施绩效工资中哪方面情况(可多选)：
　　A. 工资能增加多少　　　　　B. 绩效考核怎么操作
　　C. 学校的奖励性绩效工资怎么分配　D. 不同学校绩效工资的差距
　　E. 同事之间绩效工资的差距　F. 无所谓
　　G. 其他

18. 实施绩效工资之后,您是否赞成教师对工作更加积极这一说法？
　　A. 非常赞成　　B. 赞成　　　C. 一般　　　D. 不赞成
　　E. 非常不赞成

19. 您对所在学校奖励性绩效工资分配方案是否满意？
　　A. 非常满意　　B. 满意　　　C. 一般　　　D. 不满意
　　E. 非常不满意

20. 您是通过何种方式看到或拿到自己的工资单？
　　A. 短信收到工资总额,未见工资单　B. 到财务处签字,确认工资单
　　C. 学校发给纸质工资详单　　　　　D. 其他方式

21. 如果您对自己的绩效工资有疑问时,您会
　　A. 向所在学校或者上级教育部门反映
　　B. 相信经过实践探索会逐步完善,确实需要调整的,学校也会按规范程序修改
　　C. 顺其自然
　　D. 不知道该怎么办

22. 您觉得您所在学校奖励性绩效工资分配方案的问题是：

　　A. 制定过程不公开　　　　　　B. 教师与管理人员差距太大

　　C. 没有体现多劳多得　　　　　D. 没问题

　　E. 不知道　　　　　　　　　　F. 其他

23. 您认为教师绩效考核中哪几项比较合理(可多选)：

　　A. 职称　　　　B. 学历　　　　C. 教龄　　　　D. 工作量

　　E. 教研、科研成果　　　　　　F. 所教学科　　　G. 师德

　　H. 教育教学能力

24. 义务教育学校绩效工资总量的70%作为基础性部分固定发放或者按职务发放，有人提议将作为奖励性部分按绩效考核结果发放的30%的分量提高，您对这种看法：

　　A. 非常赞成　　　B. 赞成　　　　C. 一般　　　　D. 不赞成

　　E. 非常不赞成

25. 您希望学校通过哪种方式发布工资明细？

　　A. 短信告知工资总额　　　　　B. 到财务处签字,确认工资单

　　C. 学校发给教师纸质工资详单　D. 邮件方式发送工资详单

　　E. 其他

26. 您所在学校有哪些行之有效的教师激励措施？请列举一二。

附录 2

小学教师绩效工资改革与教师激励机制访谈提纲

1. 请您简单介绍您学校目前的教师和学生的情况。
2. 请您简单介绍您学校目前的教师职称和职务方面的情况。
3. 您目前的工资大约是多少？一年中工资波动大吗？主要原因是什么？
4. 您对目前义务教育学校实施教师绩效工资了解吗？您如何看待目前的教师绩效工资？
5. 您学校通过何种方式制定奖励性绩效工资分配方案？奖励性绩效工资又是如何分配的？
6. 您学校奖励性绩效工资如何考核？考核具体包括哪些方面？
7. 您认为绩效工资在实施过程中有哪些困难？
8. 您认为实施前后工资增加了还是减少了？不同学科、不同职称、不同岗位工资差别大吗？
9. 您认为奖励性绩效工资对调动教师积极性有帮助吗？具体哪些方面帮助比较大？
10. 有没有教师向您反映过关于教师绩效工资的问题？
11. 请您结合您学校的实际情况，针对目前教师绩效工资实施给予建议。

附录3

小学教师绩效工资改革与教师激励机制访谈记录

1. 教师和学生的人数比例是多少？

主任：目前为止我们学校总共是636人，比较少，但我们的人员配备是齐全的，甚至可能还有那么一点点结余，一般学校的比例可能比这个再少一点。因为我们是新建校，比如说科学，要有这样的课程，课程是从三年级开始，我们学校现在只有一个三年级，但是老师必须要，那这个老师实际上他一个人的工作量就会少，所以说我们学校的人数比例可能会超出一般学校。

2. 行政人员和一线教师的人数？

主任：我们学校总共42位教师，行政人员只有3个人，校长、书记、副校长。

访问者：那剩下的全是一线教师？专门管教学的？

书记：这所学校是新办的。

主任：目前为止，针对一线教师的话，你所说的行政人员是指什么呢？是专职行政，还是兼职行政？像副校长，他还带了一门主学科。我们学校不带主学科的专职行政人员就校长和书记两个，其他都是一线教师。其实，校长和书记也代课，他们代的少，他们没有兼教一门学科，比如语数外，他们带一门校本课程。

访问者：那像其他的那种财务一类的呢？

主任：都教课，都是一线老师，一个人身兼数职。我们的语文老师，像我们现在学校人员比较足，一般语文老师，班主任还有其他思想品德课全是她兼教，包括一些学校的校本课程都是兼教，一个人教好多课。一个老师的工作量，像我们的语文老师，说起来一周只有七八节课，比如说写字课，说起来是校本课程，但也要去上吧，再比如早读课，还有其他校本课程都需要去落实，实际上一天到晚都在忙。

3. 关于职称，小学高级、一级、二级、三级，所占的人数呢？

主任：你说的这个高级是小中高，还是小学一级呢？现在叫小学一级，以前都叫小学高级。

访问者:现在没有小高了吗?

主任:现在的小高就是中学高级教师,就是小中高。小中高这个在小学的比例还是很小的,因为它有论文、课题等很多方面的要求。一线老师有的可能没有很多的精力去做这些,就不去报了。

访问者:现在是不是就三级?

主任:小学一级教师,小学二级教师,小学高级教师,就三个级别。还有一级叫正高级,我们全区也就一个人。正高级就是教授级别的。

访问者:你们学校的具体人数呢?

主任:我们学校的小高只有书记跟校长两个。小一的话就比较多了。除了刚毕业工作的老师,工作三年以内的老师都是小二,因为他不可能一参加工作就是小一。其他就全是小一了。因为我们学校42个人当中能有20个人甚至22个人是工作三年以内的,就是新分配的,都是新老师,所以他们的职称可能都是小二。他们工作三年以上才能评小一。到一些学校,一些完小,我们学校目前还不是完小,才三个年级,创校有个十年八年的这个数据会比较齐全,但小中高也都很少,一个学校也就两三个,最多不能超过5个。

4. 老师您工资大约是多少?

主任:我们工资少,书记大约6 000多,这么高级别的也才6 000多,所以我们工资很少。新来的老师转正之后可能一个月工资4 000,工作一年之后就是4 000,工作一年之内的是3 700或3 800。

访问者:您现在工资多少?

主任:我工作时间久了,我工作31年了,我17岁就开始工作。我们那个时候是中等师范出来的,我们小学读5年,初中读2年,中等师范读2年,我们几乎读9年就能出来当老师了,相当于现在高中毕业之后就出来找工作了。我的工资在我们学校一线老师中算是最高的了,算上绩效一共7 000块钱。

访问者:您觉得这一年工资的波动大吗?

主任:大,我去年年底一下子涨了799元。在那之前,我工作满了31年工龄,这个工资好像是5年、11年、21年、31年分段,一下上一个台阶。我现在已经满31年了,工资一下子上了一个坎,涨了挺多。去年这个时候才5 000多块钱,剩下这1 000多近2 000块钱就是涨的,这一年涨的。

访问者：主要原因是什么？

主任：主要是我工作年限一下提高了，还有补贴了一些保险、房贴一类的，我们是老人老政策，改了之后补了的，搞不清楚。

5. 您对现在这个义务教育的绩效工资政策了解吗？

主任：有了绩效工资之后对老师的激励性可能会更大一点，尤其是对年轻老师公平一点，比如说绩效工资等于说是多做多得嘛，比如说你写论文或者搞课题，或者带学生搞活动，像年轻老师收入就上去了。对于老教师，他可能弄不起来，他公开课也不上了，课题也不搞了，钱就少一点。我们学校上学期绩效这一块，他们年轻老师比我们多拿1000多块钱，就是他们的课题论文算进去了。我觉得绩效总体来说应该减少，缩短老教师和年轻教师之间的距离。老教师有资格，年限长，所以工资高一点，但他们的教研方面参与力就低一些，他们精力有限。年轻老师年龄小，工作年限短，工资就少一点，但是他们有精力去参加一些教科研、研究、写论文、干活、搞活动，他们在这个方面争取一下，这样就能平衡一点，缩短老教师和年轻教师之间的差距。

访问者：那您知道绩效工资这个基础部分和奖励部分的比例是多少吗？

主任：基本工资的30%拿出来当绩效，像我们学校的年轻老师多，那绩效这块我们老教师就做贡献了，就是把我们的30%收入拿出来作为绩效，年底的时候我们又没有拿到手，因为我们没有写论文啊，然后我们这个钱就付给年轻人了。

访问者：那这样就是30%是奖励性绩效，70%还是基本工资？

主任：对。比如有人生小孩，生病，在家没来，那他这30%就没有了，因为他没有干活啊，回家休息了。

6. 学校是怎么制定绩效工资的？

主任：制定的方式就是先学校提出，工会带着老师一条一条读，一条一条宣布，读完了以后大家投票、提出意见，然后学校小组来研讨，研讨形成一个预案，预案在学校念，念完之后看老师对哪条意见比较大的再进行修改。我们现在学校用的绩效就是沿用之前的，就没有改过。

访问者：一线教师也会参与这个制定的吧？

主任：对。

访问者：这样还是比较公平的。

主任：这个肯定是的，学校自主的，哪个也没有这个权利，谁也不多。到学期结束，有的时候年轻老师多的多拿好几百块钱。

7. 实施过程中有没有什么困难？

主任：有困难，每一年都遇到困难。因为绩效有的时候事情会比较多（搞绩效我们都不懂）。我们搞绩效的我也不看，他们说我工资多少，我就拿来签个字，到现在我也不清楚我工资拿多少绩效。

书记：大部分老师都不管，有的老师会看。

主任：有的老师他会一项一项查。制定方案我们只是粗略的，但是在实施过程中会有很多情况，比如说有的学生获奖了，省级多少钱，市级、区级等，但是在实施中，有的老师上报的作品是民间的，有的甚至是人人都获奖的，那些奖什么分量。那我们在实施中就不知道怎么去兑奖了，你要是兑奖了，那所有老师都要抢疯了，就剩那一点钱，你还要按照你方案上写的来。在实施过程中，那些东西的含金量、你取得的成就含金量到底有多少，到时候就会有争论了。再比如说，你指导了一个活动，市级或者国家级的奖给多少钱。或者音乐、美术老师指导一个团队18个人参加比赛拿了奖，那奖金是按18个人一个一个给呢，还是按一个团队给呢，按18个人给那其他老师就没有钱拿了。在实施中肯定要有这样那样具体的问题，就像我们的法律条款一样，要不断完善它。学校这些东西都是很好做的，老师都没有什么计较，谁计较这个呢。

8. 如何考核呢？

主任：学期结束的时候算，一项一项，十块八块的，算起来很认真，对老师们负责嘛。糊涂肯定是不糊涂的，但遇到一些疑难杂症的时候就大家一起说，说完就行了。

9. 考核哪几个方面清楚吗？

主任：一个是教学本身，有没有上公开课；一个是教科研方面，有没有写论文、搞课题；还有一个是活动，指导学生参加团队或者个人的比赛（社会上的），就这三项。

访问者：这三个方面，哪一方面帮助较大？

主任：每一个都是。三个凑在一起，没有什么偏重，看你哪一方面占的多一点就拿的多一点。

10. 实施后工资是增加还是减少?

主任:对我们老教师来说是减少的,对年轻老师来说是增加的。因为到年底的时候,我们老的要拿出30%作为绩效工资。书记拿了吗?因为书记论文写了一大堆,像我们这样的就没有。

书记:教育局不看你论文,考核的时候,拿上去也不当回事。

主任:一个学校老教师多,钱就多,老师拿的就多。像我们学校年轻人多,老教师少,那教育局到年底的时候,那30%就少了,钱整个就少,每个人拿的也就少了。

访问者:那对新教师来说还是很适合的?

主任:对,只要有活动就可以。其实你们搞绩效的研究,很难做出来的。因为绩效不是我们民间能做出来的,他是一个官方的,官方说你们这样搞,我们就只能这样搞。这些钱是他固定给你的,他没有多拨一点钱给你。

11. 不同学科、不同职称、不同岗位差别大吗?

主任:学科之间没有多大差别,收入没多大差别,在我们学校劳动量也没多大差别。

访问者:班主任和一线教师呢?

主任:辛苦程度肯定是班主任最辛苦,但他们的收入一个月差300块钱,搞活动另算。

访问者:不同岗位之间呢?

主任:也没多大差别。

访问者:职称之间呢?

主任:职称之间有差别。

访问者:研究生刚进去是?

主任:研究生进去就是小二,一个月也就比别人多拿180。

12. 您对这个奖励性绩效也是比较支持的吧?

书记:内部是要提拔的。台湾是评职龄,评职龄什么意思呢,就是按照你的年限职务给你奖金,所以他内部积极性不如大陆积极性高就这方面。我们这有评职称、评学历等,形成一股内部竞争,有利有弊。你达到这个职称级别那就有钱,我们这个钱都是由多方面组成的。台湾那里的考察就看你两项,一是工作年限,二是有没有做官或有没有行政职务,这两项工资非常高的,不利于年轻人成长,年轻人的年限怎么也熬不过老教师啊,老教师工作二三十年了,他才工作一年,你说他怎么去拿钱。再说说我们的,这样青年老师脱颖而出,你干工作,但你又有科研成果,获奖了,这样你绩效就比别人多拿了一笔钱,这就打破了论资排辈。不是说你职务高年龄高你拿的工资就高,而是说根据你干的工作。那这个好不好呢?好。但对老教师也不利。老教师快退休了,他可能精力已经赶不上年轻人了,写文章也没有年轻人那么快了,他也不可能去赛课了,所以他科研赛课就不如年轻人,所以老教师可能对这些会有一点小看法。

13. 有老师向您反映这方面的问题吗?

书记:刚开始搞的时候,毛病比较大,这两年磨合期已经过了,磨合期一过就平静了。一开始的意见大得不得了,制定的时候非常困难。有的是工会再去搞,有的是校长带领导班子拿方案,大家进行表决,反反复复好多遍的。这个是关系到钱的问题的。

江苏省乡村教师专业发展现状调查
——以 H 市为例

钟帅 齐杭 丁婧

(苏州大学教育科学研究院 江苏 苏州 215123)

摘要: 以《乡村教师支持计划(2015—2020 年)》为研究背景,从乡村教师的职业认知、专业素质现状、参加培训进修的情况、职业生涯发展规划以及对于"支持计划"的认可情况这五个维度对江苏省 H 市的乡村教师专业发展现状做了一个较为详细的调查,发现了江苏省乡村教师专业发展的一些问题,并提出了相关的可行性建议。

关键词: 江苏省;乡村教师;专业发展

一、研究背景

(一) 乡村教师支持计划

国务院办公厅于 2015 年 6 月发布了《乡村教师支持计划(2015—2020 年)》(以下简称"支持计划"),旨在 2020 年全面小康社会建成以及基本实现教育现代化之时,能够明显缩小城乡教育水平的差距,乡村地区的教育水平能够达到预期的标准。而乡村地区的教育关键在于教师,因此乡村教师队伍建设是达成这一目标的战略措施,"支持计划"正是着手乡村教师队伍建设的一个重要政策。

"支持计划"紧紧围绕乡村教师的队伍建设,以促成乡村教师"下得去、留得住、教得好"的局面。"下得去"即拓展乡村教师补充渠道,在数量上扩大乡村教师队伍的规模。为此,"支持计划"提出了为乡村学校持续输送大批优秀高校毕业生的补充机制,并扩大"特岗计划"实施的规模,采取多种方式定向培养"一专多能"的乡村教师,推动城镇优秀教师向乡村流动等措施。"下得去"系列措施从多方面为乡村教师的人才引进作出了努力,其中优秀高校毕业生的输送将会为乡村教师队伍注入新的活力,并会对乡村教育的发展产生强大的推动力。和以往的"特岗计划""免费师范生计划"或者"农村师范生计划"这些计划的扩大相比,大量输入高校毕业生能够从根本上改变乡村教师队伍的结构,大幅度提高乡村教师队伍的整体质量。近期,江苏师范大学联合淮海经济区内8所师范类高校,成立了全国第一个"乡村教师教育联盟",该联盟旨在为乡村教育输送大量的"一专多能"的"定制教师",这是为乡村教师队伍建设所做的一个十分具有创造性的努力措施,是"下得去"系列措施得以落实和发展的一个好榜样。

"留得住"即在乡村教师"下得去"之后能够保持对乡村教育事业的热爱,发扬艰苦奋斗的精神,一心一意地致力于乡村教育的发展。既然想要"留得住"乡村教师,自然要采取一定的优惠政策,使得乡村教师能够脚踏实地地进行教育教学工作,而不为教育教学之外的生活问题而发愁。为此,"支持计划"提出了加强高校毕业生学费补偿和国家助学贷款代偿政策,提高乡村教师生活待遇(包括落实乡村教师生活补助政策、落实乡村教师工资待遇政策、为乡村教师缴纳住房公积金和各项社会保险费、做好乡村教师重大疾病救助工作以及加快乡村学校教师周转宿舍建设),统一城乡教职工编制标准、职称(职务)评聘向乡村学校倾斜以及建立乡村教师荣誉制度等措施。可以说,这些政策对于乡村教师还是相当具有吸引力的。从地位上看,乡村教师和城镇教师的编制标准得到统一能让很多乡村教师在心理层面上抬起头,不会再觉得乡村教师总是比城镇教师低人一等,同时这也将改变整个社会对乡村教师地位的看法;从生活待遇上看,乡村教师的各种生活保障也将得到落实,特别是在中国倍受关注的"住"和"医疗"方面;从专业发展来看,职称(职务)评聘对于乡村教师还有着倾斜的优势,这将使得乡村教师有拼搏的动力。甘肃省财政厅近日下拨了2亿资金用于乡村教师的生活补助,补助对象为全省17.1万名中小学和幼儿园教师,根据各地区教师的工作、生活条件进行合理地分配,重点向条件艰苦的地区,特别是向乡村小学和教学点倾斜。[3]这是"留得住"系列措施中快速落实的一个重大举措。可以预见,将会有更多的优秀教师愿意前往乡村地区进行教育建设,并能够心甘情愿地为乡村教育奉献自己的一生。

在乡村教师"下得去"和"留得住"的同时,也一定要保证其能够"教得好"。为此,"支持计划"提出了全面提高乡村教师思想政治素质和师德水平以及全面提升乡村教师能力素质的措施。前者是从思想上强化乡村教师的理论水平,后者则是从专业素质上提高乡村教师的教育教学水平。可以看出,"教得好"系列措施强调了乡村教师培训的重要性和价值,有助于提高乡村教师的教育教学能力并帮助其进行合理的职业生涯发展规划。从乡村教师队伍的整体方面来看,这将大幅度提高乡村教师队伍的综合能力,切实缩小与城镇教师队伍之间的差距。

(二)江苏省关于教师专业发展的相关政策

1. 在乡村教师队伍补充方面

在乡村教师队伍补充方面,主要有"特岗计划""农村硕师计划"和"免费师范生计划"。

(1)"特岗计划"

2006年,教育部、财政部、原人事部、中央编办下发《关于实施农村义务教育阶段学校教师特设岗位计划的通知》,联合启动实施"特岗计划",公开招聘高校毕业生到"两基"攻坚县农村义务教育阶段学校任教。特岗教师聘期3年。原则上安排在县以下农村初中,适当兼顾乡镇中心学校。通过公开招募高校毕业生到西部"两基"攻坚县县以下农村义务教育阶段学校任教,引导和鼓励高校毕业生从事农村教育工作,逐步解决农村师资总量不足和结构不合理等问题,提高农村教师队伍的整体素质。

(2)"农村硕师计划"

教育部决定从2010年开始,进一步扩大"农村学校教育硕士师资培养计划"规模,并与"特岗计划"结合实施。培养目标:为县镇及以下农村学校培养具有教育硕士专业学位的骨干教师,提高农村教师学历水平和整体素质并改善农村教育体系,加快农村教育发展的进度。培养方式:从具有推荐免试硕士研究生资格的高校中选拔优秀应届本科毕业生,录取为"硕师计划"研究生,并与地方政府教育行政部门签约聘为编制内正式教师。在县镇及以下农村学校任教,聘期3年,并在职学习研究生课程。

(3)"免费师范生计划"

各旗县(市、区)在本地区空编额内提出乡村学校紧缺学科师资的需求计划,通过高考,招录自愿到乡村从教的优秀本科生,与旗县(市、区)签订合同后,委托师范院校定向培养"一专多能"的乡村教师。这些学生在校期间的学费、住宿费由各盟行政公署、市人民政府、各旗县(市、区)人民政府承担。毕业后,经试讲和考核合格的,按照上述合同直接分配到乡村学校任教,本地区教育部门负责落实编制,工资纳入财政统发。

2. 在教师交流方面

在教师交流方面,主要有"县管校聘制度"。

所谓"县管校聘",主要是为了促进教师交流轮岗,将教师关系归于县级教委,由学校聘任,使教师由"学校人"变为"系统人",打破教师交流轮岗的管理体制障碍。"县管校聘制度"的实施有助于从城镇调动优秀教师到乡村进行交流轮岗,帮助乡村教师提高专业素质。

3. 在教师培训方面

在教师培训方面,主要是"国培计划"。

国培计划即"中小学教师国家级培训计划"的简称,是由教育部和财政部于2010年全面实施的。"国培计划"是提高中小学教师特别是农村教师队伍整体素质的重要措施。"国培计划"包括"中小学教师示范性培训项目"和"中西部农村骨干教师培训项目"两项内容。

(三)H市关于教师专业发展的相关政策

千校万师支援农村教育工程:该工程旨在支援H市150所薄弱的农村义务教育学校和幼儿园,对口支援南京市及H市义务教育学校和幼儿园教师发展示范校(园)。帮扶可以采取选派骨干教师定期支教、骨干教师团队不定期送教、安排受援学校教师来校跟岗学习、指导受援学校开展校本研训、建立网络平台共享校本研修资源等多种方式开展。对于受援的学校给予每年每校2万元补贴,对连续支教1个月以上的教师给予每月不低于600元的生活补助。

从以上的种种政策来看,国内对于教师专业发展的问题十分重视,江苏省在乡村教师专业队伍建设上也倾注了大量的心血。那么,江苏省乡村教师队伍的专业发展现状究竟如何呢?乡村教师专业发展存在哪些问题?有哪些因素影响乡村教师的专业发展?又有什么措施可以提高乡村教师的专业发展水平呢?这些问题都亟待通过调查来发现并解决。笔者将以江苏省 H 市为例,深入到 H 市的乡村中小学进行实地调查,以期剖析江苏省乡村教师专业发展的真实情况。

二、概念界定及理论建构

(一)内涵辨析

国外学者对于"教师专业发展"的认识,主要有下面几种观点。埃里克·霍伊尔认为,教师专业发展指的是教师在教学职业生涯的每一阶段掌握良好的专业实践所必备的知识和技能的过程,他把教师专业发展看成一个动态的过程。迈克尔·富兰和安迪·哈格里夫斯认为,教师专业发展一方面是指教师通过继续教育或培训所获得的特定方面的提升,另一方面是指教师在目标意识、教学技能以及与同事合作能力等方面的全面进步,这种观点认为教师专业的发展是教师特定能力的提升,更加注重的是结果,即教师最终获得了怎么样的发展。还有学者认为,教师专业发展是指教师由于经验的增加和对教学系统的审视而获得的专业成长。

国内学者对于"教师专业发展"的认识,主要是指教师的专业成长或者内在专业结构的不断更新、演化、丰富的过程。依据教师专业结构,教师专业发展可有观念、知识、能力、专业态度和动机、自我专业发展需要意识等不同方面,这种认识把教师专业发展进行了细致的结构和划分,对于研究教师专业发展问题有一定的参考价值。

但是笔者以为,上述的内涵界定并没有体现出教师职业的独特性,换句话说,用"医生""律师"等这样的词来替代"教师",上面的界定依旧说得通,因此对"教师专业发展"进行界定的时候,要更多地考虑教师职业的独特性,即教书育人。教书育人的对象是学生,那么教师的专业发展更应该考虑在教书育人方面的发展。因此,笔者认为教师专业发展至少有三方面需要考虑:第一,教师在学生学习过程中所扮演的角色是一个专业的指导者,因为教师掌握着大量的专业知识,从这个层面讲,教师专业发展是教师内在专业知识的自我完善;第二,教师需要教会学生如何学习,"授之以鱼不如授之以渔",教师专业发展首先是教会学生掌握学习技能方面的发展;第三,教会学生如何做人,即达到育人的目的。我们的教育不仅仅是教给学生知识与能力,更需要的是培养学生良好的素质和高尚的德行。教师作为榜样,对学生有着深远的影响。因此,教师专业发展应该包含个人魅力、师德品行的完善及其对学生的影响。

(二) 理论建构

在对"教师专业发展"内涵的辨析中,我们得出教师专业发展包含了三个层面的发展,即教师专业知识的自我完善、教育教学技能的自我完善和人格魅力以及师德品行的自我完善。然而要实现这三个方面的发展,需要一定的基础。

首先,教师的职业认同感是教师专业发展的内驱力。作为一名教师,首先要对教育事业有着特定的认同感,热爱教书育人的教师使命,才会有意向去推动自身的专业发展。只有对教师职业有着高度的认同感,教师才会更具有职业幸福感,才会更加用心地去关注学生的发展。

其次,具备专业知识与专业技能是教师专业发展的前提条件。教师专业发展如同建造高楼一样,首先需要打牢根基,才能够更好地往上发展。这里的根基就是教师的专业知识与专业技能。如果教师连专业知识和专业技能都不具备,就谈不上"专业"二字,那么专业发展也就无从谈起。

最后,多样化的发展渠道与政策支持是教师专业发展的外在保障。如果一个教师对教师职业有着较高的认同感,具备强硬的专业知识和专业技能,想要追求自我专业发展,但是没有任何发展的渠道,那么教师专业发展同样是空谈。因此,推动教师专业发展,畅通的发展渠道是保障,而这样的渠道通常需要国家相关政策的支持。

基于以上分析,我们可以构建出教师专业发展的理论模型,如图1所示。

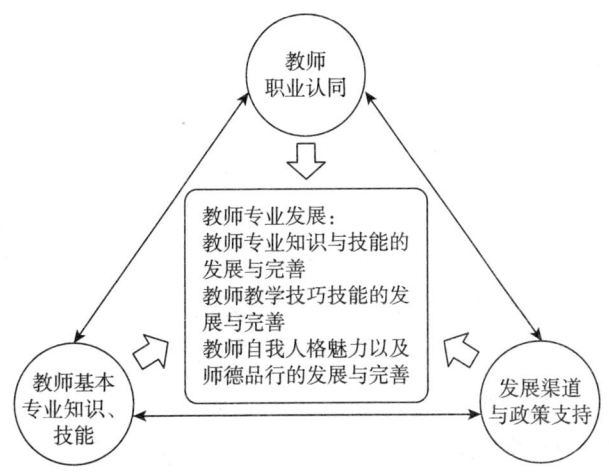

图 1　教师专业发展理论模型

三、文献综述

国内学者关于教师专业发展的研究很多,以中国知网为检索工具,查找近 10 年(2006—2016 年)以"教师专业发展"为主题的文献,可以检索到一万三千多条结果。以实证研究、刊物的类型和级别、文章的质量等条件进行综合的筛选,选取 50 多篇相关程度较高的文献进行整理和分析,发现国内学者关于教师专业发展研究的视角归结起来主要有教育的阶段、学科的类型、地域类型、比较研究等。

从教育的阶段来看,幼儿教师、中小学教师、高职院校教师、高校教师均有学者对其进行过研究,其中关于高校教师和中小学教师的研究更多一点。在幼儿教师方面,有学者采用问卷和实地访谈相结合的方式,从专业发展内在动力、培训内容和培训形式三个方面对襄阳市幼儿教师专业发展需求进行了相关调查,发现襄阳市幼儿教师专业发展愿望迫切,有着强大的专业发展内驱力,并且不同性质、不同地域的幼儿园教师在知识需求的内容和培训形式方面存在差异性;也有学者对农村地区的幼儿园教师专业发展现状做了实地调查,如宁夏农村幼儿园和河南省农村幼儿园,得出农村幼儿教师学历层次偏低、专业能力欠缺、获得继续教育的机会少、培训缺乏针对性与实效性、所在园所缺少有效支持等结论。在中小学方面,有学者对重庆市 982 名中小学教师的专业发展动力进行了调查,发现中小学教师专业发展动力良好,但差异较大,中小学教师专业发展动力生成受悖论性因素制约等结论;有学者对中小学教师继续教育的有效性进行了实证分析,得出了中小学教师在职培训效能不高的结论,并进一步分析培训者专业化缺失、受培训者自我发展动力缺失、培训内容和形式单一、培训评价方式不尽合理等原因。还有学者特别对中小学研究生学历的教师的专业发展特点进行了调查,并和本科学历的中小学教师进行了比较,发现研究生学历教师对教师职业有比较高的情感承诺,但其继续承诺水平相对较低;研究生学历教师专业发展动力较强,发展目标更明确;研究生学历教师所感受到的专业发展压力和问题要低于本科学历教师以及研究生学历教师更需要专家型教师的指导。在高职院校教师方面,有学者对河北省部分地区的 8 所高职学院的教师专业发展现状进行了调查,得出了高职院校教师对于"教师专业发展"的概念较为陌生,但是在实践中自我专业发展意识强的结论。也有学者对农林类高职院校的英语教师专业发展现状进行了调查研究,发现英语教师对现状的认同感不足,强烈希望得到发展,然而实际上专业能力不足。在高校方面,有学者通过对某重点高校外语教师进行的个案调查,发现了制约高校外语教师专业发展的因素表现在三个方面:① 教学与科研之间的矛盾使得教师很难在两者之间获得平衡;② 学校对于教师专业发展提供的条件不足,然而社会、学校甚至是学生对教师的期望却在不断增加,无形中给教师带来了巨大的压力;③ 教师自身缺乏系统的教育理论和科研方法。有学者则把焦点放在了高校青年教师身上,提出了高校青年教师的专业发展影响未来高等教育的可持续发展和竞争力的论点,并进一步从教师管理模式、学校顶层制度设计、教师培训机制、教师评价制度等方面对高校管理者提出了可行性建议。还有学者对高校教师文化进行了现状调查,并将其对教师专业发展的作用进行了分析,发现了几个突出的问题:职业现状与职业理想存在差距、教学中尚未发挥学生主体性、学术中功利性与工具性凸显、教师群体缺乏自然合作。

从学科的类型来看,语文、数学、英语、物理、化学、政治、历史等学科应有尽有,其中基础教育阶段的学科更加广泛,如有学者对安徽省淮南市的小学语文教师的专业发展情况进行了调查,发现小学语文教师专业发展的自主性不强、专业发展的内容不能适应新课程改革的要求以及学校措施的深度不足等问题。再比如,有学者从有效教学行为归因的角度对高中数学骨干教师进行了专业发展情况的调查,发现外因得分较低,即教师间缺乏专业发展的氛围。高等教育阶段的学科在公共基础课上更加集中,特别是英语学科,如有学者对高校外语新教师的专业发展现状进行了调查研究,发现高校外语新教师在发表论文方面压力较大,在教育教学方面工作量重,比较难融入老教师群体,工作环境中缺乏专业发展的氛围等问题。也有学者将学科分为文理科等大类进行研究,如有学者基于双因素理论对我国高校理科教师关于专业发展基础环境进行了调查研究,发现了我国高校理科教师专业发展的基础环境不理想、职业期望普遍不高、对工作激励的满意度较低等问题。

从地域类型来看,主要以农村、少数民族地区、偏远山区等为区分,其中对农村地区的研究较多。如有学者对宁夏回族自治区南部山区某中学进行了教师校本教研活动的实验,发现校本教研活动在一定程度上转变了教师的教育教学观念、提高了教师的专业知识和技能水平、增强了教师的科研意识和能力以及提高了学校对校本教研的认识,探索出了一条教师专业发展的有效途径。有学者对边疆少数民族地区的教师设计了TPACK专业发展混合模式培训和指导方案,通过三年面对面培训和基于网络的研修方式,发现对边疆少数民族地区教师的专业发展具有良好的促进效果。

从比较研究来看,主要有国家间的比较、国内省市间的比较、学校间的比较等。有学者对中国和澳大利亚政府相继推出的两项教师专业发展举措进行了比较研究,揭示了中澳两国专业发展政策的相似点和差异性。有学者从发表论文数量的角度对北京市和江苏省的中学教师专业发展水平进行了比较研究,得出了北京市中学教师专业发展水平较江苏省中学教师专业发展水平呈全面落后态势的结论。也有学者对中职、高职以及本科院校的教师专业发展情况进行了比较研究,发现高职教师与中职学校教师、普通本科院校教师的专业发展在经费支持、发展过程、发展模式、发展评价、目标取向等方面存在诸多差异。

四、研究方法

(一)问卷调查法

1. 问卷编制

本文采取自编问卷的形式,根据上述建构的理论模型编制问卷,主要从乡村教师对教师职业的认知(第8—11题)、专业素质现状(第12—19题)、参加培训进修的情况(第23—26题、第28题)、职业生涯发展规划(第20—21题、第27题、第29—30题)以及对于"支持计划"的认可情况(第31—32题)这五个维度设计调查问卷。在教师的个人信息方面,以性别、年龄、教龄、学历、职称、所教学科、是否是班主任这些内容作为区分依据(第1—7题),以便后期做差异性分析和因素分析。

2. 调查对象

抽样的学校选取了H市某区的席桥镇中心小学、西宋集中心小学、H市顺河中学、H市钦工中学这四所学校,其中小学和中学各2所,调查的教师所教学科分为语文、数学、英语、政治/历史/地理/生物、音乐/美术/体育/信息这几类,基本上覆盖了所有的学科。教师的职称以最新的职称分类为区分,即三级、二级、一级和高级三类。本次调查共发放问卷120份,回收了106份,剔除掉8份无效问卷,剩下98份有效问卷,问卷有效率为81.7%(N=120),具体的样本分布见表1。

表1 样本分布情况

项目	类别	样本容量(人)	占全部样本容量百分比(%)
性别	男	34	34.7
	女	64	65.3
年龄	20—29岁	22	22.4
	30—39岁	61	62.2
	40—49岁	14	14.3
	50岁(含)以上	1	1
教龄	1—2年	7	7.1
	3—4年	11	11.2
	5—9年	15	15.3
	10—15年	42	42.9
	16年(含)以上	23	23.5

(续表)

项目	类别	样本容量(人)	占全部样本容量百分比(%)
学历	专科	9	9.2
	本科	83	84.7
	硕士研究生	6	6.1
职称	三级	0	0
	二级	31	31.6
	一级	49	50
	高级	18	18.4
所教学科	语文	30	30.6
	数学	34	34.7
	英语	19	19.4
	政治/历史/地理/生物	6	6.1
	音乐/美术/体育/信息	9	9.2

（二）访谈法

访谈法是对问卷调查的进一步补充，因为有些问题是教师们的个人想法，且不方便在问卷上填写，比如教师的工资待遇情况、教师对领导或者学校的意见等，因此，访谈法能够获取教师相对真实的想法。本次访谈主要侧重于影响教师专业发展的因素以及教师对"支持计划"的了解和认可情况，其他像教师的工作量、待遇等问题稍作了解。访谈的对象为问卷调查中的部分中年教师，选取中年教师是因为其对教师专业发展有一定的认识和专业发展经验，并且有潜在的专业发展欲望。本次访谈还有幸遇到了一位老校长，可以从学校的宏观层面剖析乡村教师专业发展中存在的问题。访谈提纲如下。

（1）您对您的工作现状评价如何？工作量大吗？对自己的待遇是否满意？为什么？

（2）您觉得是什么让您这么多年坚持在乡村教学？

（3）您觉得您的专业发展情况总体如何？

(4) 您觉得哪些因素最影响您的专业发展情况？

(5) 您觉得教师培训有必要吗？您认为学校对待教师培训的重要性如何？您会积极响应学校的培训还是只是会马虎应付一下领导的要求？

(6) 您在业余时间会通过一些方式为自己"充电"吗？有哪些方式？

(7) 您想去城镇发展吗？如果有机会，您会争取吗？为什么？

(8) 您对《乡村教师支持计划》了解吗？（若不了解，采访者则大致介绍一下）您对该政策有什么评价？

在访谈老校长的时候，灵活调整了访谈提纲，以学校为出发点进行提问，侧重于了解领导眼中的教师专业发展情况以及学校对于"支持计划"的宣传和实施情况。访谈提纲如下。

(1) 您对学校里教师的工作现状评价如何？比如工作量大吗？待遇是否合适？为什么？

(2) 您觉得学校里教师的专业素质情况如何？

(3) 您能大概介绍一下您自己的专业发展历程吗？

(4) 您觉得学校里教师的专业发展情况总体如何？

(5) 您觉得哪些因素最影响教师的专业发展情况？

(6) 您觉得教师培训有必要吗？学校对待教师培训重视吗？学校采取过哪些方式进行教师培训？您觉得教师们对待培训的态度如何？

(7) 您对《乡村教师支持计划》了解吗？（若不了解，采访者则大致介绍一下）学校对该政策有没有做适当的宣传？采取了什么样的宣传措施？您对该政策有什么评价？

(三) 观察法

观察法亦是对问卷调查的进一步补充，因为在问卷调查中，乡村教师难免会带着主观思想填写问卷，特别是在调查教师对于职业、所教学科、教学的认识情况时，可能会填写与实际情况不符的结果，这时候就需要通过适当的观察来确定真实的情况。本次观察法将走进教师的教学现场，在课堂中观察教师的实际专业技能水平。

五、数据分析与讨论

(一) 乡村教师职业认同感的现状

1. 大多数乡村教师认可教师职业的专业性

从调查数据来看,在对"您认为教师是怎样的职业?"问题的回答中,61.2%的乡村教师选择了"培养社会栋梁的工作",其他例如"赚钱谋生的手段""上级部门的工具""压抑人成长的工作"都只占小比例。可见,大多数乡村教师能够对教师职业有本质的认识。在对"教师职业可以像医生、律师那样拥有较强的专业性"问题的回答中,34.7%的乡村教师选择了完全认同,33.7%的乡村教师选择了基本认同,25.5%的乡村教师选择了一般,只有5.1%的乡村教师选择了基本不认同和1%的乡村教师选择了完全不认同。由此可见,大多数乡村教师能够认识到教师具有较强的专业性,同时对教师职业的社会定位也有着比较清晰的认识,对教书育人的本职认识较为清楚。

2. 乡村教师的职业认同呈现两极分化的状况

从调查数据来看,在对"您当老师最强烈的动机是什么?"问题的回答中,选择"热爱教育事业"和"师范专业,迫于无奈"的人数相当,而这两个选项正是主动选择当乡村教师和被动成为乡村教师的对比。其他的选择,如"社会地位高""人际关系广"和"福利待遇好"均只占很小的比例,如图2所示。可见,乡村教师的职业认同呈两极分化趋势,接近一半的教师有较强的教师职业认同,而另一半教师的职业认同较差。

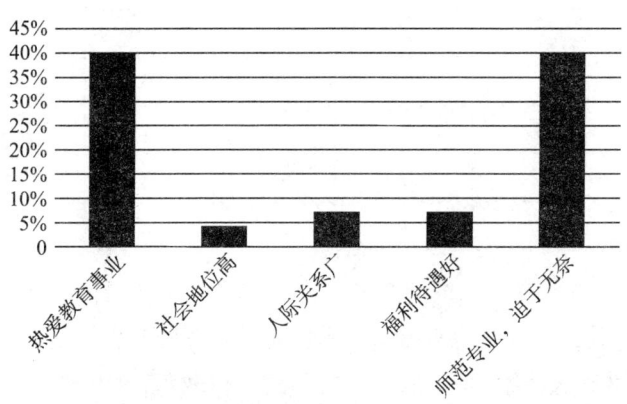

图2 当教师最强烈的动机统计

3. 不同教龄的乡村教师在当教师的动机上存在显著性差异

表 2　当教师的动机在教龄上的卡方检验

	值	df	渐进 Sig.（双侧）
Pearson 卡方	29.821ª	16	0.019 *
有效案例中的 N	—		98

进一步在乡村教师当教师的动机和教龄之间做了卡方检验,卡方检验所得到的 p 值为 0.019,小于 0.05,如表 2 所示,说明不同教龄的乡村教师在当教师的动机上存在显著性差异。具体来看(如表 3 所示),选择"热爱教育事业"的乡村教师的教龄在 10—15 年之间最多,其次是教龄在 16 年(含)以上的,这反映出教龄越大的乡村教师,其当教师的动机越纯正,职业认同感越高。而另一方面,选择"师范专业、迫于无奈"的乡村教师的教龄也是在 10—15 年最多,其次也是 16 年(含)以上的,并且这两个年龄段比例相差不大,这又反映出教龄越大的乡村教师,其当教师的动机亦可能是不纯正的,即职业认同感低。可见,随着教龄的增长,当初抱着热爱教育事业的心当教师的乡村教师会更加坚定地当教师,而当初迫于师范专业别无选择当教师的乡村教师,虽然容易产生职业倦怠感,但是会迫于没有其他的选择而维持继续当乡村教师的现状。

表 3　您当老师最强烈的动机是什么?

教龄	选择项				
	热爱教育事业	社会地位高	人际关系广	福利待遇好	师范专业,迫于无奈
1—2 年	2	0	0	1	4
3—4 年	2	2	3	1	3
5—9 年	5	2	1	0	7
10—15 年	22	0	1	5	14
16 年(含)以上	9	0	2	0	12
合计	40	4	7	7	40

4. 大多数乡村教师对于继续当乡村教师的决心不够坚定

在对"如果让您重新选择职业,您还会选择当教师吗?"问题的回答中,只有 39.8% 的乡村教师选择了"是",而选择"否"的乡村教师占 19.4%,选择"说不定"

的乡村教师占40.8%,如图3所示。可见,大多数乡村教师对于继续当乡村教师的决心不够坚定。

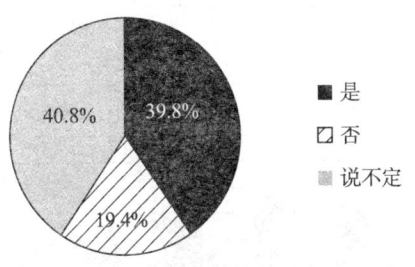

图3 您是否愿意继续当老师

通过上述的数据分析可以得出的结论是:大多数乡村教师都能够清晰地认识到教师职业的专业性和社会定位,认识到教师教书育人的使命,但是乡村教师的职业认同感呈现两极分化的状况,只有不到一半的乡村教师职业认同感比较高,出于对教师职业的热爱而选择当教师。大部分乡村教师对于继续当乡村教师决心不坚定。由此可以反映出,目前乡村教师的职业认同感和幸福感并不是很理想,而出现这样的情况可能受乡村教师的待遇、社会地位、发展空间等因素的综合影响,这样的情况会导致教师专业发展的内驱力减弱,不利于乡村教师的专业发展。

(二)乡村教师的专业素质现状

1. 乡村教师对于学科和教学的认识有故步自封的趋向

问卷调查显示,乡村教师对于所教学科的了解程度在"基本了解"和"完全了解"上居多,然而在随机的访谈中,笔者对于不同学科的教师进行了学科相关的小测试,发现大多数教师对于所教学科的前沿知识并没有掌握甚至不了解,如大多数语文教师对"压轴"和"首当其冲"这两个词意思的理解都是错误的,还坚信自己的理解是正确的。笔者还对乡村教师最擅长的教学技能做了问卷调查,调查显示,乡村教师最擅长的教学技能排在第一位的是知识讲解,排在第二位的是课堂管理,排在第三位的是因材施教,结果如图4所示。于是,笔者随机抽取了几个学科的教师进行听课验证,发现大多数教师的教学方式仍然是采用"填鸭式"的灌输教学法,这和乡村教师自认为最擅长的"知识讲解""课堂管理"很符合。而课堂中学生进行小组讨论、学生自由提问的情形十分鲜有,乡村教师在课堂中并没有充分调动学生学习的能动性,对所有的学生采用同一种模式进行授课,并没有表现出因材施教的教学方法。

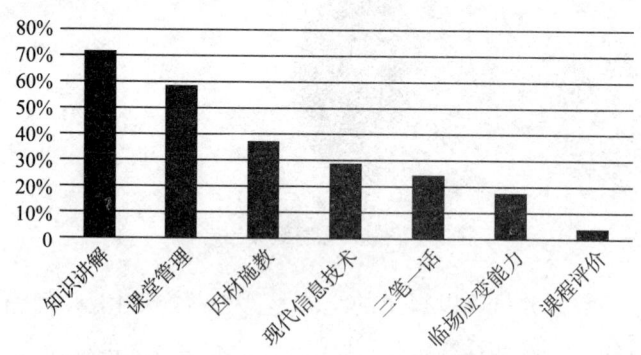

图4　乡村教师最擅长的教学技能

2. 教龄小的乡村教师比教龄大的乡村教师更加故步自封

表4　乡村教师的教学反思行为在教龄上的单因素方差分析

	平方和	df	均方	F	显著性
组间	4.249	4	1.062	2.747	0.033*

对"您会记录教学行为以进行教学反思吗?"问题的回答结果与乡村教师的教龄做单因素方差分析,结果显示,乡村教师的教学反思行为在教龄上存在显著性差异(如表4显示),p值为0.033,小于0.05。进一步对不同教龄组的乡村教师做两两比较,比较方式采用LSD检查方差齐性,置信区间设为95%,结果如表5所示。数据显示,教龄在3—5年的乡村教师和教龄在5—10年、10—16年以及16年以上的乡村教师(即教龄在5年以上的乡村教师),在教学反思行为上存在显著性差异。从描述性结果来看,教龄在3—5年的乡村教师选择"经常会记录教学行为以进行教学反思"和"偶尔会记录教学行为以进行教学反思"的人数远远小于教龄在5年以上的乡村教师,而选择"不会记录教学行为以进行教学反思"的人数远远大于教龄在5年以上的乡村教师。可见,教龄小的乡村教师比教龄大的乡村教师更加故步自封。

表 5　不同教龄组之间的多重比较结果

(I) 教龄	(J) 教龄	均值差(I—J)	标准误	显著性	95%置信区间 下限	95%置信区间 上限
1—3 年	3—5 年	−0.324 68	0.300 63	0.283	−0.921 7	0.272 3
	5—10 年	0.190 48	0.284 61	0.505	−0.374 7	0.755 7
	10—16 年	0.333 33	0.253 84	0.192	−0.170 7	0.837 4
	16 年以上	0.291 93	0.268 40	0.280	−0.241 1	0.824 9
3—5 年	1—3 年	0.324 68	0.300 63	0.283	−0.272 3	0.921 7
	5—10 年	0.515 15	0.246 82	0.040*	0.025 0	1.005 3
	10—16 年	0.658 01	0.210 60	0.002**	0.239 8	1.076 2
	16 年以上	0.616 60	0.227 94	0.008**	0.164 0	1.069 2
5—10 年	1—3 年	−0.190 48	0.284 61	0.505	−0.755 7	0.374 7
	3—5 年	−0.515 15	0.246 82	0.040*	−1.005 3	−0.025 0
	10—16 年	0.142 86	0.187 03	0.447	−0.228 5	0.514 3
	16 年以上	0.101 45	0.206 36	0.624	−0.308 3	0.511 2
10—16 年	1—3 年	−0.333 33	0.253 84	0.192	−0.837 4	0.170 7
	3—5 年	−0.658 01	0.210 60	0.002**	−1.076 2	−0.239 8
	5—10 年	−0.142 86	0.187 03	0.447	−0.514 3	0.228 5
	16 年以上	−0.041 41	0.161 29	0.798	−0.361 7	0.278 9
16 年以上	1—3 年	−0.291 93	0.268 40	0.280	−0.824 9	0.241 1
	3—5 年	−0.616 60	0.227 94	0.008**	−1.069 2	−0.164 0
	5—10 年	−0.101 45	0.206 36	0.624	−0.511 2	0.308 3
	10—16 年	0.041 41	0.161 29	0.798	−0.278 9	0.361 7

3. 乡村教师对新的教育理念的了解情况

乡村教师对新的教育理念的了解情况总体上较好，但是出现学历上的差异性，本科学历的乡村教师了解情况较好，而硕士学历的乡村教师对于新的教育理念缺乏深入的认识。

表6 乡村教师对新教育理念的了解程度在学历上的卡方检验

	值	df	渐进 Sig.（双侧）
Pearson 卡方	37.771[a]	8	0.000＊＊
有效案例中的 N	98	—	—

在对乡村教师专业素质现状的调查中，笔者也尝试调查了乡村教师对新的教育理念的了解情况。在对"您对新课程改革、素质教育等教育理念的了解程度"问题的回答中，大多数乡村教师对新的教育理念的了解程度为"完全了解"或者"基本了解"，可见乡村教师对新的教育理念的了解程度总体上较好。然而对教育理念的了解程度在乡村教师的学历上做差异性检验的时候，发现存在显著性差异，结果如表6所示。所得的p值为0.000，远远小于0.05，存在十分显著的差异。具体来看，乡村教师对新教育理念的了解程度和学历的交叉表，如表7所示，学历为硕士研究生的乡村教师对于新教育理念的了解程度较差，没有教师选择"完全了解"，选"基本不了解"和"完全不了解"的均有1人，而学历为专科和本科的乡村教师均没有选择"基本不了解"和"完全不了解"的，学历为本科的乡村教师选择"基本了解"的人数远远大于学历为硕士研究生的乡村教师。由此看来，学历为硕士研究生的乡村教师对新的教育理念缺乏深入的认识。

表7 乡村教师对新教育等教育理念的了解程度和学历的交叉表

学历	选择项				
	完全了解	基本了解	一般	基本不了解	完全不了解
专科	1	4	4	0	0
本科	12	54	17	0	0
硕士研究生	0	1	3	1	1
合计	13	59	24	1	1

4. 学历是影响乡村教师发表论文积极性的一个重要因素

乡村教师开展公开课与发表论文不够积极，学历是影响乡村教师发表论文积极性的一个重要因素。

图5和图6显示了乡村教师近3年开展的公开课和发表论文的情况，如图所示，乡村教师开展的公开课次数在1—2次的居多，发表的论文情况在1—2篇

的居多,而从没有开展过公开课和发表过论文的乡村教师均占了不小的比例。由此可见,乡村教师开展公开课与发表论文不够积极。在对少部分乡村教师进行的访谈中发现,很多乡村教师,特别是年龄较大的乡村教师,只想安于现状,表示不想太"折腾",因此不太会考虑开展公开课或者发表论文,他们认为"那是年轻教师该干的事"。

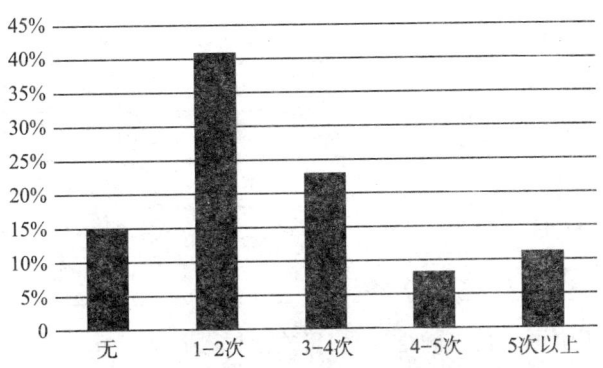

图5 乡村教师近3年开展公开课情况

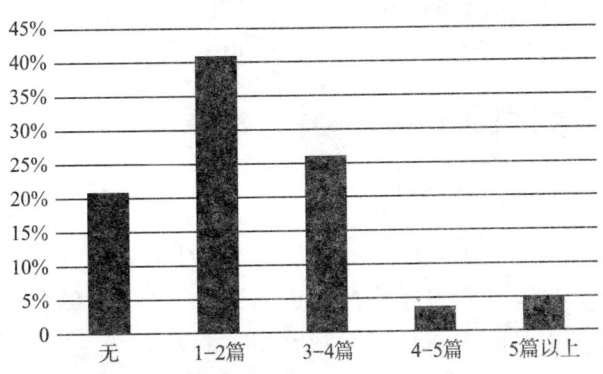

图6 乡村教师近3年开发表论文情况

进一步对乡村教师开展公开课和发表论文的情况做差异性分析,采取单因素方差法,发现学历影响乡村教师的发表论文情况,所得的 p 值为 0.003,远远小于 0.05,说明差异性十分显著。在采用 LSD 法对乡村教师发表论文情况的不同学历组之间做两两对比发现,学历为专科的乡村教师和学历为本科的乡村教师与学历为硕士研究生的乡村教师存在显著性差异,具体结果如表8所示。从表中的数据显而易见,学历为专科的乡村教师平均发表论文数量要少于学历为本科和硕士研究生的乡村教师,由此可见,教师的学历层次是影响教师发表论文数量的一个重要影响因素。

表8 乡村教师发表论文情况不同学历组之间的多重比较结果

(I)学历	(J)学历	均值差(I—J)	标准误	显著性	95%置信区间	
					下限	上限
专科	本科	−1.016 06	0.339 42	0.004**	−1.689 9	−0.342 2
	硕士研究生	−1.666 67	0.509 75	0.002**	−2.678 7	−0.654 7
本科	专科	1.016 06	0.339 42	0.004**	0.342 2	1.689 9
	硕士研究生	−0.650 60	0.408 87	0.115	−1.462 3	0.161 1
硕士研究生	专科	1.666 67	0.509 75	0.002**	0.654 7	2.678 7
	本科	0.650 60	0.408 87	0.115	−0.161 1	1.462 3

从上述分析中可以得出的结论是:目前乡村教师的总体专业素质还有待提高,具体表现在乡村教师专业知识与教学技能的落后,专业知识和教学技能没有及时地更新换代,仍旧停留在传统的水平,并且缺乏更新换代的意识。开展公开课、公开发布学术论文的积极性较差,安于现状的意识以及学历层次成为制约因素。

(三)乡村教师参加培训进修情况

1. 大多数乡村教师有学习进修的想法

在对"您有学习进修的想法吗?"这一问题的回答中,34.7%的乡村教师选择了"经常有",48%的乡村教师选择了"有时有",剩下17.3%的乡村教师明确表示"没有",如图7所示。综合来看,有82.7%的乡村教师有过学习进修的想法,可见大多数乡村教师对于学习进修有着比较积极的认识。

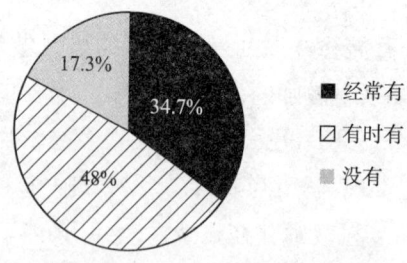

图7 乡村教师参与培训进修的想法

2. 乡村教师参与校内外培训活动的时间较少

在对乡村教师参与校内外培训活动的时间统计中发现:参与校外活动时间小于半个月的人数最多,已经超过了所占人数的一半,随着参与校外培训活动时间的变长,人数在逐渐地变少,如图 8 所示;参与校内培训活动时间半个月到一个月的人数最多,其次是参与校内活动时间少于半个月的,如图 9 所示。值得说明的是,笔者在问卷调查的题目中已经注明了所参加的校外培训包括校外听课、讲座、专业能力训练等,所参加的校内培训包括教研组备课、校内讲座、公开课等,而所得的结果却仍然显示乡村教师参与校内外培训活动的时间较少。

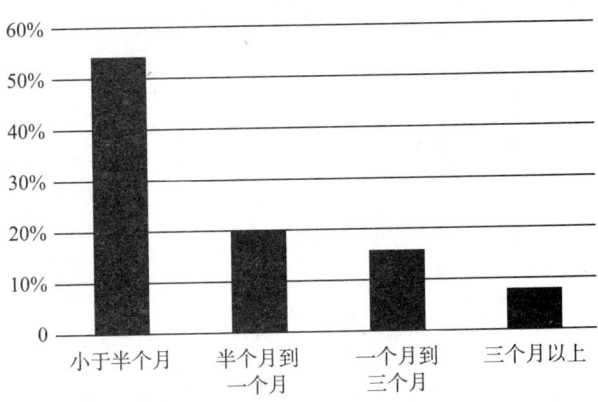

图 8　乡村教师参与校外培训情况

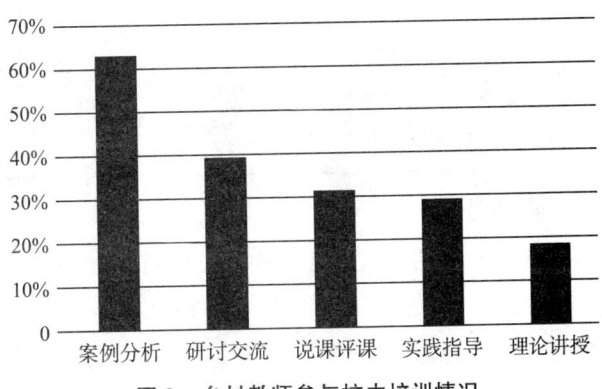

图 9　乡村教师参与校内培训情况

3. 乡村教师参与校外培训活动的次数随着学历的增高而增加

进一步对乡村教师参与校内外活动情况做显著性差异分析,发现乡村教师参与校外培训活动情况在学历上存在显著性差异,所得的 p 值为 0.011,小于 0.05。进而用 LSD 法对不同学历组的乡村教师做校外培训情况的两两分析,所得的结果如表 9 所示。由表中数据可知,学历为专科的乡村教师参与校外培训活动的次数和学历为本科的乡村教师参与校外培训活动的次数存在显著性差异,p 值为 0.05,且学历为专科的乡村教师参与校外培训活动的次数少于学历为本科的乡村教师;同理,专科的和硕士研究生的相比,p 值为 0.003,且专科的少于硕士研究生的;本科的和硕士研究生的相比,p 值为 0.033,且本科的少于硕士研究生的。综上可见,乡村教师参与校外培训活动的次数随着学历的增高而增加,即不同学历的乡村教师参与校外培训活动的情况为:专科学历的教师少于本科学历的教师,本科学历的教师少于硕士研究生学历的教师。可见,学历越高的乡村教师对于校外培训活动越重视,越关注自身的专业发展情况。

表 9　不同学历组的乡村教师做校外培训情况的多重比较

(I) 学历	(J) 学历	均值差(I-J)	标准误	显著性	95%置信区间	
					下限	上限
专科	本科	-.672 02	0.338 37	0.050 *	-1.343 8	-0.000 3
	硕士研究生	-1.555 56	0.508 17	0.003 **	-2.564 4	-0.546 7
本科	专科	0.672 02	0.338 37	0.050 *	0.000 3	1.343 8
	硕士研究生	-0.883 53	0.407 61	0.033 *	-1.692 7	-0.074 3
硕士研究生	专科	1.555 56	0.508 17	0.003 **	0.546 7	2.564 4
	本科	0.883 53	0.407 61	0.033 *	0.074 3	1.692 7

4. 乡村教师倾向的培训方式

在对乡村教师喜欢的培训方式的统计中,名列前三位的是"案例分析""研讨交流"和"说课评课",而居于最后一位的则是"理论讲授",如图 10 所示。可见,乡村教师更加倾向于有针对性的、有交流的培训方式,而比较排斥理论讲授的培训方式。进一步对乡村教师平时参加进行业务学习的方式进行了调查,结果发现乡村教师中大多数人还是通过参加教研活动来进行业务学习,如图 11 所示。而正如前面调查所显示的,乡村教师参加校内外培训的时间较少,可以推测,乡村教师进行业务学习的内容也相对较少。

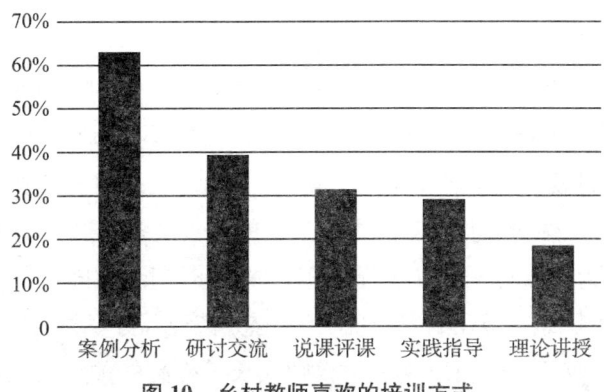

图 10　乡村教师喜欢的培训方式

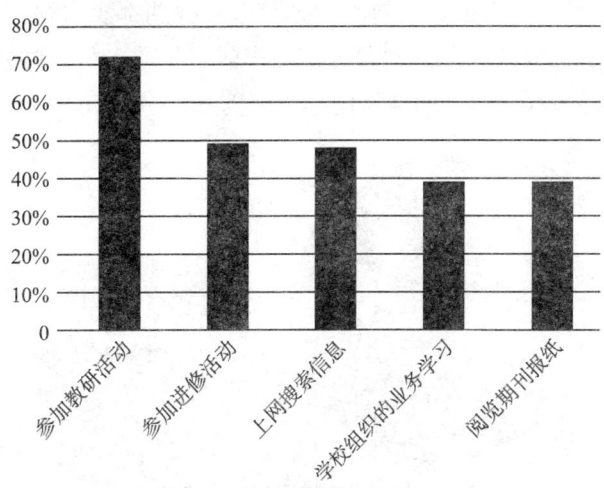

图 11　乡村教师平时业务学习的方式

从上述分析中可以得出的结论是：乡村教师有着强烈的培训进修的意愿，而实际中却参加了时间极为有限的培训进修，这样强烈的意愿与实践的差距需要引起关注。同时，教师的学历层次也会影响教师参与培训的次数，学历层次越高，参与培训的次数越多。由此可见，解决乡村教师培训需求与培训不足的矛盾，是促进乡村教师专业发展的关键。

(四) 乡村教师职业生涯规划情况

1. 乡村教师对于职业生涯的整体性认识不足

在对"您认为教师成长与提高的关键发展期是哪个时期?"问题的回答中,有 3.1% 的乡村教师选择了职前培训期,有 13.3% 的乡村教师选择了在职培训期,有 42.9% 的乡村教师选择了工作前三年,剩下 40.8% 的乡村教师选择了贯穿整个从教期。其中,选择工作前三年这个选项的人数最多,可见大多数乡村教师把工作前三年作为在乡村学校中打下根基的重要时期。在随机的访谈中笔者发现,很多乡村教师都有潜在的安于现状的思想,甚至部分乡村教师明确表示安于现状。因此,多数把工作前三年视为教师成长与提高的关键发展期的乡村教师很可能是有安于现状思想的教师群体。而选择贯穿整个从教期的人数也占相当大的一个比例,可见也有很多乡村教师把整个从教期都看得很重要。选择贯穿整个从教期的乡村教师所占比例和选择工作前三年的乡村教师所占比例相当,这和前面得出的乡村教师的职业认同感呈两极分化趋势相呼应。

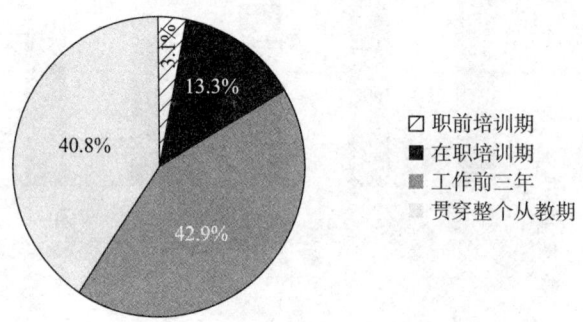

图 12 教师成长与提高的关键发展期

2. 乡村教师在职业发展中更加看重教育教学,而不看重人际交往、学历和职称

在对影响教师成长为专家教师的重要因素的调查中,选择人数较多的是"教学经验""教育观念""专业知识"等,而选择较少的则是"人际交往""学历层次"和"职称层次",如图 13 所示。可见,乡村教师更加看重的是教育教学,认为一个专家教师应当是能够对教育教学游刃有余的,而不管这个专家教师的学历是高还是低,也不管这个专家教师有无职称,或者是有无良好的人际关系。乡村教师的

这种观念有点"淡泊名利"的倾向,这也恰恰解释了为什么有很多乡村教师专心于教育教学而不积极参加职称的评选。

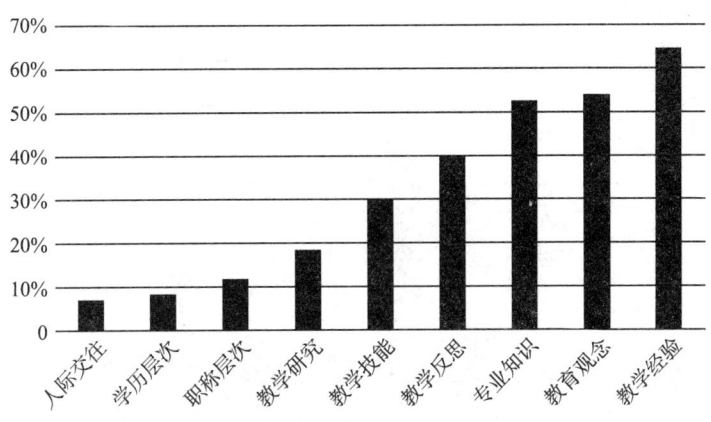

图 13　乡村教师对于成为专家教师的影响因素的看法

3. 乡村教师职业发展规划目标不高

在对乡村教师未来职业规划的调查中,选择"维持现状"和"成为学科带头人"分别居于第一和第二,可见大多数乡村教师对专业发展没有太多的追求,稍微表现出积极一点的目标是成为学科带头人,而成为校领导等目标则鲜有人选。综合来看,乡村教师的职业发展规划目标不高。

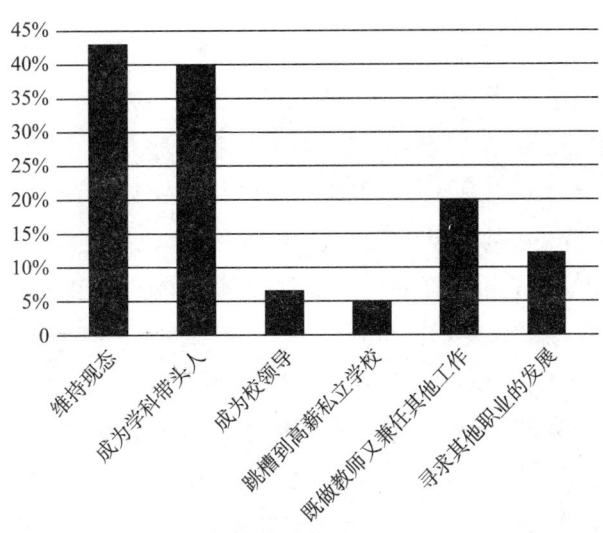

图 14　乡村教师职业发展规划情况

4. 影响教师专业发展的三大不利因素

教研进修机会少、教师间缺乏交流合作的氛围和主观不努力是影响教师专业发展的三大不利因素。

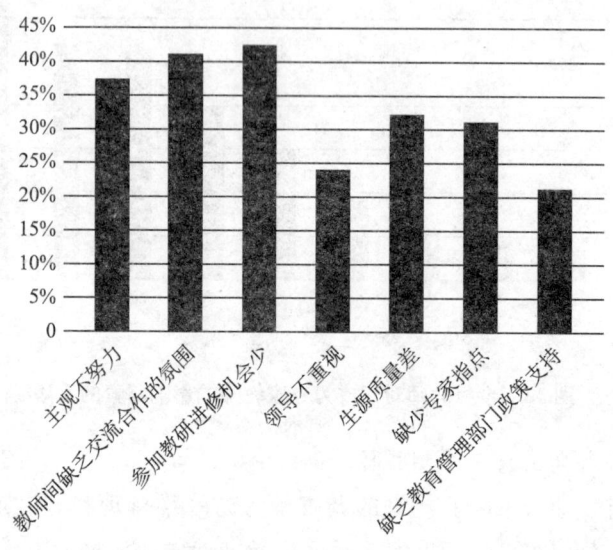

图 15　影响教师专业发展的不利条件统计

在对"您认为影响教师专业发展的不利条件主要是什么?"问题的回答中,选择人数最多的前三项分别是"教研进修机会少""教师间缺乏交流合作的氛围"和"主观不努力",如图 15 所示。在对老校长的访谈中,他就表示过,乡村学校的资助经费较少,且多用于基础设施方面的开支,而用于教师教研进修的则少之又少,因此乡村学校很难请得起专家进行教师专业发展方面的培训。在对乡村教师的抽样访谈中,有些教师表示自己不能够在专业发展上有所进展,一方面是因为主观不努力,另一方面则是因为学科组甚至是学校都没有专业发展的氛围。一些女教师还表示自己每天下班之后要批改很多作业,回到家要照顾小孩,"休息的时间都没有,哪里还有时间折腾那个"。

从上述分析中可以得出的结论是:乡村教师对自身专业发展的意愿不强烈,发展目标仅限于安于现状和成为学科带头人,对专业的发展比较看重教育教学技能的提高,而不注重人际交往、学历、职称的提升。进修机会缺乏、教师合作交流氛围缺失以及主观懈怠成为影响教师专业发展的最主要的三个因素。

（五）乡村教师对"支持计划"的认可情况

1. 大多数乡村教师不了解"支持计划"

在对乡村教师关于"支持计划"的了解程度的调查当中，选择"基本不了解"和"完全不了解"的居多，两者之和占到了总数的70.4%。进一步对乡村教师对"支持计划"的了解程度在中间值水平上做单样本T检验，检验值设为3，所得的结果如表10所示。由表中的数据可知，检验得到的p值为0.000，远远小于0.05，说明差异性特别显著。可见，大多数乡村教师不了解"支持计划"。值得说明的是，在对老校长的访谈中，老校长也表示不太了解"支持计划"。这就反映了一个严重的问题，要么是教育管理部门对"支持计划"的传达程序上出了问题，要么是乡村学校在"支持计划"的接收程序上出了问题。如果连学校的领导都不了解政策，那么教师不了解该政策也就不足为怪了。

表10　乡村教师对"支持计划"的了解程度的单样本T检验

您了解《乡村教师支持计划》吗？	t	df	Sig.(双侧)	均值差值	差分的95%置信区间	
					下限	上限
	7.588	97	0.000 * *	0.908 16	0.670 6	1.145 7

2. 乡村教师普遍认可"支持计划"，并期盼"支持计划"能够尽快落实

问卷调查的最后一个题目是调查乡村教师对"支持计划"的认可程度。因为我们估计有些教师对"支持计划"完全不了解，所以特别设置了"如果对'支持计划'不了解则可以不填"的提示。统计下来，共有13位乡村教师回答了这个问题，其中9位选择了"完全认同"，4位选择了"基本认同"。进一步做单样本T检验，检验值设为3，所得到的p值为0.000，远远小于0.05，说明回答问题的乡村教师对"支持计划"的认可程度和中间值存在非常显著的差异，进而表明乡村教师普遍认可"支持计划"。在对老校长和部分乡村教师的访谈中，他们或多或少地表示认可"支持计划"，认为"早该出这样的政策了"，并期盼尽快能够享受到"支持计划"的福利。然而，也有部分乡村教师表示担忧"支持计划"能否真正得到落实。

从上述分析中可以得出的结论是：大多数乡村教师不了解"支持计划"，反映出国家出台的教育政策在传达程序上存在着一定的问题。了解"支持计划"的乡

村教师普遍认可该政策,说明"支持计划"是符合乡村教师需求的一个好政策,教育管理部门接下来应当对该政策的推广、落实和反馈予以高度重视。

六、促进农村教师专业发展的可行性建议

通过上述的数据分析,乡村教师专业发展的问题主要包括以下几个方面:第一,乡村教师职业认同感低,职业幸福感不强;第二,乡村教师专业素质现状不理想,知识、观念、教法有待更新;第三,乡村教师强烈的进修意愿与有限的培训进修条件之间的矛盾尖锐;第四,乡村教师的专业发展意愿不强烈,缺乏合理的职业规划;第五,乡村教师对政府扶持政策缺乏有效的了解。因此,促进乡村教师专业发展,还应从以下两个方面来努力。

(一) 提高乡村教师的职业认同感

我们知道,现在乡村人员结构和过去相比发生了巨大的变化,城市对于乡村人员的容纳能力不断增强,进城务工的农民工在城市里同样能够获得体面的生活。而反观乡村教师,他们的生活环境、收入待遇以及职业发展机会都不是那么"体面",这会使得其对未来充满焦虑,从而大大降低对乡村教师的职业认同感。因此,提高乡村教师职业认同感包括以下几个方面:首先,提高乡村教师的工资待遇,教育财政政策可以有选择性地倾斜,通过财政补贴的方式来增加乡村教师的收入,缩小城乡教师之间的收入差距。其次,提高乡村教师的社会地位显得尤为重要。从社会心理学的角度来看,社会舆论会对人们职业的选择、价值观等产生导向作用,这是一种"社会刻板效应",同时这种导向也会影响人们的职业认同感。要积极营造一种尊师重教的社会氛围,由政府引导一种乡村教师奉献自己、建设美好乡村的社会舆论氛围,每年嘉奖一些表现突出的乡村教师,比如可以开展评选"最美乡村教师"之类的活动。再次,还要拓宽乡村教师的发展晋升渠道,给乡村教师一种可以发展晋升的希冀。通过教育部门统筹,建立一种城乡教师互通的流动机制,比如乡村教师表现优异者可以流入城市学校教书,而城市学校教师也需要具备一定的乡村教学经验(规定三年或五年)才能够有更大的发展空间,比如规定城市教师职位晋升时需要一定的乡村教学经验。这样一方面拓宽了乡村教师的发展通道,另一方面城市教师流入乡村,有利于发展乡村的师资力

量,提高乡村教育质量。最后,还需要提高对乡村教师的人文关怀,乡村教师在偏远的乡村,在教学岗位上默默地坚守奉献,他们是国家发展的无名英雄,不应该被忽视甚至被遗忘,政府、社会都应该给予乡村教师更多的关注和人文关怀。

(二)透过乡村教师专业发展的种种形式,紧抓乡村教师专业发展的本质

随着"支持计划"政策的出台,各级政府必然会对乡村教师专业发展高度重视,采取各种形式的措施尝试提高乡村教师专业发展的水平。但是值得注意的是,提出乡村教师专业发展措施的政府官员或者研究学者可能并没有真正到乡村地区实地考察过乡村教师专业发展的实质现状,因而不能对症下药,所提出的措施名义上是促进乡村教师专业发展,实质上可能是为城市教师专业发展献谋献策。因此,提高乡村教师专业发展水平的措施必须要紧紧围绕乡村教师的特点和问题,不能纸上谈兵。从调查数据来看,乡村教师普遍存在的问题是没有一个较好的职业生涯规划,大部分教师的发展心态都是"得过且过",还有一部分的职业发展规划仅仅是成为学科带头人。因此,在引导乡村教师进行有效的职业生涯规划之前需要打破乡村教师"得过且过"的思想状态,培养乡村教师居安思危的职业意识,这样才有可能从以下几个具体的方面来提高乡村教师专业发展的水平。

1. 引导、促进乡村教师专业知识和教育理念的更新,消除乡村教师故步自封的思想

首先要培养乡村教师自我观念更新的意识,让他们认识到更新专业知识和教育理念的重要性。可以聘请一些相关学科的特级教师,去乡村学校传授最新的学科知识、教学技能,引导、促进乡村教师专业知识的更新;也可以从高校聘请教育专家,前往各个乡村学校开展讲座,传授最新的教育理念;还可以开发乡村教师在职培训网络课程,精心设计课程内容,教授学科领域最新的知识、最新的教育观念、最新的教育方法,规定每位教师每年应该完成固定学时的学习并获得固定的学分,强制乡村教师的自我更新;可以试点性地开展乡村教师学科研讨活动,同一学科的教师定期开展教育教学研讨活动,交流学科的知识结构、教学方法等。

2. 拓宽乡村教师进修学习的渠道，给乡村教师更多的进修学习的机会

从调查研究中我们知道，乡村教师强烈的进修愿望和极少的进修机会之间的矛盾十分尖锐，这其中一方面有进修渠道不畅的原因，另一方面可能是因为教师本身缺少进修的时间和条件。因此，要从这两个方面着手解决乡村教师进修的问题。在拓宽进修渠道方面，可以由教育部门出面，开办教师在职继续教育学院，每年寒暑假招生，对愿意进修的教师进行继续教育，在学员录取上给予乡村教师一定的政策倾斜。教师在继续教育学院连续学习一段时间，修满一定学分，达到一定条件可以在评职称等方面加分，并且可以把继续教育学院的学分成绩列入教师绩效考察范围之内。这样，一方面可以满足教师进修的要求，另一方面又对教师起着一定的激励作用。利用慕课时代的便利性，开发一些高质量的在职教师继续教育的课程，方便教师通过网络学习达到自我进修的目的。在学校层面，多组织教师参加一些进修活动，比如到其他学校听课、参加专题讲座、参加技能交流会等形式，并把参加进修的情况列入教师考评的范畴。在进修内容方面，多一些具体的教学技能和教学方法等实用的东西，少一些纯理论讲解。教育部门可以设置一些专项资金，用于补贴参加学习进修的乡村教师，减轻乡村教师在学习进修方面的经济压力。在教师个人方面，要积极引导教师参加进修学习，培养乡村教师终生学习的观念，同时在给学生减负的时候也应该给教师减负，让乡村教师有足够的时间去参加进修培训学习。

3. 保障乡村教师扶持政策的有效实施与推广

虽然国家和地方政府都出台了相应的乡村教师扶持政策，但是从调查的实际情况来看，大部分乡村教师并不是十分了解国家和地方的扶持政策，而且大部分教师十分希望扶持政策的尽快落实与实施，这里面就涉及政府部门政策落实推广的问题。虽然国家颁布了比较好的政策，但是广大乡村教师不了解，那么颁布的政策便没有任何效力。所以，需要积极推广乡村教师扶持政策，让广大乡村教师都能够了解国家的扶持政策，并积极参与扶持政策。同时在扶持政策的落实过程中，要加强对政策实施的监督，要保证国家及地方政府的扶持政策落到实处，真正给乡村教师带来好处，真正能够促进乡村教师的专业发展。政令的通达是亟须解决的一个问题，对于乡村教师扶持计划的实施，要设置特别的工作小组，专门负责这一扶持计划的实施，专人专事，才能够更好地保障政策实施的效果。

总之，乡村学校在我国义务教育学校中占了很大的比例，乡村教师在整个义务教师队伍中也占有很大的比例，有许多的乡村教师默默地在自己的岗位上耕耘奉献，他们的专业发展值得我们去研究和探讨。对于政府来说，促进乡村教师专业发展是提高整个义务教育质量、实现义务教育均衡优质发展的关键，因此，乡村教师专业发展的问题也应该是政府部门所关注和需要解决的问题。实际上，推进乡村教师专业发展主要还是依靠政府部门的力量，需要政府部门相应的资金支持和政策扶持，提高乡村教师福利待遇，拓宽乡村教师发展渠道和前景，给乡村教师提供更多进修学习的机会。对乡村教师专业发展的问题，整个社会更多地应提供一种人文关怀，即对乡村教师工作的肯定，对乡村教师的社会奉献精神的肯定，对乡村教师社会地位的肯定。而从乡村教师本身来说，要明确自己的职业定位和社会使命，把教书育人作为自己的终身职责，把教好书、育好人作为自己的职业追求，积极地更新自己的知识技能和教学方法，完成自己的专业发展。

参考文献

[1] 国务院办公厅.乡村教师支持计划(2015—2020年)[EB/OL].[2015-06-08].http://www.gov.cn/.

[2] 全国首家乡村教师教育联盟成立[N/OL].新华日报,2016-01-31.http://xh.xhby.net/mp2/html/2016-01/31/content_1371865.htm/.

[3] 全省乡村教师将领生活补助2亿元[N/OL].兰州晨报,2016-03-06.http://www.lzcbnews.com/html/2016-03/06/content_363340.htm/.

[4] 淮安市教育局.市教育局关于"十二五"期间继续实施江苏省"千校万师支援农村教育工程"的通知[EB/OL].[2011-09-21].http://jyj.huaian.gov.cn/jyxw/tzgg/content/jyj2469714.html/.

[5] 叶澜,等.教师角色与教师发展新探[M].北京:教育科学出版社,2001.

[6] 汪家宝,等.襄阳市幼儿教师专业发展需求调查[J].湖北文理学院学报,2014(12).

[7] 敖春美.西部民族地区农村幼儿教师专业发展现状、问题及对策:以宁夏农村幼儿教师为例[J].延安职业技术学院学报,2011(2).

[8] 孙惠利.农村民办幼儿教师专业发展现状调查与分析:以河南省农村民办幼儿教师为例[J].社科纵横,2013(12).

[9] 崔友兴.中小学教师专业发展动力的现状调查研究:以重庆市的三个区县为例[J].天津师范大学学报(基础教育版),2016(1).

[10] 卢晓中,李晶,夏欢.基于教师专业发展视野下中小学教师继续教育有效性的实证分析[J].现代教育论丛,2015(1).

[11] 张忠山.中小学研究生学历教师专业发展特点调查分析[J].上海教育科研,2015(10).

[12] 郝立宁.高职教师专业发展的现状调查及评析[J].成人教育,2007(11).

[13] 易倩梅.农林类高职院校英语教师专业发展的研究[J].中国校外教育,2014(7).

[14] 张莲.高校外语教师专业发展的制约因素及对策:一项个案调查报告[J].中国外语,2013(1).

[15] 张婷,王其和.高校青年教师专业发展面临的制度性障碍及对策[J].中国成人教育,2012(21).

[16] 林浩亮.高校教师文化现状调查及对教师专业发展的作用分析:以粤东地区高校为例[J].理工高教研究,2010(1).

[17] 彭艳红.小学语文教师专业发展状况调查及启示:以安徽省淮南市为例[J].贵州师范学院学报,2011(10).

[18] 周建华.高中数学骨干教师专业发展情况调查研究:来自国培计划(2011)中小学骨干教师研修项目人大附中高中数学班的报告[J].教育研究,2012(2).

[19] 徐浩.高校外语新教师专业发展现状的调查研究:参与教师的视角[J].解放军外国语学院学报,2014(4).

[20] 李硕豪,杨海燕.基于双因素理论的高校教师专业发展基础环境研究:以我国高校理科教师为例[J].中国大学教学,2015(9).

[21] 马振彪.校本教研:少数民族贫困地区教师专业发展的有效途径:以宁夏回族自治区南部山区S中学为例[J].教育理论与实践,2009(8).

[22] 王济军,等.TPACK视域下边疆少数民族地区教师专业发展研究[J].中国电化教育,2015(5).

[23] 俞婷婕,肖甦.澳中两项教师专业发展举措及其实施的比较与分析[J].外国中小学教育,2011(6).

[24] 邢红军,等.北京市中学教师专业发展水平的实证研究及其启示:基于北京江苏两省市的比较[J].教育学术月刊,2014(6).

[25] 张成玉.中职、高职与本科院校教师专业发展比较研究[J].职教论坛,2013(17).

江苏省特殊教育"医教结合"发展现状调查研究
——以 N 市为例

卜凡　吴越　张婷婷

(南京航空航天大学　江苏　南京　210097)

摘要：目前，"医教结合"是我国特殊教育改革背景下积极探索的一种途径，在这一过程中，日益显现出特殊教育开展"医教结合"的必要性。本文结合江苏省特殊教育相关政策，以 N 市为例，分析教师对"医教结合"政策的实施态度、实施过程中难以避免的困难以及实施的具体模式，主要利用问卷与访谈两种调研方法，从态度、实施过程中的困难以及模式上给出在当前政策的大环境下的建议，进而有助于江苏省 N 市更加有效地推进特殊教育"医教结合"的具体实施。

关键词：特殊教育；"医教结合"；教师；政策；对策建议

一、特殊教育"医教结合"研究背景

(一)解读特殊教育"医教结合"研究的价值及意义

1. 特殊教育的研究价值和意义

根据 2014 年全国教育事业发展统计公告数据显示，全国共有特殊教育学校近 2 000 所，比上年增加 67 所；特殊教育学校共有专任教师 4.81 万人；全国共招收特殊教育学生 7.07 万人，比上年增加 0.47 万人；在校生 39.49 万人，比上年增加 2.68 万人。这一数据表明，随着基础教育的日趋完善，教育公平程度的提高，特殊教育终于迎来了自己的时刻,但是这个过程并不容易。2010年,《国家中长期教育改革和发展规划纲要(2010—2020年)》将特殊教育作为教育改革发展的八大任务之一,要求各级政府关心和支持特殊教育,完善特殊教育体系,健全特殊教育保障机制。2014年1月8日,为了深入实施《国家中长期教育改革和发展规划纲要(2010—2020年)》,特制订特殊教育提升计划。近年来,中央和地方各级政府对特殊教育的支持与投入力度不断加大,2014年,我国特殊教育总投入95.94亿元,比2009年增加了1.07倍,随班就读、特教班和送教上门的义务教育阶段生均公用经费也逐步得到落实。因此,研究特殊教育的价值和意义在于,它不仅是新时代国家文明程度的窗口,更重要的是特殊教育承载着培养残疾儿童等特殊群体,促进残疾儿童自立、自强,帮助残疾儿童成长、成才的重任。如果说每一个残疾的孩子都是折翼的天使,那么特殊教育的发展则为他们插上了一双隐形的翅膀,补偿缺陷,发展潜能,健全人格,回归主流。

2."医教结合"的研究价值和意义

"医教结合"作为近年来特殊教育学界出现的热词一直受到很高的关注,随着时代的发展,我国特殊教育越来越多地融入了医疗、卫生、心理、电子技术等领域的理念或技术,呈现出全方位立体式的合作研究发展形态,这给特殊儿童的功能补偿和潜能开发带来了新的方法与活力。但是,"医教结合"目前的研究现状存在一般性和特殊性这两方面的缺陷:一般性缺陷包括理论研究的实用和指导性意义不大,"医教结合"涉及跨学科多角度、体系框架也未达成统一等问题;特殊性缺陷是由于我国地域辽阔,经济发展不平衡,特殊教育发展水平还很不均衡,"医教结合"研究工作在地区与地区之间、学校与学校之间还存在较大差距。研究"医教结合",意义在于它是特殊教育改革的可行途径,力求在一般性缺陷方面的研究有所突破,探索"医教结合"的特殊教育模式,为残疾儿童、少年早期干预和康复服务。

3. 选取N市的研究价值和意义

相关资料表明,特殊教育"医教结合"工作已率先在上海全市各区普遍展开,内容丰富且涉及面广。2013年1月16日,国家教育体制改革试点项目"推进'医教结合',提高特殊教育水平"在上海通过成果鉴定,成为2010年以来启动的400余项国家教育体制改革试点项目中首个结题项目,经过两年试点,上海市创新特殊教育"医教结合"管理系统已建立起以特殊教育班和随班就读为主体,以送教上门为补充,从学前教育到高等教育互相衔接、普特融合的特殊教育体系。上海市推进特殊教育学校的"医教结合"突破了特殊教育领域许多薄弱环节的发展短板,为特殊教育的整体发展搭建了一个很好的平台。借用这个试点,上海市可以在全国推进"医教结合"工作上提供一些规范和标准,以及一些借鉴和参考。N市作为一个经济实力与上海市较为相近、江苏省教育资源强劲的发达城市,近几年来也将特殊教育中的"医教结合"作为重点的课题做了许多理论研究,但却没有真正实际开展,因此N市由于现有资源的丰富及准备条件的充分应当是最适合优先开展"医教结合"的下一个城市。以N市为例,不仅有助于当地"医教结合"的实际开展,与上海市的地理位置优势也可以形成更广阔的合作,开发更多特殊教育的教学资源,促进特殊教育、"医教结合"等各方面的发展。

(二) 解读课题研究的政策背景

国家层面与江苏省层面的相关法律政策文件助力于笔者研究特殊教育"医教结合"的现状,作为江苏省推进"医教结合"展开的政策背景,相关的法律、政策、文件,一方面不仅具有明确研究导向性,保障研究的开展与推进;另一方面解读这些文件,丰富其内涵,可以加快推进"医教结合"在江苏省N市的具体实施。

1. 国家出台的相关法律和政策

在法律方面,宪法是国家的根本大法,具有最高的法律效力,任何法律、法规都不得和宪法抵触。无论是1982年的宪法,还是2004年的宪法修正案都通过专门条款对残疾人的教育给予了明确规定。其中,第45条规定:"国家和社会帮助安排盲、聋、哑和其他有残疾的公民的劳动、生活和教育。"国家把残疾人的教育写入根本大法,并给予一定的支持,说明国家十分重视残疾人教育事业的发展,保障残疾人享有合法的教育权益。同时,这也是残疾人教育问题被第一次写进国家根本大法,残疾人教育在宪法中成为公民的一项基本权利。

2006年6月29日,我国修订的《义务教育法》在政府责任上第6条规定:"国务院和县级以上地方人民政府应当合理配置教育资源,促进义务教育均衡发展,改善薄弱学校的办学条件,并采取措施,保障农村地区、民族地区实施义务教育,保障家庭经济困难的和残疾的适龄儿童、少年接受义务教育。"以法律形式规定了各级政府开展特殊教育的责任。在受教育的形式上,该法第19条规定:"县级以上地方人民政府依据需要设置相对应的实施特殊教育的学校(班),对视力残疾、听力语言残疾和智力残疾的适龄儿童、少年实施义务教育。特殊教育学校(班)应该具备适应残疾儿童、少年学习、康复、生活特点的场所和设施。普通学校应当接收具有接受普通教育能力的残疾适龄儿童、少年随班就读,并为其学习、康复提供帮助。"这一规定体现了我国残疾儿童义务教育的基本框架是以大量的随班就读、特殊班为主体,以特殊学校为骨干;明确了残疾儿童义务教育的实施主体,即特殊学校和普通学校;突出了特殊教育的特色,即学习、康复、生活教育并重。

继特殊教育的物质基础得到保障后,2008年我国修订了《残疾人保障法》,这也是我国社会立法中第一部专门针对特殊群体的立法,其中有一章的内容专门涉及残疾人教育,修订后的内容有以下特点:首先,保障平等接受教育的权利。从1990年到2008年将近20年的时间里,我国特殊教育各项事业取得了长足的进步,公平、公正的教育理念深入人心,无论是残疾儿童还是正常儿童都享有平等受教育的权利。其次,进一步明确政府在特殊教育发展中的职责。再次,充分体现义务教育的特点。义务教育具有强制性、免费性和普及性的特点。从1990年"着重发展义务教育"到2008年"保障义务教育",一方面与新《义务教育法》的理念相呼应,另一方面也反映了国家普及实施义务教育的决心。最后,合理设置残疾人教育机构。国家鼓励各种形式的特殊教育办学,但强调要考虑残疾人的数量、分布和残疾类别等多种因素,合理办学。修订后的《残疾人保障法》从各方面强化了对残疾人权利的保障,增强了法律的适用性和可操作性,由此可见,国家和社会对特殊教育的重视程度在不断提高,政策保障力度也在不断加强。

除了上述三个国家颁布的重要法律之外,2005年修订的《妇女权益保障法》在原有法律条款基础上增加了对特殊教育的内容,其中第18条规定:"政府、社会、学校应当采取有效措施,解决适龄女性儿童、少年就学存在的实际困难,并创造条件,保证贫困、残疾和流动人口中的适龄女性儿童、少年完成义务教育。"2006年,我国新修订的《未成年人保护法》第28条规定:"各级人民政府应当保障未成年人受教育的权利,并采取措施保障家庭经济困难的、残疾的和流动人口中的未成年人等接受义务教育。"总结我国出台的关于特殊教育的相关法律,不难看出,虽然没有制定专门的特殊教育法,但法律不论从纵向还是横向都对特殊人群的受教育权作出了保障。随着时代的变迁和社会的进步,法律对特殊教育的保障也从广泛的受教育权下移至特殊教育的方方面面,例如特教师资队伍的建设、残疾人的职业，等等。但对于"医教结合"，虽还未上升至法律层面，但相关的最新国家政策对其有所阐述。

在政策方面，从1988年开始的《中国残疾人事业"八五"计划纲要》到以后的"九五""十五""十一五""十二五"，均对我国特殊教育工作的目标、指导原则、具体任务、主要措施等做了明确的规定，并体现了时代发展的特点。"八五"期间要求"在城市和发达与比较发达的地区达到60%左右，中等发展地区达到30%左右，困难地区有较大提高"；"十一五"期间要求"基本普及残疾儿童、少年义务教育"；"十二五"期间要求"适龄残疾儿童、少年普遍接受义务教育，提高残疾儿童、少年义务教育质量"。这些"五年计划"一方面说明了政策的拟定有利于特殊教育的发展，从"八五"到"十二五"，义务教育阶段残疾儿童的入学率得到了普及，达到了既定的目标；另一方面也说明了我国特殊教育的发展从"八五"开始时的重"量"到"十二五"逐步转变为重"质"，体现了我国特殊教育发展的计划性、阶段性，也符合特殊教育的发展规律。随着时代的进步，社会对特殊教育的要求也更进一步加强，不仅局限于教育，在2007年2月教育部颁布的《培智学校义务教育课程设置实验方案》中规定，把"教育与康复相结合"作为课程设置的原则之一，要求在课程特色上针对学生智力残疾的成因及类型，注意吸收现代医学和康复技术的新成果，融入物理治疗、言语治疗、社会康复等相关专业的知识，促进学生健康发展。这个方案中没有明确提及"医教结合"，但提及的吸收现代医学和康复技术也是对"医教结合"的侧面反映。为了更好地实施"教育与康复相结合"这一原则，在2010年7月，党中央、国务院出台了《国家中长期教育改革和发展规划纲要（2010—2020年）》（以下简称《教育规划纲要》），明确提出了特殊教育学校配备必要的教育教学、康复训练等仪器设备，开展"医教结合"实验，探索教育与康复相结合的特殊教育模式，加大对薄弱特殊教育学校配备教育教学和康复设施的支持力度。《教育规划纲要》实施以来，党和国家高度重视特殊教育，各级政府相继出台一系列政策文件，不断加大对特殊教育的政策保障。其中，2014年1月，国务院办公厅转发教育部等七部门编制的《特殊教育提升计划（2014—2016年）》中提出，经过3年努力，初步建立布局合理、学段衔接、普职融通、"医教结合"的特殊教育体系，办学条件和教育质量进一步提升。从近些年来出台的相关政策中不难看出，"医教结合"已经从一个普及理念进入全面实施的过程。

2. 江苏省出台的相关政策

江苏省关于"医教结合"的政策并不多,主要有以下两个:首先是2009年11月,教育部基础教育二司向部分省、市教育厅(教委)发出了《关于在特殊教育学校建立"医教结合"实验基地的通知》,启动了由教育行政主管部门组织,各类特殊教育、康复医学专家介入,基层实验学校参与的"医教结合"实验。其次是2014年11月10日,江苏省教育厅、江苏省发展和改革委员会、江苏省民政厅、江苏省财政厅、江苏省人力资源和社会保障厅、江苏省卫生和计划生育委员会、江苏省残疾人联合会根据《国务院办公厅关于转发教育部等部门特殊教育提升计划(2014—2016年)的通知》,结合江苏省实际情况,在第4条加强特殊教育针对性,不断提高特殊教育质量这一环节中提出扎实开展"医教结合"实验和"送教上门"服务工作,实现特殊教育全覆盖。各地要整合卫生、教育资源,建立医疗教育相结合的工作机制,探索"医教结合"特殊教育模式,为残疾儿童、少年早期干预、早期康复服务。要在特殊教育学校建立康复中心(室),配置一定数量的医疗康复仪器设备,配备一定数量具有医疗康复技能的康复教师,建立顾问医师制度,为残疾儿童、少年开展医疗康复服务。鼓励有条件的地区和特殊教育学校积极探索为残疾学生提供送教服务的途径和方式,到2016年,使不能到校接受教育的极重度残疾学生都能接受定期送教服务。各地要为送教教师和承担"医教结合"实验的医务人员提供工作和交通补贴。江苏省对于"医教结合"的态度是积极并且急需努力实践的,也是在国家提升计划的基础上进行了实际结合,以求探索出"医教结合"的江苏地区模式。

从政策的表达中不难看出,"医教结合"的"医"有两层含义:其一是指利用先进的临床医疗技术对严重危害儿童身心健康的各种疾病实施专项检查、诊断、治疗,也就是政策中提及的"为残疾儿童、少年早期干预、早期康复服务";其二是指利用康复医学的手段消除和减轻人的功能障碍,弥补和重建人的功能缺失,设法改善和提高人体各方面的功能,就是政策中谈到的"配置一定数量的医疗康复仪器设备,配备一定数量具有医疗康复技能的康复教师,建立顾问医师制度,为残疾儿童、少年开展医疗康复服务"。这样的划分是值得肯定的,也是目前探索"医教结合"的关键问题,但政策中未提及两者如何结合,教又处于何种位置,忽视了"医教结合"跨学科、全方位配合的重要性。因此,本文力求从政策解读中发现问题,补充关键信息,推进"医教结合"的具体实施。

(三）解读本研究的相关概念

1. 特殊教育

特殊教育是指使用一般的或经过特别设计的课程、教材、教法和教学组织形式及教学设备，对有特殊需要的儿童进行的旨在达到一般和特殊培养目标的教育。特殊教育的定义目前较为统一，但究其本质，有的学者认为，特殊教育的特殊性在于教育对象，即"残疾儿童"或"特殊需要的儿童"；有的学者认为，特殊教育的本质在于独特、专业的教育教学设计，因为特殊教育对象存在着不确定和动态性特征；也有学者认为，特殊教育学科是以"缺陷""残疾""特殊教育需要"为基础的，三个相互联系而又层次不同的特殊教育学科体系。实际上，这些观点是以特殊教育与普通教育的对比为出发点，侧重在特殊教育的特殊性和一般性，因此都有其可取之处，本研究也沿用对特殊教育的一般性观点。笔者认为，特殊教育的定义可以多角度，即使有特殊需要儿童能够获得高质量的教育，但也要明确特殊教育的最终目标。

2. "医教结合"

"医教结合"，顾名思义，它是一种综合的、跨学科的、跨专业的理念，因此对"医教结合"的论述十分丰富，简单理解是指医疗康复手段与教育方法进行有机结合，在尊重个体差异、面向个体需求的基础上实施的一种教育模式。当然，随着教育理念、医学手段的不断丰富，有关"医教结合"的论述也更加全面化、体系化，不再这么简单表面。实际上，从现有文献资料来看，"医教结合"最早始于何时、何地以及由何人提出尚无确切答案。一种说法是20世纪90年代邳州开展的脊髓灰质炎项目中体现了"医学"与"教育"相结合的理念，但没有对"医教结合"做具体的概念解释。另一种说法是上海市副市长、原上海市教育委员会主任沈晓明在做儿科医生时从儿科医生的眼光审视教育、观察学生，以医生的逻辑和思维来分析教育中存在的问题，从而提出"医教结合"理念。但放眼当下，人们对"医教结合"的论述还是相当全面的。有的学者从残疾儿童发展的实际需要出发，明确提出"'医教结合'是一种简称，它应当包括'医教结合'、综合康复、多种干预、潜能开发等内容"。有的学者认为，在聋儿康复过程中，医学康复与教育康复是两个重要的手段，因此，聋儿康复中的"医教结合"是指两者有机结合而形成统一的模式，并使两者在聋儿康复过程中发挥应有的作用。也有人试图对"医教结合"进行较全面论述并指出"医教结合"是指采用医学和教育相结合的模式,对残疾儿童实施早期发现、早期诊断、早期干预,可以起到积极有效的作用。也有一些围绕"医教结合"的目标和意义展开的论述,比如上海市的相关文件指出,特殊教育实施"医教结合"旨在采用教育、医疗等多学科合作的方式,根据残疾儿童身心发展规律和实际需求,对残疾儿童实施有针对性的教育与康复,开发其潜能,使每一个残疾儿童的身心得到全面发展。

综上所述,不难发现,由于"医教结合"的跨学科性,给一个明确的定义也难以形成共识,笔者认为,理解"医教结合"泛指的概念,将其与实际各个方面情况进行结合,变通的运用在"医教结合"模式的实践上,是更加关键的问题。本文采用特殊教育中"医教结合"的泛指概念,即与残疾儿童相关的医学领域和特殊教育的全面结合。其中相关医学领域包括儿科、其他临床科、康复科、保健科、护理科等学科,这些学科的内容涉及残疾儿童的筛查、诊断、临床医疗、康复治疗、护理保健、建档、转介、综合干预等工作。而残疾儿童的教育教学只有与这些工作良好衔接,才能共同构成完整的特殊教育服务体系。实际上,无论是"医教结合"的泛指还是特指意义,明确其目的,都要对特殊教育实际工作、医教有机融合的特殊教育服务体系建设等具有指导意义。

二、特殊教育"医教结合"的研究设计

(一)研究目的

从党的十七大提出"关心特殊教育",到十八大强调要"支持特殊教育";从《国家中长期教育改革和发展规划纲要(2010—2020年)》将特殊教育单列一章,提出明确发展要求,到《特殊教育提升计划(2014—2016年)》细化、深化推进特殊教育各项工作,再到2015年《特殊教育教师专业标准(试行)》对特殊教育师资队伍建设提出明确要求,近几年来,研究特殊教育不仅是我国特殊教育事业得到前所未有的发展的必然趋势,更重要的是广大残疾儿童、少年的受教育权得到了充分保障,他们的人生之路也因此而得到更多改变。

2016年是"十三五"规划开局之年,也是《特殊教育提升计划(2014—2016年)》的收官之年。一元更始之际,正是总结经验、规划未来的最佳时机。2013年,上

海市经过两年试点,创新特殊教育"医教结合"管理系统,已建立起以特殊教育班和随班就读为主体,以送教上门为补充,从学前教育到高等教育互相衔接、普特融合的特殊教育体系。如今,借助上海市项目试点成果的有效平台,吸取成功经验,研究并规划江苏省特殊教育"医教结合"的未来发展方向,以求在新的一年以及以后的时间里,为更多有特殊教育需要的人群,提供更优质、更高效、更适合的教育服务,也是各地区加强合作、共同发展特殊教育"医教结合"的有效契机。因此,本研究希望在特殊教育大变革的时期,力求做到正确分析特殊教育发展的背景,研判特殊教育"医教结合"环节面临的机遇和挑战,给特殊需要的人群提供更优质的教学服务。

(二) 研究思路

本研究的思路是结合当前国家和江苏省出台的有关特殊教育以及"医教结合"方面的法律、法规及政策,通过重点分析目前江苏省特殊教育"医教结合"的现状,明确江苏省N市开展"医教结合"的目的、意义和现实背景,针对性研究小学阶段的特殊教育学校对江苏省N市开展"医教结合"的态度、实施过程中会遇到的困难和建议实施"医教结合"的最佳模式三个方面的问题,再结合当地实际,吸取上海市、杭州市等"医教结合"开展较好的城市的有效经验,给出江苏省N市开展"医教结合"的建议和意见。

具体研究思路的操作大致如下:首先,根据课题收集归纳近5—10年的国家和江苏省关于特殊教育和"医教结合"的相关政策及有关文献,通过对相关文献的阅读,熟悉已有政策,采用张慧学者关于"医教结合"的自编问卷,对N市特师附小和N市特师二附小的教师进行问卷调查,该问卷主要是调查特教教师对"医教结合"的总体认识和态度。其次,本研究在问卷调查结果的基础上自编访谈,从态度出发,更深入地了解特教教师认为在N市实施"医教结合"中会遇到的一些困难以及他们认为在N市开展"医教结合"的最佳模式。最后,收集并整理调研的结果,展开相应的分析,完成课题的调研报告,在已有资料的基础上,借鉴和参考上海、杭州等城市的成功经验,结合江苏省实际情况,在国家和江苏省相关法律和政策的背景下,提出关于江苏省N市开展"医教结合"的可行性建议和意见。

(三) 研究方法

本次课题研究主要采用文献分析法、问卷调查法以及访谈法等三种研究方法。

第一种，文献分析法。文献分析法是研究方法中一项经济且有效的信息收集方法，也是研究当中必备的方法，用于收集本课题的原始信息。本次研究主要通过查阅中国知网、中文科技期刊、万方等专业期刊数据库以及学位论文数据库来获得课题所需要的文献，相关法律法规借助百度等搜索引擎获得。

第二种，问卷调查法。此次问卷借鉴了张慧学者的自编问卷，并结合此次课题做了相应的修改，具体如下。

1. 问卷内容设计

问卷内容包括三个部分：导入部分、特教教师背景资料以及"医教结合"调查。

调查内容	三个部分：(1) 导入部分　(2) 特教教师背景资料　(3) "医教结合"调查
	六个维度：(1) 特教教师对"医教结合"内涵的理解 (2) 特教教师掌握康复医学知识与技能情况以及工作的现状 (3) 特教教师对康复医学知识与技能的学习态度 (4) 特教教师对特殊学校实施"医教结合"的态度 (5) 特教教师对其本职工作的认识态度 (6) 特教教师对"医教结合"模式的看法

2. 问卷的发放与回收

问卷发放的对象随机选取了江苏省 N 市四所特殊教育学校大约 105 名在岗教师，问卷发放 105 份，回收 103 份，得到有效问卷 100 份，问卷有效率为 95.23%。本研究所用的数据均采用 SPSS17.0 软件进行处理分析。

第三种，访谈法。通过对个别老师进行访谈，以便获取问卷调查以外的真实、深入的资料。

三、特殊教育"医教结合"的分析结果

(一) 基本信息

张奇认为，可靠性是信度的指标，主要说明研究结果的一致性和稳定性，可

靠性是受随机误差影响的,随机误差越大,可靠性就越低。由于本问卷是在参考前人调查问卷的基础上设计的,为了保证数据的可信性,研究者对调查问卷的15项单选题数据进行了可靠性检验,最终得出该问卷的可靠性系数为0.883(如表1所示)。

表1 问卷可靠性数据统计

可靠性统计量		
Cronbach's Alpha	基于标准化项的Cronbach's Alpha	项数
0.883	0.883	15

由于信度系数在0.80—0.90之间,说明问卷调查中的题目具有较强的内在一致性,因此本问卷的可信度得到了保障。

统计数据显示,有效问卷的100名被调查教师中,处于20—30岁的占所调查教师的24%,31—40岁的占所调查教师的24%,41—50岁的占所调查教师的38%,50岁以上的占所调查教师的14%,说明大部分特教教师的年龄介于41岁至50岁之间;在教龄方面,14%的特教教师拥有1—5年的教学经验,24%的特教教师拥有6—10年的教学经验,24%的特教教师拥有16—20年的教学经验,38%的特教教师拥有20年以上的教学经验,这说明大部分的特教教师的教学经验较为充足,对学生有比较深入的了解;在专业背景方面,48%的特教教师是特殊教育的专业背景,34%的特教教师是教育学背景,14%的特教教师是学科教育背景,4%的特教教师是医学背景,而没有心理学专业背景的教师,这充分说明N市的特教教师缺乏应有的医学和心理学背景知识。在第一学历方面,58%的特教教师是高中及中专水平,38%的特教教师是大专水平,4%的特教教师是本科水平,没有硕士研究生及以上水平的教师,这说明特教教师的第一学历背景普遍不高(如表2所示)。

表2 特教教师背景情况统计

项目	分类	频数	百分比(%)	有效百分比(%)
年龄	20岁以下	0	0	0
	20—30岁	24	24	24
	31—40岁	24	24	24

(续表)

项目	分类	频数	百分比(%)	有效百分比(%)
年龄	41—50岁	38	38	38
	50岁以上	14	14	14
教龄	1—5年	14	14	14
	6—10年	24	24	24
	11—15年	0	0	0
	16—20年	24	24	24
	20年以上	38	38	38
专业背景	特殊教育	48	48	48
	教育学	34	34	34
	学科教育	14	14	14
	医学	4	4	4
	心理学	0	0	0
第一学历	高中及中专	58	58	58
	大专	38	38	38
	本科	4	4	4
	硕士研究生及以上	0	0	0

(二) 特教教师对"医教结合"内涵的理解

1. 对"医教结合"含义的理解

特殊教育领域概念的演变相当迅速,以至于许多理念尚在传播之时,新的阐述就已出炉,对于"医教结合"这样一个近几年流行的热词,加之概念本身的综合性、跨学科性、跨专业性,学术界有多角度的阐述,因此要想通过研究推动"医教结合"的真正实践,不仅要研读学者专业角度下理解的"医教结合",更重要的是走进基层,了解他们所认识的"医教结合"。因此,在做调查分析之前,对特教教师关于"医教结合"这一概念的理解情况进行分析是十分重要的。

表3 特教教师对"医教结合"含义的理解情况

	分类	频率	百分比(%)	有效百分比(%)	累积百分比(%)
有效	1	2	2	2	2
	2	77	77	77	79
	3	19	19	19	98
	4	2	2	2	100
	合计	100	100	100	

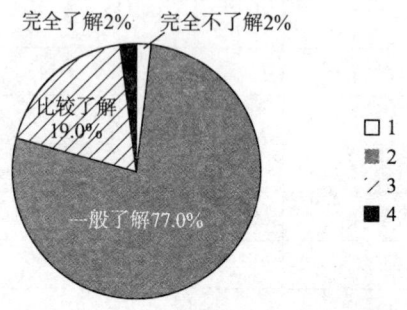

图1 特教教师对"医教结合"含义的理解情况

从图1可知,2%的特教教师认为自己对"医教结合"这一概念完全不了解,77%的特教教师认为自己对"医教结合"这一概念一般了解,19%的特教教师认为自己对"医教结合"这一概念比较了解,2%的特教教师认为自己对"医教结合"这一概念完全了解。显而易见,大部分特教教师认为自己对"医教结合"这一概念仅限于一般性的理解,对其并没有深入了解,这点也引发我们的思考,对于含义的理解是否可以有助于N市"医教结合"的真正实践(参见表3和图1)。

表4 特教教师对"医教结合"的"医"的含义理解情况

	分类	频率	百分比(%)	有效百分比(%)	累积百分比(%)
有效	1	1	1	1	1
	2	12	12	12	13
	3	24	24	24	37

(续表)

	分类	频率	百分比(%)	有效百分比(%)	累积百分比(%)
有效	4	63	63	63	100
	合计	100	100	100	

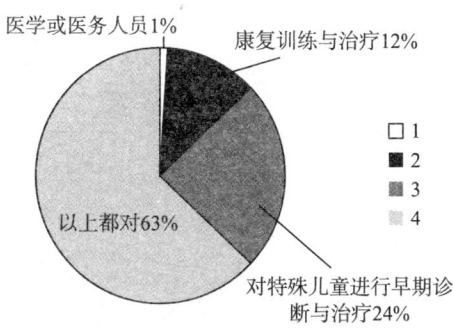

图 2　特教教师对"医教结合"的"医"的含义理解情况

2. 对"医"的理解

在对"医教结合"的"医"的理解上,1%的特教教师选择"医学或医务人员",12%的特教教师选择"康复训练与治疗",24%的特教教师选择"对特殊儿童进行早期诊断与治疗",而高达63%的特教教师认为"医教结合"的"医"是"以上都对"(参见表4和图2)。从调查数据得知,特教教师对"医教结合"的"医"的理解比较全面到位,认为"医"是"医学或医务人员""康复训练与治疗"和"对特殊儿童进行早期诊断与治疗"的结合,但也显示出目前特殊教育教师理解得过于表面,导致教师对"医教结合"和自己的联系认识不准确、模糊以及不能斟酌出具体操作方法。

3. 对"教"的理解

在对"医教结合"的"教"的理解上,1%的特教教师选择"教育或教学人员",10%的特教教师选择"针对特殊儿童的个别化特殊教育教学",而高达89%的特教教师认为"医教结合"的"教"是"不仅指为特殊儿童提供的个别化教育教学,还包括满足特殊儿童需要的相关服务"(参见表5和图3)。从调查数据得知,特教教师对"医教结合"的"教"的理解很感性,能清楚知道特殊教育教师与普通教师的不同,在教学教育方面承担着更多的责任与义务,"医教结合"的"教"不仅仅局限于为特殊儿童提供的个别化特殊教育教学,还包括根据特殊儿童的身心发展特点,有针对性地对其进行教育、培训等综合性教育教学。

表5 特教教师对"医教结合"的"教"的含义理解情况

	分类	频率	百分比(%)	有效百分比(%)	累积百分比(%)
有效	1	1	1	1	1
	2	10	10	10	11
	3	89	89	89	100
	合计	100	100	100	

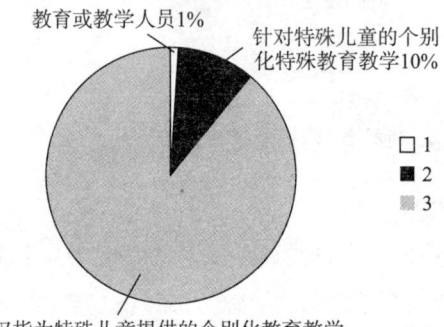

图3 特教教师对"医教结合"的"教"的含义理解情况

(三)特教教师掌握康复医学知识与技能情况以及工作的现状

在特教教师掌握康复医学知识与技能情况以及工作的现状方面,笔者从三个维度进行了分析:作为特教教师,您对相关的康复治疗的知识和技能的掌握情况如何?作为特教教师,您是否能够适应学校安排的有关康复治疗与训练方面的工作?您认为特殊教育的教师能够胜任对特殊儿童的康复及治疗等工作吗?在第一个维度方面,即对相关的康复治疗的知识和技能的掌握情况方面,5%的特教教师认为完全生疏,60%的特教教师比较生疏,32%的特教教师部分熟悉,3%的特教教师完全熟悉。这一维度说明大部分特教教师还不能很全面地掌握相关的康复治疗知识和技能,"医教结合"需要很强的专业性,因此不仅仅需要专业的教师参与进来,更需要专业的医务人员加入特教教师的行列。根据目前调查结果显示,学校掌握专业的康复知识和技能的教师并不多,真正参与到"医教结合"康复工作中的医务人员则更少,这些都不利于工作的进一步开展。所以,省、市级特殊教育培训中心应加强对全体特教教师的培训与学习,推动他们完善自身的康复治疗知识和技能。在第二个维度方面,即能否适应学校安排的有关康复治疗与训练方面的工作,3%的特教教师认为完全不适应,55%的特教教师认为有些适应,30%的特教教师认为比较适应,12%的特教教师认为完全适应。由以上数据可见,大部分的特教教师对学校安排的有关康复治疗与训练不能很好地适应。在第三个维度方面,即能够胜任对特殊儿童的康复及治疗等工作,4%的特教教师认为自己完全不能胜任,48%的特教教师认为自己有些不能胜任,40%的特教教师认为自己比较能胜任,8%的特教教师认为自己完全能胜任(参见表6)。由以上数据可见,大部分的特教教师对自己是否有能力胜任特殊儿童的康复及治疗工作还是持迟疑的态度。结合维度二和维度三,可见特教教师认为自己对学校安排的有关康复治疗与训练方面的工作不能很好地适应,从而怀疑自己是否有能力胜任对特殊儿童的康复及治疗等工作,这就需要相关特殊教育培训部门改变传统的培训内容和方式,让特教教师逐渐适应"医教结合"的教学方式,从而增强他们的自我效能感,这样才能更好地使"医教结合"模式从理论走向实践。

表6 特教教师掌握康复医学知识与技能情况与工作的现状

问卷试题	样本容量	回答	人数(人)	百分比(%)
作为特教教师,您对相关的康复治疗的知识和技能的掌握情况如何?	100	A. 完全生疏	5	5
	100	B. 比较生疏	60	60
	100	C. 部分熟悉	32	32
	100	D. 完全熟悉	3	3
作为特教教师,您是否能够适应学校安排的有关康复治疗与训练方面的工作?	100	A. 完全不适应	3	3
	100	B. 有些不适应	55	55
	100	C. 比较适应	30	30
	100	D. 完全适应	12	12

（续表）

问卷试题	样本容量	回答	人数（人）	百分比（%）
您认为特殊教育的教师能够胜任对特殊儿童的康复及治疗等工作吗？	100	A. 完全不能	4	4
	100	B. 有些不能	48	48
	100	C. 比较能	40	40
	100	D. 完全能	8	8

（四）特教教师对康复医学知识与技能的学习态度

特教教师对康复医学知识与技能的学习态度方面，笔者从三个维度进行了分析：作为特教教师，您认为是否有必要掌握相关的医学和康复知识和技能？作为特教教师，您是否有意愿主动学习（或接受培训）有关言语治疗、物理治疗、感觉统合治疗等方面的知识和技能？作为特教教师，您对"特教教师应该学习第二专业——康复专业"这句话的看法？在第一个维度方面，即是否有必要掌握相关的医学和康复知识及技能方面，1%的特教教师认为完全不必要掌握，8%的特教教师认为有些不必要掌握，51%的特教教师认为比较有必要掌握，40%的特教教师认为完全有必要掌握。以上数据充分显示了绝大多数特教教师觉得掌握必要的医学和康复知识及技能对特殊儿童的教育有很大帮助。在第二个维度方面，即是否有意愿主动学习（或接受培训）有关言语治疗、物理治疗、感觉统合治疗等方面的知识和技能，没有特教教师非常不愿意主动学习（或接受培训），20%的特教教师有些不愿意主动学习（或接受培训），40%的特教教师比较愿意主动学习（或接受培训），40%的特教教师非常愿意主动学习（或接受培训）。可见，大多数的特教教师是比较有意愿去学习一些康复技能的。在第三个维度方面，即对"特教教师应该学习第二专业——康复专业"这句话的看法方面，没有特教教师完全反对应该学习第二专业——康复专业，32%的特教教师有些反对学习第二专业——康复专业，52%的特教教师比较赞同学习第二专业——康复专业，16%的特教教师非常赞同学习第二专业——康复专业（参见表7）。由此可见，大部分特教教师还是愿意将康复专业作为他们的第二专业来学习。根据问卷的调查显示，特教教师在康复医学知识与技能的学习态度方面还是很积极的，认为掌握一些医学和康复知识技能很有必要，愿意主动学习相关的知识并将康复专业作为他们的第二专业,只是笔者认为,由于目前 N 市对"医教结合"还未从真正意义上行动起来,因此,特教教师有心无力。大多数的特殊教育教师明确自己不仅承担着教学的重任,更承担着帮助特殊儿童康复的责任。

表7 特教教师对康复医学知识与技能的学习态度

问卷试题	样本容量	回答	人数(人)	百分比(%)
作为特教教师,您认为是否有必要掌握相关的医学和康复知识和技能?	100	A. 完全不必要	1	1
	100	B. 有些不必要	8	8
	100	C. 比较有必要	51	51
	100	D. 完全有必要	40	40
作为特教教师,您是否有意愿主动学习(或接受培训)有关言语治疗、物理治疗、感觉统合治疗等方面的知识和技能?	100	A. 非常不愿意	0	0
	100	B. 有些不愿意	20	20
	100	C. 比较愿意	40	40
	100	D. 非常愿意	40	40
作为特教教师,您对"特教教师应该学习第二专业——康复专业"这句话的看法?	100	A. 非常反对	0	0
	100	B. 有些反对	32	32
	100	C. 比较赞同	52	52
	100	D. 非常赞同	16	16

(五)特教教师对特殊学校实施"医教结合"的态度

特教教师对特殊学校实施"医教结合"的态度方面,笔者从三个维度方面进行了分析:作为特教教师,您对特殊学校实施"医教结合"的态度是什么?在"医教结合"的理念指导下,您认为特殊儿童的康复治疗等课程对您的教学工作有帮助吗?作为特教教师,您认为掌握医学知识和康复技能有助于特殊儿童生活质量的改进吗?在第一个维度方面,即对特殊学校实施"医教结合"的态度方面,2%的特教教师非常反对特殊学校实施"医教结合",11%的特教教师有些反对,56%的特教教师比较赞同,31%的特教教师非常赞同。可见,大部分的特教教师对学校实施"医教结合"的办学模式持比较赞成的态度。在第二个维度方面,即在"医教结合"的理念指导下,特殊儿童的康复治疗等课程对教学工作是否有帮助方面,2%的特教教师认为完全没有帮助,18%的特教教师认为帮助一般,47%的特教教师认为比较有帮助,33%的特教教师认为完全有帮助。以上数据显示,大多数的特教教师肯定特殊儿童的康复治疗等课程对教学的作用。在第三个维度方面,即掌握医学知识和康复技能是否有助于特殊儿童生活质量的改进方面,没有特教教师认为掌握医学知识和康复技能不利于改进特殊儿童的生活质量,22%的特教教师认为效果一般,48%的特教教师认为比较有效果,30%的特教教师认为完全有效果。由此可见,大多数特教教师肯定了必要的医学知识和康复技能对特殊儿童的帮助作用(参见表8)。从这些数据我们可以看出,N市的特教教师普遍支持学校开展"医教结合"的办学模式,肯定康复治疗课程对教学工作的促进作用,认为掌握医学知识和康复技能有助于特殊儿童生活质量的改进。

表8 特教教师对特殊学校实施"医教结合"的态度

问卷试题	样本容量	回答	人数(人)	百分比(%)
作为特教教师,您对特殊学校实施"医教结合"的态度是什么?	100	A. 非常反对	2	2
	100	B. 有些反对	11	11
	100	C. 比较赞同	56	56
	100	D. 非常赞同	31	31
在"医教结合"的理念指导下,您认为特殊儿童的康复治疗等课程对您的教学工作有帮助吗?	100	A. 完全没有	2	2
	100	B. 一般	18	18
	100	C. 比较有	47	47
	100	D. 完全有	33	33
作为特教教师,您认为掌握医学知识和康复技能有助于特殊儿童生活质量的改进吗?	100	A. 完全没有	0	0
	100	B. 一般	22	22
	100	C. 比较有	48	48
	100	D. 完全有	30	30

(六)特教教师对其本职工作的认识态度

特教教师在对其本职工作的认识态度上,16%的特教教师认为特教教师的本职工作是教育教学,26%的特教教师认为其本职工作是教育教学和诊断评估,

10%的特教教师认为其本职工作是教育教学以及康复训练与治疗,48%的特教教师认为其本职工作是教育教学、诊断评估以及康复训练与治疗(参见表9)。以上数据可以说明,将近一半的特教教师对自身的本职工作有着清晰的认识,特教教师不仅仅要求具备基本的教育教学知识,同时要对特殊儿童进行诊断与评估,并能够对学生进行康复训练与治疗。这就反映出特殊教育院校在培养特教教师时,不仅仅要提供教育教学类课程,更加要注重诊断评估、康复训练与治疗类课程,特教教师是有较强的意愿去学习相关知识的,让特教教师掌握更多的医学知识,对于教师、社会都有互相影响的价值,这样也能更好地满足社会的需要。

表9 特教教师对其本职工作的认识态度情况

问卷试题	样本容量	回答	人数(人)	百分比(%)
作为特教教师,您认为特教教师应该做的本职工作是什么?	100	A. 教育教学	16	16
	100	B. 教育教学、诊断评估	26	26
	100	C. 教育教学、康复训练与治疗	10	10
	100	D. 教育教学、诊断评估、康复训练与治疗	48	48

(七)特教教师对"医教结合"模式的看法

特教教师在对"医教结合"模式的看法上,22%的特教教师希望多学科专业团队合作来共同实施"医教结合",34%的特教教师希望外聘一些医学专业人员实施康复训练工作,20%的特教教师希望特殊学校进行人事制度改革,外聘相关医学专业的人员,20%的特教教师希望可以通过在职进修学习相关的康复知识和技能,4%的特教教师希望转介特殊儿童到医院或康复机构进行有关的康复训练(参见表10)。从以上数据可知,特教教师对"医教结合"的模式并没有统一的意见,外聘医学专业人员由于其专业性,易于掌控特殊学生的特点,因而选择这一项的特教教师人数较多。笔者认为,"医教结合"模式需要综合多种因素考量,与实际相结合,不能拘泥于一种模式。

表 10　特教教师对"医教结合"模式的看法

问卷试题	样本容量	回答	人数（人）	百分比（%）
作为特教教师，您更支持哪种医教"结合"的模式？	100	A. 多学科专业团队合作来共同实施"医教结合"	22	22
	100	B. 外聘医学专业人员实施康复训练工作	34	34
	100	C. 特殊学校人事制度改革，设岗位聘任相关医学专业的人员	20	20
	100	D. 特教教师在职进修学习相关康复知识和技能	20	20
	100	E. 转介特殊儿童到医院或康复机构进行有关的康复训练	4	4

（八）访谈情况

从上述调查问卷结果分析，我们大概了解 N 市特殊教育学校的教师对"医教结合"的一个基本态度，但因为问卷存在不可避免的局限性，为了深入了解特教教师对"医教结合"项目的真实看法以及感受，笔者设计了 6 个相关问题，对四所学校的 8 位教师进行了访谈，结果整理如下。

问题一：您所在的学校开展"医教结合"的相关活动了吗？

四所学校的 8 位教师的回答几乎一致：目前上级有相关通知下达要求开展"医教结合"，也带我们走访过不少周边地区开展"医教结合"较好的学校，但由于受条件限制，目前只限于相关的讲座、培训和观摩，"医教结合"的开展并没有得到很大程度的普及。

问题二：您对学校开展"医教结合"持怎样的态度？

对于这个问题，所有被访谈对象都持支持的态度，并通过和他们的谈话了解到，尤其是身处一线的教师，意愿很强，希望可以帮助孩子们进行康复，也很愿意我们将这项研究开展好，传达他们的意愿。

问题三：根据您的经验，您觉得"医教结合"是最佳的特殊教育实践模式吗？

目前是的。在采访的 8 位教师当中，教学管理类的教师更加肯定"医教结合"这种方式,并提出最佳特殊教育实践模式是专业医疗机构医生定期(1—2月)指导,给孩子诊断、评估、制订训练计划,教师学习手法做实际的操作者。但身处一线的教师,由于离孩子的教学、生活更加贴近,所以在回答这方面的问题时显得更加谨慎,毕竟对教师本身,对孩子、孩子的家庭,以及在制度、政策这样的大环境下,一旦实施就避免不了与相关部门的配合,还要考虑孩子的家庭经济情况、教师本身能力等问题的出现……教师有些许担心,害怕实施后弊大于利。

问题四:您参加过有关医学知识及康复技能方面的培训吗?

N市两所培智学校的教师回答道,"关于教师的医学培训:学校只会选择1—2名教师参加相关康复培训,并且也十分顾及老师自己的意愿"。而N市另外两所盲人学校和聋人学校,教师说会定期组织较大规模的教师群体进行培训。

关于医学知识:四所学校教师的答案较为统一,都认为不论是观摩、讲座还是短期培训后获得的相应医学知识都无法胜任教学实践需求,实践性较低,学完后很难转换,也没有具体的实施意愿和实施方向。

另外,四所学校的教师都谈到,目前学校教师中本身是特殊教育专业的教师较少,大多数是学卫生护理的,因此对于康复技能等医学专业知识接触很少,短期培训学到的也只是皮毛。

问题五:作为特教教师,您觉得实施"医教结合"存在哪些困难?

四所学校的教师都提出了相应的困难,总结如下:首先,缺乏专业人员的指导,目前大多都是本校教师自己在尝试实施,专业的医疗人员没有配备,若是实施,感觉专业学习医疗康复的人也不太愿意来特殊学校,似乎他们有更好更轻松地从业方向。其次,在实施的过程中,我们教师这一环很重要,不仅要和上级有效沟通,互相合作,更重要的是与家长的交流,"医教结合"的概念对于一些孩子家长来说是有些模糊的,开展的过程中最好受到家长的信任与支持,但任何一样新的改变不论从理念还是经济上都会有相应措施和转变。因此教师都提到最好形成学校、家庭、医院三者的结合,但由于家庭经济等其他条件的影响,家庭参与度是重要突破口。最后,"医教结合"涉及跨专业性质,因此存在教师人员编制、资格等工作要求问题。还有教师谈道:"往长远看,'医教结合'一旦开展,涉及非常多部门的配合,必须一层一层做下去,任何一环的缺失都会影响整个'医教结合'的开展,因此每个部门的职责分配也是实施'医教结合'考虑的重点,但这更多是政策上、部门上的工作,只要有文件、有动作,我们一定全力以赴支持,年纪大学新的东西有困难,但也是愿意尝试的,毕竟是对自己的提高。社会嘛,不断进步,所需人才也是要提高的!"

问题六:根据您的经验,您觉得应该如何应对这些困难呢?

实际上,访谈时我们也清楚这种问题依靠短时间的访谈无法找到有针对性的措施,但我们还是希望在和教师的简单对话中找到一些可行的思路。我们走访的四所学校,虽然都属于特殊教育学校,但在学生培养方向上是不同的,两所培智学校、一所盲人学校、一所聋人学校,故教师谈的问题很多、很全。培智学校的教师谈及更多的是借助外力,例如通过与社区康复医院的医生结合教学,让社区医生流动性的开展医学上的康复,时间大概2到3个月,不仅可以对孩子有帮助,教师在这段时间里也可以熟悉康复的手法等。对于那些盲人、聋人学校,教师谈及更多的是设备的配备要全,要有相关人员操作,并且"医教结合"的支持经费一定要到位,这样教师们才能有施展的余地。四所学校的教师都谈到,部门之间的相互配合问题,建议我们多翻阅上海"医教结合"开展的相关资料,看看他们是如何划分的,如何分工的,应用到N市是否可行。

总之,根据问卷结果的数据分析,访谈的真实情感互动,一方面,我们研究小组认为"医教结合"对于江苏省N市在促进特殊儿童康复与发展上是有效的,现在的时机也很好,不论是教师对"医教结合"模式的态度,还是内心的意愿,虽然做不到全部统一,但教师的出发点都是一致的,希望特殊儿童以及自己所处的特殊教育事业受到更多人的关注。另一方面,研究材料也体现出,N市距离真正实践还是有许多工作要开展的,笔者认为"医教结合"这种模式的中心不是放在"医"或"教"上,而是强调两者之间的结合。因此,我们通过解读相关的国家法律法规、江苏省最新的"医教结合"政策,提出在政策、制度等其他方面的建议,最好的结果是助力实践的开展,也希望可以帮助江苏省N市开展"医教结合"找准方向,借助上海等地的成功经验,推动更多资源参与"医教结合"专业研究,不断完善"医教结合"模式,提升特殊教育质量,更好地帮助各地各类特殊学生实现个人的发展。

四、课题研究的讨论与建议

(一)课题研究的讨论

江苏省 N 市实践特殊教育"医教结合"政策的特征分析,分为优势分析和劣势分析两个方面进行阐释。

1. 优势分析

回顾近年来特殊教育的发展,党中央、国务院高度重视特殊教育事业,多年来出台了一系列政策措施,特别是第四次全国特殊教育工作会议和《教育规划纲要》颁布以来,特殊教育普及水平达到历史新高。为进一步促进我国特殊教育整体水平的提升,2014 年 1 月,国务院办公厅下发了《特殊教育提升计划(2014—2016 年)》(以下简称《提升计划》),要求围绕"全面推进全纳教育"的总体目标,完成"提高普及水平""加强条件保障""提升教育教学质量"三大任务。江苏省是中国特殊教育发展最早,也是最有成就的省份之一,因此,江苏省积极贯彻国务院的实施意见,在 2014 年 12 月下发了《关于进一步加快特殊教育事业发展的意见》。第一,在提高普及水平上,相比其他省、市以及各直辖市,江苏省具有以下政策实施优势:首先,《提升计划》要求,2016 年我国"三残"儿童、少年义务教育入学率应达 90% 以上,但江苏省地区已经达到 96%(省义务教育优质均衡改革发展示范区为 98%),因而江苏省提出将"基本达到普通儿童、少年水平",特殊教育"走内涵发展道路""全面推进全纳教育"等超前的义务教育发展目标。其次,江苏省作为经济较发达地区,力求高位发展,提供优质教育,江苏省要求全面落实《特殊教育学校建设标准》,推进现代化建设,并对重度肢体残疾和智力残疾、孤独症、脑瘫和多重残疾儿童、少年实施义务教育。第二,在条件保障上,首先,所有省(市、区)均按国家要求提出,最迟到 2016 年义务教育阶段特殊教育生均公用经费达 6 000 元/生/年标准(为普通学生的 8 倍左右),且随班就读、特教班和送教上门的义务教育阶段生均公用经费参照上述标准执行,江苏省则扩大对残疾学生的资助力度,将免费教育和资助范围从学前覆盖到高中。其次,江苏省明确要求地方各级财政设立特殊教育专项经费,不断提高补助标准,并且要求专项经费主要用于建设,包括新建和改扩建特殊教育学校、康复设备设施配备、随班就读资源中心(教室)建设等。江苏省还规定提高残疾学生的资助水平,如提高义务教育"两免一补"的水平以及交通费补助;对在公办幼儿园接受教育的残疾儿童,免收保育费和管理费,对需要接受康复训练、家庭经济困难的残疾儿童,可减半或免收训练费用,相关经费由政府补助。第三,在提高教育教学质量上,首先,江苏省提出利用特教专业委员会和盲、聋、培智三个资源中心深入开展教育教学研究。其次,江苏《关于进一步加快特殊教育发展意见的通知》规定,特殊教育学校可适当增加编制比例配置教师,教师职务(职称)评聘向特殊教育教师倾斜,将儿童福利机构特教班教师职务(职称)评聘工作纳入当地教师(职称)评聘规划,等等。

2. 劣势分析

第一,从江苏省下发的现有关于特殊教育的政策上不难看出,不论在特殊教育普及水平、条件保障,还是教学质量的保障上都有所规定,现有的条件资源还是相当丰富的;现有条件可以着手开展"医教结合"这种模式,但政策中提及的内容较少,并且上海、杭州等周边城市已经有所成就,因此江苏省在"医教结合"政策制定和投入上是远远不够的。第二,教育政策法规常被视为"软法",特殊教育的政策法规相比就更"软"。江苏省对于"医教结合"的意见提及如下,"扎实开展'医教结合'实验和'送教上门'服务工作,实现特殊教育全覆盖。各地要整合卫生、教育资源,建立医疗教育相结合的工作机制,探索'医教结合'特殊教育模式,为残疾儿童、少年早期干预、早期康复服务。要在特殊教育学校建立康复中心(室),配置一定数量医疗康复仪器设备、配备一定数量具有医疗康复技能的康复教师,建立顾问医师制度,为残疾儿童、少年开展医疗康复服务。鼓励有条件的地区和特殊教育学校积极探索为残疾学生提供送教服务的途径和方式。各地要为送教教师和承担'医教结合'实验的医务人员提供工作和交通补贴"。相比法律规范,政策应当具有更为明确具体的操作性。相对于国家的《提升计划》,地方政府贯彻实施意见应易于操作,效果易于检测。江苏省政策文本表述原则性的内容多,具体的措施办法不足,执行结果难以检测。如,"扎实开展"究竟如何扎实呢?

综上所述,通过问卷调查、访谈记录、政策分析,我们基本了解江苏省开展特殊教育"医教结合"的现状,并以 N 市为例,探索了是否能进一步开展此项目的意愿。众所周知,政策的制定通常具有两种模式:一种是自上而下模式,即由社会的精英群体通过借鉴国际经验或根据某种理论所获得的一种预见性经验,并提供给政府,形成政策;一种是自下而上模式,即通过社会的普通群众,在长期的生活经验累积中形成习俗或惯例,并通过社会群众的共同努力,让政府关注并采纳,从而最终形成决策。自上而下的模式可以对社会的发展有所预见,并能够通过提供前瞻性的政策来促进社会的发展,从而避免社会资源的浪费,以及让更多的人享受到相关权益的保障。自下而上的模式可以对自上而下的模式进行补救,它是在最广大人民群众进行广泛参与、积累经验的基础上,对政府进行建言献策,从而形成政策,它反映出人民的根本需求和利益。本课题希望在这两种政策形成方式上有所结合,即在分析现有政策的基础上,通过对N市四所学校的调查研究结果,给出"群众性"的建议,能给出政策制定上的补充和实际开展的针对性建议。

(二)课题研究的建议

1. "医教结合"的制度建设是推进实施的坚强基石

首先,一个制度的建立、统筹可以为各项工作的开展提供一个互相交流的有效平台,笔者汲取其他地区开展"医教结合"的经验,认为要想有序实施"医教结合"第一步要在N市建立区县特殊教育联席会议制度,即联合相关区县级职能部门,共同商议、决策、落实特殊教育的相关问题(包含"医教结合")的一个工作机构,在联席会议制度下明确特殊教育"医教结合"工作目标,并定时召开会议,及时交流、沟通信息,在重点实验的"医教结合"地区,召开的次数应当相对频繁,可以一学期召开一次,其余地区可以一年召开一次,时间都是可以根据实际情况进行变通的。这类机构不只是为"医教结合"这一项目服务,而是包含了众多的关于特殊教育的各类问题,因此建立这样一个机构,需要相关各部门的联合参与,至少要包含区县教育局、区县残联以及区县卫生局,条件便利的区县还应包含民政局、财政局等。这样不仅可以对特殊教育本身有一个多元发展的作用,又能充分利用这个平台资源,讨论类似于"医教结合"、随班就读之类的特殊教育项目,达到推进特殊教育各个方面发展的作用。

其次,建立"医教结合"专项工作制度是一个跨部门、跨学科的项目,因此专项工作制度最重要的是明确各部门的职责和任务,这需要层层深入。从组织架构到职责分工再到合作方式和政策制定,都需要考虑进去。

2."医教结合"的队伍建设是推进实施的必由之路

"医"的队伍建设。开展实施"医教结合",避免不了"医"的问题。如何建设一支适用于特殊教育的医疗团队,是开展"医教结合"的关键一环,不是单纯的增加医生人员的配备数量就可以有效促进开展,要考虑的是医生的种类配比、医生与残疾儿童需求的匹配度以及医生的工作模式。研究认为,N市在医生的队伍建设上,首先要根据学校的实际需求,作出规划,培智学校和聋盲人学校的医生专业一定是不同的,但基本的模式可以参照以下:医生队伍需要有三个方向,分别是一校一医、指导医生和专家医生。一校一医的医生来源于学校所属社区的服务中心,配备一名全科类医生,服务学校的残疾学生,这类医生的主要职责是给出日常的指导服务,即告诉大家如何有效地做,具体可以负责日常保健指导服务,宣传卫生保健知识,参与学生的多元评估,并指导教师建立保健档案。由于是全科医生,因而针对性不会太强,主要是宏观层面的指导工作,工作性质也比较简单,每月可以服务多次,根据实际情况作出变动和调整。指导医生,要根据学校所处的区县级选择,每个教育片区安排区县级医院的3—4名指导医生,选择康复、儿保、精神心理、儿科类相关领域的医生,针对性较强,服务于有康复需求的残疾学生。这类医生是有针对性的片区服务,工作也较为详细和复杂,主要是针对残疾学生进行诊断与评估;指导教师制订实施个别化教育康复计划;并每学期对教师、家长进行一次培训,因此每月服务一次比较妥当。这类医生起到桥梁作用,不仅和教师之间的工作衔接,也需要和家长直接交流。专家医生,有所不同,需要从市级或区县级的相关医院进行选取,并成立专家资源库,更多地是提供特殊的个性化服务,专业地提供相关的康复、儿保、精神心理、儿科类的服务。这类医生的时间不定期,因为是服务于有疑难问题的残疾学生,提供康复专业技术支持,解决疑难问题。专家医生更重要的一项活动是开展"医教结合"培训,从一个更加长远的角度为"医教结合"的实施和开展提供服务。

"教"的队伍建设。特殊教育的教师本身与普通教师具有教学性质上的巨大差异,因此"医教结合"的开展在教师队伍建设上需要格外地关注与细致。笔者通过与教师的访谈,深受感动与启发,相对于普通教师,特殊教育教师承担更多的责任和义务,不论是身体上还是心理上都有着一般岗位体会不到的艰辛,但从实际上看,特殊教师不论在教学上还是职称待遇上都急需国家和地方政府的政策激励。特教教师的津贴维持了60年不变,虽然有部分省市提高了标准,但大部分还是在等待国家相关文件的出台。本研究着重在"医教结合"背景下,针对当前江苏省 N 市的在职教师现状以及未来的长远发展提出相关的建议。

对于目前在职一线教师队伍的建设,笔者认为可以从以下几个方面着手。

第一,对于当前的一线任职教师,我们对其教师背景做了简要的梳理,即对教职工队伍进行了分析,主要有年龄结构、学科结构、特教认知结构、学历程度、思想状况等。从调研数据分析,得出大多数的教师具有超过 20 年的教龄,对于"医教结合"的认识和开展也是乐观积极的,但毕竟多年从事的还是教育教学或卫生保健这一类工作,涉及真正的康复知识或设备的使用还是会有不同的担忧与疑虑。因此,笔者认为第一步要在教育片区的相关学校开展 1—2 次的"医教结合"专题讲座,有条件的情况下可以走访周边学校,做一些交流和学习。目的是尽量能够帮助特教教师树立"医教结合"的全新教育理念,充分认识到在教育过程中进行医疗康复的重要性,有想要实践的动力、方式,切记不能长篇大论或大量摘取专家学者抽象的描述,可以用数据和个例说话,让特教教师真切体会到将先进医疗康复手段运用到教学中去是可以更好地促进残疾孩子的健康成长的。

第二,特殊学校教师的学历水平不同、专业知识结构不同、所处地位不一样,我们要采取分梯度培养师资队伍、广泛拓宽培训渠道、建立市区两级培训机制以及培训课程分层分流保障课程实用性四个措施。分梯度培养师资队伍是为了实现"医教结合"教师队伍的稳定性、层次性和可持续发展,要加大宣传与引导,促使部分教师率先定位与转型,采用"重点培养"和"以点带面"相结合的方式,形成与"医教结合"办学模式相匹配、结构合理的师资队伍。广泛拓宽培训渠道是指学校管理层要在尊重教师自身专业发展方向的同时,为教师们广泛拓宽培训渠道,派送教师参加相关专业培训。培训课程分层分流保障课程实用性是指特教师资培养课程应当分出层次,在特殊教育医学康复公共课基础上,根据儿童残障类型制定更细化的专业医学康复等课程,增强课程的针对性和可操作性,培养能用于实际工作中的关键能力。

从"医教结合"的未来发展方面考虑教师队伍的建设,在宏观政策制度方面提出以下规划和调整建议:第一,建立教育康复人才医教专业化选配培训机制,培养既有医教双向评估与康复技术,又有教育技术能力的专业化人才;面向医学院校、康复治疗机构吸纳人才。第二,推动各省出台特教教师编制标准,根据"医教结合"的需要,在编制结构中保证一定比例的康复等相关专业教师。第三,特教教师培训全面纳入各级各类教师培训规划和项目,整体规划特教教师职前培养与职后培训体系,加快康复专业人才培养与培训力度,充实优化特教教师专业队伍结构。第四,建立特殊教育师资"医教结合"培训评价体系。培训考核不仅有利于及时了解培训过程中存在的问题,可靠有效地实现培训计划,更有利于受训教师在培训过程中进行培训内容实时反馈,根据自身特点随时对受训内容作出调整,从而达到最为理想的培训效果。第五,改革师范院校特殊教育师资培养模式和课程体系。2013年,教育部批准华东师范大学开办全国第一个"教育康复"专业,推动培养特殊教育相关服务人员,这是一个积极的响应,未来我们需要包括师范院校与医学院校合作培养的特殊教育人才,大幅度提高特殊教育中医学类课程比例,加强学习生理学等医学类知识,使特殊教育师资更加符合市场需求。总之,不论是"医"还是"教",明确了不同队伍建设的方向和核心,更重要的是医中有教、教里融医、医为教用、教需医辅,"医教结合"。

3. "医教结合"的运行机制建设是推进实施的关键环节

江苏省N市还未真正实践"医教结合",因此本研究力求从建立完整的特殊教育医教服务体系方面入手提出建议,笔者认为这也是特殊教育"医教结合"开展的第一步和关键一步。完整的特殊教育医教服务体系包括制度建设、队伍建设以及运行机制建设,制度建设是推进实施的基石,队伍建设是必由之路,关键环节则在于保障运行机制建设的开展。上海市已经初步建成从发现残疾儿童到进入合适的教育机构接受有针对性的教育、康复、保健整条"医教结合"服务流程。

首先,完善残疾儿童发现、诊断、安置、转介流程。发现,需要建构信息共享机制,实现实时动态互报,区内建立医疗机构、残联、教育部门残疾儿童信息平台互报制度。诊断,明确各类残疾儿童诊断的定点医疗机构,即根据残障类别选取定点检测的医疗机构,从而保证科学有序的确诊。安置,有条件的情况下建立区特殊教育入学鉴定委员会,在明晰残疾儿童的鉴定安置工作要求、建构科学流程体系后,定期组织区特殊教育入学鉴定委员会成员和学生所在学校教师、学生家长共同参加入学安置研讨工作,大家根据指定医院出具的诊断报告、残疾儿童在校与在家庭的实际表现,对其发展状况进行整体评估,根据残疾儿童的年龄、残疾程度等实际情况,提出学前特教班(幼儿园)、特教学校、特教班、随班就读、送教上门等不同的安置方式及个别化教育建议。转介,及时针对儿童残疾状况动态调整安置方式。如针对智障学生每两年进行智商复测,视障学生、听障学生每年进行一次医学检测,再由区入学鉴定委员会认定审核,从而疏通普特流动的双向转介。

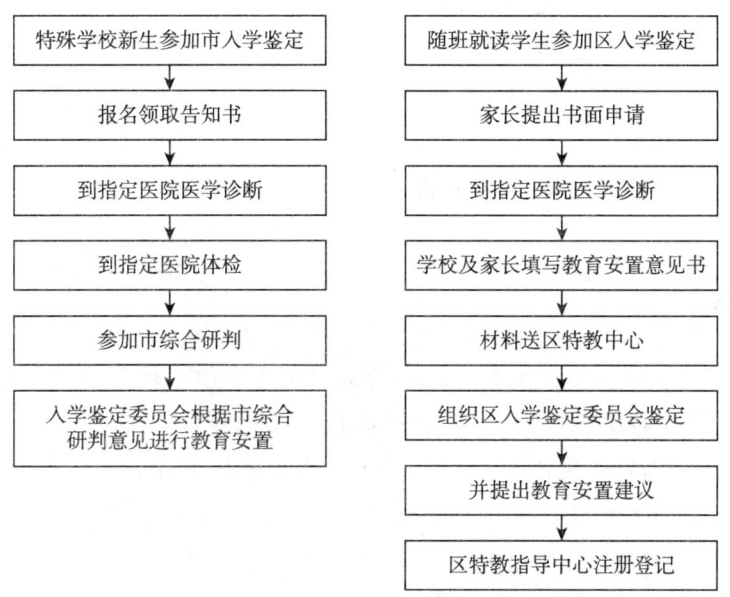

图 4 特殊学校新生、随班就读学生鉴定流程

其次,构建基于大数据的信息化康复平台。"十二五"期间,江苏省建成了听障、视障、智障三类特殊教育资源中心,收录了大量的教育软件、教学课件、课堂实录和其他教育教学素材,为全省特教学校师生提供了强有力的支持和后援。同样地,我们应该利用智慧康复平台,对每一个特殊儿童从入园音像到每个教育康复阶段的评估、诊断、康复进展情况,进行信息采集、数据入档。通过数据分析,解析康复的每个细节,矫正康复教育对策。同时,为家长提供云康复教育资源,实现家校康复一体化、名师名医远程在线康复最优化。

总之,随着特殊教育"零拒绝"招生政策的贯彻与落实,越来越多的脑瘫、孤独症、多动症、失语症、情绪与行为障碍儿童进入学校,他们不仅需要学习知识与技能,而且需要接受医疗与康复,这就要求学校的办学功能从"知识传授与技能训练"的单一模式向"康教一体、医教结合"的综合模式转型升级,因而特殊教育学校必须加快转型进程,努力成为集资源中心、教育诊断与评估中心、教学中心、科研中心、咨询中心、培训中心、巡回指导中心、康复中心于一身的特殊教育"航母"。但是,"医教结合"强调医学与教育的深度融合,周边地区已开展的实践也表明这是一个系统的工作,如果仅仅依靠学校单方面的力量是杯水车薪。本研究也只是结合江苏省开展"医教结合"的现状以及N市四所学校教师对"医教结合"的基本态度为基础,围绕国家和江苏省相关法律和政策,探索开展"医教结合"的第一步,即建立完整的特殊教育"医教结合"服务体系,真正要推动这项工作的开展并在基层特殊教育学校普及,还要深入考虑许多的细节问题,例如师资配比、功能室配套、实践模式、经费投入等方面。

参考文献

[1] [美]K.E.艾伦,I.S.施瓦兹.特殊儿童的早期融合教育[M].周念丽,等,译.上海:华东师范大学出版社,2005.

[2] 朴永馨.特殊教育[M].长春:吉林教育出版社,2000.

[3] 上海市教育委员会,上海市区县特殊教育工作经验汇编,2012.

[4] 汤盛钦.特殊儿童康复与训练[M].大连:辽宁师范大学出版社,2002.

[5] [美]William L. Heward.特殊儿童教育导论[M].肖非,等,译.北京:中国轻工业出版社,2007.

[6] 蒋苏建,张小燕."医教结合"研究的现状与未来展望[J].现代特殊教育,2015(21).

[7] 李长东.规划先行 科学发展 走向优质[J].现代特殊教育,2016(1).

[8] 李广,等."医教结合"的学校卫生保健教师专业化培养模式研究[J].中国学校卫生,2015(12).

[9] 李淑华,许扬.牡丹江地区特殊教育师资"医教结合"培训实践调查[J].学理论,2015(15).

[10] 路荣喜.把握特教"一二三",精准规划"十三五"[J].现代特殊教育,2016(1).

[11] 彭霞光.中国特殊教育发展面临的六大转变[J].中国特殊教育,2010(9).

[12] 汪斯斯,王辉.我国特殊教育相关立法及政策评析[J].南京特教学院学

报,2014(1).

[13] 韦正强,王磊,邓兰,等."'医教结合',综合康复"的实践与反思[J].现代特殊教育,2013(1).

[14] 辛伟豪,曹潄芹,韦志亮.2005—2014年我国"医教结合"研究热点领域分析[J].上海教育科研,2015(10).

[15] 许小燕.市域特殊教育"医教结合"模式实践研究[J].绥化学院学报,2015(7).

[16] 许小燕."十三五"特殊教育的境脉与走势[J].现代特殊教育,2016(1).

[17] 张伟锋."医教结合":特殊教育改革的可行途径[J].南京特教学院学报,2013(3).

[18] 赵斌,马小卫.从特殊教育到特殊教育与康复[J].贵州工程应用技术学院学报,2015(6).

[19] 赵小红.改革开放30年中国特殊教育的发展及政策建议[J].中国特殊教育,2008(10).

[20] 周念丽,方俊明."医教结合"背景下早期融合教育的实证研究[J].上海教育科研,2012(7).

附录 1

江苏省特殊教育研究现状
——"医教结合"教师态度调查问卷

尊敬的老师:您好!

　　本调查问卷是结合目前我国特殊教育界出现的"医教结合"热点和争议问题而编制的,目的是了解特殊教育的一线教师在具体实践"医教结合"理念过程中,如何认识"医教结合"以及对待"医教结合"特教观的态度,以便为特殊学校进一步展开"医教结合"提供解决对策。因此,特别需要您给予支持以完成问卷的调查。本问卷采用无记名填答的方式,您只需真实地在您认为正确的答案下划"√"或是直接填写"ABCDE"。我们将遵循学术研究的规范,对任何组织和个人填答的问卷资料保密。非常感谢您能抽出宝贵时间接受我们的调查!

1. 年龄:
   A. 20 岁以下　　B. 20—30 岁　　C. 31—40 岁　　D. 41—50 岁
   E. 50 岁以上

2. 您在特殊教育工作的教龄:
   A. 1—5 年　　B. 6—10 年　　C. 11—15 年　　D. 16—20 年
   E. 20 年及以上

3. 您的专业背景:
   A. 特殊教育　　B. 教育学　　C. 学科教育　　D. 医学
   E. 心理学

4. 您的第一学历:
   A. 高中及中专　　B. 大专　　C. 本科
   D. 硕士研究生及以上

5. 您所在的班级：

   A. 听障班　　　　B. 视障班　　　　C. 智障班　　　　D. 孤独症班

   E. 脑瘫班

6. 您工作单位的性质：

   A. 综合类学校　　　　　　　　　B. 单一式学校

   C. 综合类机构（康复中心）　　　D. 单一式机构（康复中心）

7. 作为特教教师，您对"医教结合"的含义的理解程度：

   A. 完全不了解　　B. 一般了解　　C. 比较了解　　D. 完全了解

8. 作为特教教师，您对特殊教育中"医教结合"的"医"怎样理解：

   A. 医学或医务人员　　　　　　B. 康复训练与治疗

   C. 对特殊儿童早期诊断、早期治疗　　D. 以上都对

9. 作为特教教师，您对特殊教育中"医教结合"的"教"怎样理解：

   A. 教育或教学人员

   B. 针对特殊儿童的个别化特殊教育教学

   C. 不仅指为特殊儿童提供的个别化教育教学，还包括满足特殊儿童需要的相关服务

10. 作为特教教师，您对特殊学校实施"医教结合"的态度：

    A. 非常反对　　B. 有些反对　　C. 比较赞同　　D. 非常赞同

11. 在"医教结合"的理念指导下，您认为特殊儿童的康复治疗等课程对您的教学工作有帮助吗？

    A. 完全没有　　B. 一般　　C. 比较有　　D. 完全有

12. 作为特教教师，您认为是否有必要掌握相关的医学和康复知识和技能：

    A. 完全不必要　　B. 有些不必要　　C. 比较有必要　　D. 完全有必要

13. 作为特教教师，您认为掌握医学知识和康复技能有助于特殊儿童生活质量的改进吗？

    A. 完全没有　　B. 一般　　C. 比较有　　D. 完全有

14. 作为特教教师，您是否有意愿主动学习（或接受培训）有关言语治疗、物理治疗、感觉统合治疗等方面的知识和技能：

    A. 非常不愿意　　B. 有些不愿意　　C. 比较愿意　　D. 非常愿意

15. 作为特教教师,您对相关的康复治疗的知识和技能的掌握情况如何:
   A. 完全生疏　　B. 比较生疏　　C. 部分熟悉　　D. 完全熟悉

16. 作为特教教师,您对"特教教师应该学习第二专业——康复专业"这句话的看法:
   A. 非常反对　　B. 有些反对　　C. 比较赞同　　D. 非常赞同

17. 作为特教教师,您认为特教教师应该做的本职工作是:
   A. 教育教学
   B. 教育教学、诊断评估
   C. 教育教学、康复训练与治疗
   D. 教育教学、诊断评估、康复训练与治疗

18. 作为特教教师,您对特教教师兼做康复治疗与训练(如言语治疗、物理治疗等)工作的看法:
   A. 完全反对,教师无法实现专业的康复目标
   B. 有些反对,教师主要的定位应放在教学上
   C. 比较赞同,教师可以做一定程度的康复训练
   D. 完全赞同,这是教师的职责

19. 作为特教教师,您是否能够适应学校安排的有关康复治疗与训练方面的工作:
   A. 完全不适应　B. 有些不适应　C. 比较适应　　D. 完全适应

20. 您认为特殊教育的教师能够胜任对特殊儿童的康复及治疗等工作吗?
   A. 完全不能　　B. 有些不能　　C. 比较能　　　D. 完全能

21. 作为特教教师,您更支持哪种"医教结合"的模式:
   A. 多学科专业团队合作来共同实施"医教结合"
   B. 外聘医学专业人员实施康复训练工作
   C. 特殊学校人事制度改革,设岗位聘任相关医学专业的人员
   D. 特教教师在职进修学习相关康复知识和技能
   E. 转介特殊儿童到医院或康复机构进行有关的康复训练

附录 2

江苏省特殊教育研究现状
——"医教结合"教师访谈提纲

1. 您所在的学校开展"医教结合"的相关活动了吗?
2. 您对学校开展"医教结合"持怎样的态度?
3. 根据您的经验,您觉得"医教结合"是最佳的特殊教育实践模式吗?
4. 您参加过有关医学知识及康复技能方面的培训吗?
5. 作为特教教师,您觉得实施"医教结合"存在哪些困难?
6. 根据您的经验,您觉得应该如何应对这些困难呢?

江苏省农村留守儿童教育现状的调查研究
——以 L 市为例

彭辉

(南京师范大学教育科学学院　江苏　南京　210097)

摘要：自 20 世纪 80 年代改革开放以来，随着我国城市化、工业化进程的不断推进，在农村劳动力向城市大规模转移的同时，留守儿童群体应运而生。农村留守儿童的教育问题一直是社会各界关注的焦点。本研究基于对有关留守儿童的国家政策的梳理与解读，通过对江苏省 L 市某两所县级小学的 120 名留守儿童进行问卷调查和对 12 名教师进行非结构式访谈，以及了解农村留守儿童的教育现状，发现农村留守儿童在家庭、学校以及社会支持等方面存在的问题。在深入分析问题的基础之上，从社会支持理论的视角提出相关教育建议，并构建社会支持关爱服务体系的理论模型。

关键词：留守儿童；社会支持；教育现状

一、引言

（一）关于农村留守儿童的政策解读

自 20 世纪 80 年代改革开放以来，随着我国城市化、工业化进程的不断推进，大量的农村剩余劳动力向城市转移，这种大规模的人口流动导致了严重的亲子分离，许多进城务工人员由于经济条件限制和社会地位低下等原因，无法将自己的孩子带到城市中共同生活,于是将孩子留在农村与其他监护人一起生活或独自生活,留守儿童群体由此诞生。

21世纪初,随着《光明日报》《中国青年报》等国内新闻媒体对农村留守儿童生活的曝光,人们逐渐意识到进城务工人员在为城市化建设贡献的同时,他们远在家乡的孩子——留守儿童,却因为家庭生活和情感的缺失无法享受同龄孩子的幸福童年,其身心成长都面临着诸多问题,留守儿童引起了社会各界的广泛关注。

自2001年起,政府对农村义务教育阶段贫困家庭学生就学实施"两免一补"的资助政策,即"免杂费、免书本费、逐步补助寄宿生生活费"。其中,中央财政负责提供免费教科书,地方财政负责免杂费和补助寄宿生生活费。这项政策的实施在一定程度上减轻了农村贫困家庭教育的经济负担,体现了党中央、国务院对农村义务教育的高度重视和对留守儿童群体的亲切关怀。

2004年5月31日,教育部专门召开了研究农村留守儿童问题的"中国农村留守儿童问题研究研讨会",会议内容主要涉及对农村留守儿童面临的社会和教育问题的分析,并讨论了留守儿童问题产生的原因,提出了建立留守儿童监测制度、建立农村少年儿童教育和监护体系以及加快户籍制度改革,消除城乡差距等解决措施。① 2004年6月9日至11日,由中国人口学会和中国人民大学人口与发展研究中心联合组织召开的"现代化进程中的人口迁移流动与城市化研讨会"指出:在我国社会主义现代化进程中,要特别关注贫困地区妇女、儿童和老人的生活状态,消除全面建设小康社会进程中的障碍。

2005年5月21日至22日,全国妇联和中国家庭文化研究会召开了"中国农村留守儿童社会支援行动研讨会",会议指出:农村留守儿童问题是中国当今农村劳动力转移带来的问题之一,也将是一个在较长时期内存在的问题,必须纳入到社会经济发展的总体规划中加以解决。②

这几次重要的研讨会不仅表明了国家、政府对农村留守儿童问题高度关注的积极态度,同时也为农村留守儿童问题的实际解决指明了方向。2004年6月1日—7月5日,中央教科所教育发展研究部分别对甘肃省榆中县、秦安县,河北

---

① 高志强,等.农村留守儿童关爱服务体系建设[M].长沙:湖南科学技术出版社,2013.
② 周福林,段成荣.留守儿童研究综述[J].人口学刊,2006(3).

省丰宁县,江苏省宿豫县、沭阳县等地区的农村留守儿童情况进行了调研。调研的目的是了解农村留守儿童学习生活状况以及留守儿童占适龄儿童的比例情况,研究报告中详细地分析了留守儿童成长过程中的问题以及问题形成的原因,并提出相应的解决对策,为进一步研究留守儿童问题,做好留守儿童工作提供了相关依据和建议。①

2006年3月27日,政府颁布的《国务院关于解决农民工问题的若干意见》中明确提出为统筹城乡发展,保障农民工合法权益,应切实为农民工提供相关公共服务,保障农民工子女平等接受义务教育,对留守儿童的关注体现在该意见中要求"输出地政府要解决好农民工子女的教育问题",并提出要加强适龄儿童的免疫工作。10月31日,《教育部关于教育系统贯彻落实〈国务院关于解决农民工问题的若干意见〉的实施意见》中指出,农民劳动力输出规模大的地方人民政府要把做好留守儿童教育工作与农村寄宿制学校建设结合起来,满足农民工子女的寄宿需求;与此同时,教育行政部门和学校应积极调动各方力量,建立留守儿童教育监护体系。

2010年7月,教育部发布《国家中长期教育改革与发展纲要(2010—2020年)》(以下简称《纲要》),提出了今后十年我国教育改革和发展的战略目标,同时也提出要全面实施素质教育,建成覆盖城乡的基本公共教育服务体系,建立健全农村留守儿童关爱服务体系和动态监测机制。《纲要》从国家教育发展的角度提出了对留守儿童的关爱措施。针对留守儿童的整体生存现状,《纲要》强调要努力提高农村学前教育普及度,着力保证留守儿童入园;扩建劳动输出大省和特殊困难地区农村学校寄宿设施,改善农村学生特别是留守儿童的寄宿条件,满足其基本需要。建成覆盖城乡的基本公共教育服务体系,旨在努力办好每一所学校,教好每一个学生,不让一个学生因家庭经济困难而失学,同时还强调要建立留守儿童的教育监护网络,合理配置教育资源,逐步实现基本公共教育服务的均等化。这一系列惠及农村留守儿童的举措,体现了政府已将对农村学龄期留守儿童的关注扩展到学龄前阶段,由单纯的经济补助扩展到经济、生活、健康等方面的全方位扶持,这是国家对留守儿童的真正关注与关爱,也是解决进城务工人员子女平

---

① 贾勇宏.人口流动中的教育难题:中国农村留守儿童教育问题研究[M].北京:中国社会科学出版社,2013:10.

等接受义务教育的实际行动。

2011年8月,国务院印发的《中国儿童发展纲要(2010—2020年)》中指出:确保受人口流动影响的儿童平等地接受义务教育;加快寄宿制学校建设,优先满足留守儿童住宿需求。基本满足流动儿童和留守儿童的基本公共服务需求。建立健全儿童服务机制,加强对留守儿童心理、情感和行为的指导,提高留守儿童家长的监护意识和服务意识。由此,政府已将留守儿童作为改善农村教育的重要群体,优先满足留守儿童的需要。并且意识到留守儿童家庭情感的缺失以及父母或监护人在儿童身心成长过程中的重要角色,将提高监护儿童家长的意识提上日程;关注层面也逐渐从对留守儿童生活中外在的硬件设施的建设逐渐过渡到儿童内在的心理和情感等各个层面的满足。

2011年11月,全国妇联、中央社会管理综合治理委员会办公室、国家发展改革委员会、教育部联合下发了《关于开展全国农村留守流动儿童关爱服务体系试点工作的通知》,其目标是以建立完善农村留守流动儿童关爱服务体系为重点,以探索创新农村留守流动儿童服务管理的新机制、新模式、新途径、新方法为着力点,以解决农村留守流动儿童的突出问题为切入点,为全国提供可学习借鉴的经验和模式,促进农村留守流动儿童的健康成长和全面发展,最大限度地减少不和谐因素,为构建和谐社会作出积极努力。其中,江苏省作为流动儿童关爱服务体系试点。

2013年,教育部等部门共同下发了《关于加强义务教育阶段农村留守儿童关爱和教育工作的意见》,首先提出要高度重视留守儿童工作,其次明确了留守儿童工作的基本原则,并着重关注留守儿童的教育问题,切实改善留守儿童教育条件,不断提高留守儿童教育水平,逐步构建社会关爱服务机制。

2013年5月,全国妇联发布了《我国农村留守儿童、城乡流动儿童状况研究报告》,该报告根据中国2010年第六次人口普查资料样本数据,推算出全国共有农村留守儿童6 102.55万,占农村儿童的37.7%,占全国儿童的21.88%。其中,学龄前(0—5岁)儿童的数量为2 342万,占农村留守儿童的38.87%;小学学龄阶段儿童的数量为1 953万,占农村留守儿童的32.01%;初中(12—14岁)学龄阶段儿童的数量为995万,占农村留守儿童的16.30%。从地区分布来看,农村留守儿童不仅广泛分布于中西部经济不发达的省份,而且也分布于江苏、广东、山东等东部经济发达的省份。调查表明,大部分义务教育阶段的适龄流动儿童有机会在校学习;学前流动儿童有入园难的问题;接受完义务教育选择继续在居住地读高中和考大学的流动儿童面临着许多困难。

2015年6月18日,"上学路上儿童心灵关爱中心"公益组织发布《中国留守儿童心灵状况白皮书(2015)》,指出中国有近1 000万留守儿童"一年到头见不到父母",而父母通过电话等方式跟孩子保持联系,适量的阅读、玩耍等有助于改善留守儿童的"烦乱度"和"迷茫度",提升留守儿童的心理指标。该报告还与关注西部某山村的纪实文学作品《一片灰黄》、两部纪录短片、摄影展和《"留守儿童"新媒体观察》共同将留守儿童的真实状况展示给社会,呼吁留守儿童所在地学校、教师、公益机构和民政相关部门重点留意和重点帮扶"高危留守儿童"。许多公益组织心系农村留守儿童,期望能呼吁社会各界力量圆留守儿童的幸福童年梦。

通过对20世纪以来有关留守儿童政策的梳理发现,国家对留守儿童的关注程度日益提升,关注范围从义务教育阶段的留守儿童增加到学龄前留守儿童,关注内容更加全面,对留守儿童的生活、安全、心理、情感等方面都给予了高度重视,与此同时,社会舆论力量日益显示出举足轻重的作用。

对关于留守儿童政策的相关梳理和解读,为本研究的开展提供理论支持和方向引导。本研究之所以选取L市为调研地点,是因为L市位于江苏省东北部,是江苏省的劳务输出大市,农村留守儿童的问题更是日益突出,并且引发了L市政府的广泛关注。2015年4月至6月,L市妇儿工委办、市妇联联合某工学院法学院、市教育局等部门组成调研课题组,就该市农村留守儿童的情况进行了实地调查,据不完全统计,小学阶段的留守儿童为54 977名,初中阶段留守儿童为41 534名,其中农村留守儿童占了很大部分。在L市政府的领导下,L市各区、县妇联以及社区组织开展了许多关爱和关怀留守儿童的活动,如"爱心妈妈进社区""手拉手爱心课堂""暖冬行动",某些县定期开展留守儿童调研活动,了解关心农村留守儿童的生活情况。2016年1月12日,为全面推进"十二五"妇儿规划的顺利开展,L市以突出政府主导作用,以"四个到位"政策为实施妇女儿童规划提供有力保障,"为单亲特困母亲、留守儿童分别安排专项援助资金50万元",为留守儿童工作的开展提供经济投入。本研究对L市农村留守儿童的教育现状进行调查研究,对留守儿童的教育问题进行剖析并尝试提出相关解决建议,有利于对留守儿童的扶持工作提供必要的实证支持。

（二）研究内容

本文旨在对农村留守儿童的教育现状进行实地调查研究，揭露农村留守儿童在学习、心理、情绪情感以及品德等方面可能存在的问题，从社会支持理论的视角分析问题形成的原因，并尝试提出可行性的解决策略。

（三）研究设计

1. 研究对象的界定与选取

本文中的农村留守儿童是指在农村地区因父母双方或一方长期在城市务工而被留在家乡学习和生活的儿童。

本文的研究对象是从江苏省 L 市 A 县和 B 县的某两所学校随机选取的四至六年级的 120 名留守儿童，其中四年级、五年级、六年级学生各 40 名。

2. 研究方法

本研究采取量化研究与质化研究相结合的方法进行资料的收集与整理。通过量化研究以客观数据来描述留守儿童的教育现状的总体特点，有利于了解留守儿童的整体情况；另外，质化研究可以帮助我们更深入地了解留守儿童的生活世界，更全面、更深入地理解留守儿童。

（1）文献法

通过对农村留守儿童的相关政策进行梳理，发现政策对农村留守儿童的关注程度和侧重点，为问卷的制定、问题的分析以及相关措施的提出提供一定的理论支撑。

（2）问卷法

通过对农村留守儿童发放调查问卷，了解他们的学习动机、态度、心理状态、情绪情感等基本情况，揭示目前的教育现状，并为进一步分析问题的原因及尝试提出解决问题的措施奠定基础。

针对儿童的调查问卷共分为三个部分（详见附录一）。以了解留守儿童的家庭情况为基础，问卷的第一部分是留守儿童对学习的自我评价，旨在调查留守儿童的学习态度、学习动机和学习习惯等各方面的情况；问卷的第二部分是留守儿童与父母的情感交流情况的调查，旨在发现留守儿童的情感需求与父母对其情感满足之间的契合度；问卷的第三部分是对留守儿童社会支持情况的调查，旨在发现社会对留守儿童的教育提供的支持以及留守儿童对支持的利用度。

(3) 访谈法

通过对留守儿童所在班级的教师进行非结构性访谈,深入了解农村留守儿童的班级生活状态以及学校给予的支持情况。研究者随机选取四年级、五年级、六年级各4名教师作为访谈对象。

二、农村留守儿童的教育现状

(一) 留守儿童的家庭教育情况

1. 留守儿童的家庭情况

(1) 留守儿童家庭的子女数量

通常情况下,促使农村劳动人员外出打工的主要原因是家庭生活负担过重,而子女数量多是导致家庭生活负担过重的直接影响因素。因此,本研究对留守儿童家庭中兄弟姐妹的个数进行了调查,如图1所示。

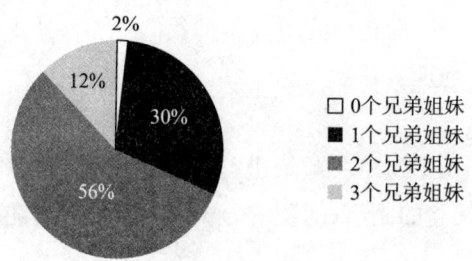

图1　留守儿童兄弟姐妹数量统计

调查结果显示,留守儿童家庭的兄弟姐妹数量普遍偏多,家中有1至2个兄弟姐妹的情况非常普遍,由此表明,留守儿童家庭的子女数量以2至3个为主。

(2) 留守儿童的父母外出务工情况

父母能在子女身边并给予子女充分的关爱对孩子的身体和心理的健康发展至关重要,留守儿童往往由于父亲或母亲不在身边而缺乏童年时期应有的家庭温暖。研究者对留守儿童家庭中"父亲和母亲,谁在外打工"的问题进行了调查,如图2所示。

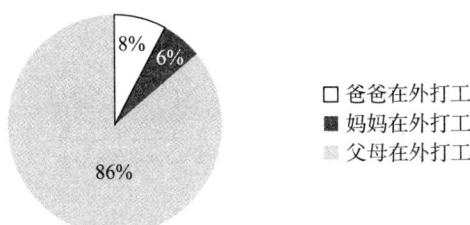

图 2　留守儿童的父母外出务工情况

调查结果显示,留守儿童家庭中父母均在外打工的比例高达 86%,这种情况可能使父母与孩子之间在情感上产生中断和裂痕,同时也意味着孩子在此年龄阶段家庭教育的缺失,甚至有可能造成孩子在父爱和母爱的情感需求层面的极度缺乏。

(3) 留守儿童监护人情况

由于父爱或母爱的缺失,长期与留守儿童一起生活并照顾其学习起居的监护人的角色显得尤为重要。研究者对留守儿童的监护人类型进行统计,如表 1 所示。

表 1　留守儿童监护人情况统计

监护人	人数(人)	百分比(%)
父亲	5	4.2
母亲	8	6.7
外公外婆/爷爷奶奶	97	80.8
其他	10	8.3

调查结果显示,在一些家庭结构中,若父亲或母亲有一方在外打工,则另一方作为孩子的监护人,留守儿童能享受到父亲或母亲一方的照顾、抚养和关爱;然而,有 80.8% 的留守儿童由于父母双方在外打工,只能由爷爷奶奶、外公外婆或其他亲戚抚养监护,隔代抚养是留守儿童抚养的主要类型。

2. 留守儿童与父母的亲子互动情况

(1) 留守儿童对父母的情感需求

表2 留守儿童对父母的情感需求情况

情感需求	选项	人数(人)	百分比(%)
是否想念父母	非常想念	83	69.2
	有时想念	23	19.2
	很少想念	10	8.3
	不想念	4	3.3
是否希望跟随父母	希望	99	82.5
	不希望	13	10.8
	无所谓	3	2.5
	不知道	5	4.2

调查结果显示,69.2%的留守儿童非常想念自己的父母,82.5%的留守儿童非常希望能与父母到其所在地上学,与父母生活在一起;少数儿童"很少想念或不想念父母",以及对"是否想跟随父母打工"持否定或无所谓的态度。

(2) 父母对留守儿童情感需求的满足

表3 父母对留守儿童的情感满足情况

情感需求	选项	人数(人)	百分比(%)
父母多久回家一次	一个月	3	2.5
	半年	37	30.8
	一年及以上	68	56.7
	时间不固定	12	10
和父母是否经常联系	经常	34	28.3
	有时候	55	45.8
	很少	30	25
	不联系	6	5

表3的研究结果显示,留守儿童非常渴望得到父母情感上的抚慰与关爱,那么父母是否满足了孩子的需求呢?通过进一步的调查发现,虽然留守儿童非常

想念自己的父母,但也许由于地域遥远或工作繁忙等原因,留守儿童的情感需求无法得到满足,超过半数的父母一年及以上才回家一次,仅有 28.3% 的父母经常和孩子联系。这种聚少离多的现象极易导致亲子关系的疏远和断裂。

(3) 亲子互动关注的内容

表 4 亲子互动关注的内容

关注的内容	人数(人)	百分比(%)
学习	65	54.2
生活	26	21.7
心情	16	13.3
安全	13	10.8

本研究中的亲子互动的内容主要是指在留守儿童的情况中父母最关心孩子的哪方面问题。调查结果显示,父母最为关心的是孩子的学习情况,这也许和父母的教育观有关,认为只有接受良好的教育才可以改变命运,走出农村,因此父母将学习看作是孩子目前最重要的事情。相比之下,父母关注最少的是孩子的心情,较少关心孩子的情绪、情感及心理状态。然而,父母关注最少的心情、安全、生活等情感方面的信息对留守儿童来说却是最重要的。

(二) 留守儿童的学校教育现状

对留守儿童学校教育现状的调查主要从两方面展开,一方面是留守儿童的自我学习的主观评价,另一方面是教师对留守儿童生活和学习情况的客观评价。通过留守儿童的自我学习评价,我们可以了解留守儿童作为能动的学习者,对自己的学习态度、学习习惯、学习成绩归因等方面的自我感知及对学习的理解。通过教师对留守儿童学习及生活的评价,我们能较客观地反映出留守儿童在学校中的表现,可以从宏观的角度窥探留守儿童作为受教育者的生存现状。

1. 留守儿童的自我学习评价

留守儿童对学习的自我评价主要分为学习态度、学习习惯、学习成绩归因和课外学习四方面。

(1) 学习态度

表 5　留守儿童学习态度统计

学习态度	人数（人）	百分比（%）
非常努力	16	13.3
比较努力	59	49.2
有时候努力	31	25.8
不努力	14	11.7

调查结果显示，大多数留守儿童认为自己对学习付诸努力，表明留守儿童非常重视学习，这也许和父母的教育观与价值观有关，也和"父母最关心留守儿童的学习"的调查结果相互佐证。11.7%的留守儿童认为自己学习不够努力，对学习的兴趣不高。

(2) 学习习惯

表 6　留守儿童学习习惯统计

学习习惯	选项	人数（人）	百分比（%）
上课是否积极发言	很积极	14	11.7
	比较积极	67	55.8
	一般	27	22.5
	不积极	12	10
如何完成作业	立刻独立完成	23	19.2
	玩耍后自己完成	54	45
	和同学一起完成	35	29.2
	偶尔不完成	8	6.7

通过对"上课是否积极发言"的调查可以在一定程度上窥探留守儿童的课堂表现，调查结果显示：选择"比较积极"的留守儿童超过半数，有 11.7% 的留守儿童认为自己上课发言"非常积极"。由此可以推断，留守儿童课堂表现的主动性较高，学习比较积极。

通过对"如何完成作业"的调查，在留守儿童是否有自觉学习的良好习惯方面，发现大多数留守儿童的习惯是"先玩耍后学习"或者是"和同学一起完成"，较少儿童放学后能"立刻独立完成作业",可见,留守儿童良好的学习习惯有待进一步养成。

（3）学习成绩归因

表7 留守儿童学习成绩差的归因统计

学习成绩归因	人数（人）	百分比（%）
自己能力不行	35	29.2
我不喜欢学习	34	28.3
没有别人指导	28	23.3
试卷太难	23	19.2

调查结果显示,超过半数的留守儿童将学习成绩差归因于自身,认为"自己能力不行"或"不喜欢学习"导致考试成绩差。根据美国心理学家伯纳德·韦纳提出的成就归因理论,对事情成功和失败的归因会影响今后个人的行为结果,一个人若将失败的原因归于自己,则再次失败的可能性会更高。所以,留守儿童倾向于将学业失败归因于自身,则今后考试再次失败的可能性会增加。

（4）课外学习

表8 留守儿童课外学习情况统计

课外学习	选项	人数（人）	百分比（%）
是否有人辅导	有	38	31.7
	没有	82	68.3
课余时间经常会做	和同学玩耍	56	46.7
	看书阅读	20	16.7
	看电视	32	26.7
	其他	12	10

在课外学习时间,只有31.7%的留守儿童有人辅导,而给予辅导的多是家中爷爷奶奶等监护人,偶尔教师也给予相应的课外辅导;有68.3%的留守儿童在课外时间是独立学习,没有他人的相关辅导。

在课余时间,大多数留守儿童"和同学玩耍"或者是"看电视",进行课外阅读或学习的人数较少,可见,留守儿童的课余生活以玩耍为主,良好的课外学习习惯尚未养成。

2. 教师对留守儿童的评价

研究者通过对教师进行的非结构式访谈了解留守儿童在学校的表现情况。教师是留守儿童在学校生活和接受教育的"重要他人",对留守儿童的心理和行为有较为客观公正的评价,而且某些教师的班级中既有留守儿童也有非留守儿童,教师更能有针对性地发现留守儿童的特点并因材施教。

(1) 留守儿童的教育管理工作未受到高度重视

大多数教师反映学校并没有对留守儿童采取专门的管理措施和帮扶政策,也不了解政府对留守儿童是否采取帮扶政策,只有三位教师反映学校有后勤人员负责留守儿童的生活起居工作或是教师偶尔帮忙辅导学习。这表明学校对待留守儿童的教育管理工作并未采取高度重视的态度,尤其是对政府采取的帮扶政策并未进行彻底实施,而且学校教育仍是以应试教育为主,对学生的学习成绩的关注明显高于对留守儿童的心理、情感等方面发展的关注。

(2) 教师能有针对性地关注留守儿童的生活和学习情况

因参与调查的教师所在班级均是留守儿童与非留守儿童共存的班级,教师承认对留守儿童的关注要多于非留守儿童,偶尔会对留守儿童家访以了解其家庭情况。也许由于班上留守儿童超过半数,教师工作繁忙或精力有限,教师对留守儿童的家庭情况只是泛泛地了解,并没有深入。但是,教师从留守儿童的学校表现中感受到父母外出打工对孩子的发展是存在影响的,从教师的视角来看,他们与非留守儿童最主要的区别是性格方面,留守儿童性格偏内向,缺乏与他人的交流。

(3) 教师能对留守儿童的在校表现进行客观评价

在生活方面,留守儿童表现出比非留守儿童更强的生活自理能力,许多生活问题能自己独立解决,这也许是父母长期在外打工的家庭情况"逼迫"下的"不得已"的成长,但是卫生习惯较差,经常需要生活老师的特殊提醒和照顾。在学习方面,大多数教师反映由于缺少课外辅导,留守儿童完成作业情况一般,学习的自主性较差;但也有教师反映某些留守儿童的学习习惯良好,课堂表现积极,可见留守儿童在学习方面的异质性是存在的。在心理方面,所有的教师都认为留守儿童性格较为孤僻、内向,不擅长与他人交往,不善于表达自己,缺少父母的关爱,某些儿童的脾气甚至急躁,可见留守儿童的心理状态非常不稳定。在品德与日常行为规范方面,留守儿童表现良好。通过教师对留守儿童在校行为的描述可以发现,教师并未把留守儿童看作是"问题儿童",能对留守儿童的在校表现进行客观公正的评价。

(4) 学校应采取经济资助与精神抚慰相结合的措施促进留守儿童的健康成长

教师作为学校教育的中坚力量,对学生的健康成长与发展起到不可估量的作用和影响。基于对留守儿童学校教育的日常行为与表现,教师认为政府、各行政部门以及学校在资金方面应给予留守儿童必要的经济资助,以解决留守儿童家庭生活的基本需求。在此基础上,学校应对留守儿童给予高度的重视与关爱,尤其关注留守儿童的生活及心理状态;教师应对留守儿童表现特殊的关爱,增加和留守儿童的交流,并定期走访留守儿童的家庭,在班级中给予留守儿童更多的爱护、关心和辅导。

3. 留守儿童的社会支持情况

社会支持理论的研究最早可追溯至 20 世纪 70 年代,其最先应用于精神疾病治疗领域,而后转向教育研究和社会研究等领域。从社会学角度看,社会支持理论的研究旨在揭示社会群体的社会支持特征及其对个人自身发展的影响。[①] 社会支持是指个体所感受到的来自其所在的社会网络成员的关心、尊重和重视的一种行为或信息。[②] 社会支持不仅可以缓解个体承受的压力和紧张,而且对个体身心的健康发展有重要意义。对于大多数留守儿童来说,由于父母的角色缺失,他们比其他儿童承担更多的心理压力,尤其需要强大的社会支持以缓解他们遭遇的情感、学习等各方面的危机。社会支持有利于缓解留守儿童的生活压力,促进留守儿童的健康成长。本研究借鉴肖水源的社会支持量表,从主观支持、客观支持和支持利用度三个维度来分析留守儿童接受的来自社会支持系统的影响。

主观支持是指个体在社会中受尊重、被支持、被理解的情感体验和满意程度,与个体的主观感受密切相关。主观支持最为关注的是留守儿童的自我心理

---

① 张克云,叶敬忠.社会支持理论视角下的留守儿童干预措施评价[J].青年探索杂志,2010(2).
② Cobb, S. Social support as a moderator of life stress, Psychosomatic Medicine, 1976, 38, 300-314.

感受。客观支持是指客观的、可见的或实际的支持,包括物质上的直接援助和社会网络、团体关系的存在和参与,这类支持独立于个体的主观感受。支持利用度是指个体对支持的利用情况。社会支持各维度得分统计如表9所示。

表9 社会支持各维度得分统计

维度	平均分	最大值	最小值
主观支持	7.85	13	5
客观支持	6.08	8	4
支持利用度	5.21	9	3

调查结果显示,主观支持平均得分最高,表明留守儿童能较多地感受到来自社会的被理解、被尊重的情感,具体表现为留守儿童有较多亲密的朋友,和班级的同学、邻居、同伴以及家长相处较为融洽;客观支持的平均得分次之,表明留守儿童接受的物质或经济援助较少;支持利用度的平均得分最低,表明留守儿童不擅长对社会支持进行利用,倾向于自主解决问题。

进一步对主观支持、客观支持以及支持利用度的各项得分进行统计,可以发现究竟社会支持的哪些方面对留守儿童的影响较大,如表10所示。

表10 社会支持各项得分情况统计

维度	项目	平均分	最大值	最小值
主观支持	来自朋友	2.28	4	1
	来自同学	2.12	4	2
	来自邻居	1.45	3	1
	来自家人	2.00	4	1
客观支持	生活住处	3.42	4	2
	物质支持	1.22	3	1
	精神支持	1.45	3	1
支持利用度	情感支持	2.45	4	1
	行为支持	1.45	4	1
	集体支持	1.32	3	1

注:各项目详细内容参照留守儿童问卷第三部分。

从主观支持层面来看,"来自朋友""来自同学""来自家人"的支持平均分较高,表明留守儿童感受到的被理解、被尊重的情感较多地来自同辈群体和亲近的家人。从客观支持维度来看,因大多数留守儿童都是和自己的家人住在一起,较少出现经常搬家等变动的情况,居住环境比较稳定,因此,留守儿童具备较稳定的生活环境,这对留守儿童情绪情感的稳定有一定的影响。然而,留守儿童获得的"物质支持"和"精神支持"得分较低且大多数支持来自家人或同学朋友,由此可推断,学校、邻里、乡镇其他社会机构等提供给留守儿童的支持较少。从支持利用度层面来看,留守儿童利用"情感支持"的平均分较高,表明留守儿童遇到不开心的事情会向他人诉说,但是主动寻求情感支持的行为较少;遇到困难时,留守儿童更倾向于独立解决,对学校组织的集体活动兴趣较低。

进一步对四年级、五年级、六年级的社会支持得分进行方差分析,试图发现社会支持对不同年级的留守儿童的影响是否存在差异,如表11所示。

表11 不同年级社会支持维度的差异检验

维度	F	显著性
主观支持	3.037	0.056
客观支持	0.997	0.375
支持利用度	0.813	0.499

注:显著性小于0.05表示差异非常显著。

调查结果显示,不同年级的留守儿童受到的社会支持不存在显著差异,这在一定程度上说明社会支持对不同年级的影响程度不存在显著差异,社会支持对不同年级的留守儿童的影响具备一定的客观性和公平性。

三、农村留守儿童教育现状的问题分析

(一)父母缺位家庭教育对留守儿童的影响

美国心理学家埃里克森认为,个体在成长过程中的不同阶段会遭遇不同的心理危机。如果个体能够成功地解决心理危机,就会在心理和行为上产生积极的反应;若不能成功地解决心理危机,则会给以后的成长过程留下隐患。根据个体在各个年龄段不同的心理反应,父母的作用在不同的年龄段也不尽相同,本研

究就婴儿期到青春期父母的作用进行分析①：

表 12 埃里克森人格发展阶段

阶段	年龄	危机	父母的作用
婴儿期	0—1.5 岁	信任与不信任	建立信任感的前提
儿童期	1.5—3 岁	自主对怀疑	帮助养成良好习惯
学龄初期	3—5 岁	主动对内疚	鼓励儿童的主动性
学龄期	6—12 岁	勤奋对自卑	与儿童一起面对学校教育
青春期	12—18 岁	自我同一性对角色混乱	帮助儿童形成自我角色认同

本研究中的留守儿童的年龄跨度是 10—12 岁，正值学龄期与青少年初期阶段，此阶段的儿童正处于勤奋或自卑的心理危机中，而且自我认同感刚刚萌发，此时缺乏父母的情感支持，父母无法对儿童的学业进行有效的监督和指导，可能导致留守儿童成绩的下滑，影响其解决危机的信心；同时，在自我认同感萌发的时期，儿童需要在同辈群体中认识自我并确定自我的角色，形成对自我同一性的认识；然而很多留守儿童由于性格内向无法与同伴进行有效交流和互动，导致很难形成群体和集体的归属感。

父母是儿童生活中的重要他人，儿童发展心理学的研究表明，儿童对父母的依赖性最强，儿童与父母正常的依恋关系是儿童良好的安全感形成的基础，所以，父母与孩子之间形成亲密的情感联结对儿童的身心发展有重要影响。赵石屏认为："亲子结构和教育结构是一体的，亲子关系即教育关系，亲代即教育者，子代即受教育者，这种基于生物属性的教育结构具有不可替代性、不可选择性和长期性。"②其实，亲子关系在家庭教育中起着潜移默化的作用，父母的价值观、人生观等都对孩子的日常生活产生耳濡目染的影响。父母在家庭生活中的角色缺失使得亲子之间缺乏有效的沟通和交流，对孩子一生的发展都可能产生消极影响。

与此同时，大多数的留守儿童属于多子女家庭，多子女家庭中父母等家人对孩子的日常关注与学习辅导比独生子女家庭中的情况更为复杂，尤其是对子女

---

① 刘金花.儿童发展心理学[M].上海：华东师范大学出版社，2013.
② 赵石屏.试论家庭的教育机制：基于"生物—文化协进化"视角[J].教育研究，2007(11).

的情绪、情感状态需要格外留意。然而，在最需要父母陪伴的童年时期，留守儿童的父母却大都因在外地打工而不能陪伴他们一起成长，这极易导致留守儿童在情绪、情感上缺乏父母无微不至的关爱与关怀；而父母在外期间的留守儿童的监护人往往是其爷爷奶奶或外公外婆等文化水平较低的老年人，因此留守儿童在学习和教育方面也缺乏科学有效的家庭辅导，他们的健康成长极易受到消极因素的影响。

由于父母在外打工，留守儿童最需要的是父母的关怀以及和父母之间心灵的沟通和理解，父母对儿童心情的抚慰与慰藉是儿童发展安全感的重要途径，而安全感的养成对今后留守儿童进入社会与人相处具有非常重要的作用。从留守儿童对父母强烈的情感需求中已然能明显察觉到，父母的离开在他们的生活和心理上造成了深刻的创伤，需要引起相应的重视与关注。

（二）社会支持缺乏对留守儿童的影响

对留守儿童的社会支持的研究结果显示，主观支持在三个维度中处于最佳地位，但主观支持的情况仍然不容乐观。研究者分析可能是隔代抚养成为留守儿童接受抚养的主要类型。父母外出打工后一般会将孩子留给家中老人照看，殊不知由此孩子会承受很大的心理压力。一方面，孩子因父母的外出产生强烈的思念以及孤独感；另一方面，孩子与监护人在日常生活中的摩擦可能会萌生隔阂感以及负面情绪无法得到排解的情况；再者，缺乏有效的学业监督可能使儿童产生学业上的无助感，这也直接导致了儿童失去对学习的兴趣。长此以往，孩子可能会慢慢地形成性格孤僻内向、心理脆弱和自私冷漠等不良品质。相比之下，支持利用度的平均分最低，研究者推论可能是由于留守儿童性格较为内向、自尊心强、不善与人交流或独立意识较强，导致其在遇到困难时更倾向于独立解决问题，遇到烦心事也不善于找人倾诉，从而降低了对社会支持的利用度。就留守儿童的情感体验层面来讲，有部分留守儿童能主动接受身边人的关心和爱护，建立起积极的人生态度，能和给予自身帮助的人们快乐相处。然而，有些留守儿童无法接受并利用他人给予的帮助与支持，生活的负面体验多于正面体验，父母的外出务工似乎是他们生活中致命的打击，生活在孤独寂寞的情感世界中。

另外，留守儿童更易从同辈群体中获得心理慰藉。同辈群体是儿童社会化过程中的重要因素，无论是对儿童的性格养成以及儿童的行为举止都有重要的影响。"同辈群体又称同龄群体,是指由年龄、兴趣、爱好、态度、价值观、社会地位等方面较为接近的人组成的一种非正式的初期群体。"①所以,留守儿童更易从同辈群体中获得理解、信任和支持。

综上所述,社会支持确实对留守儿童的学业以及心理发展产生重要的影响,但是,留守儿童在客观支持以及支持利用度方面表现不佳,尤其是留守儿童并不善于利用社会提供的支持,这一方面是由留守儿童的性格原因所致,另一方面也是学校教育忽视的结果。因此,如何提供有效的社会支持系统,如何提高留守儿童的支持利用度成为亟待解决的问题。

四、基于社会支持视角的政策建议

一个人自出生之日起,便开始了与外部环境以及与他人的互动和交往,一个人不可能独自地生活在无他人支持的社会中,也不可能靠自己的力量独自解决任何事。对留守儿童而言,父母外出打工意味着其家庭生活中"重要他人"支持的缺失,因此社会支持显得尤为重要。社会支持作为个体生存和发展的一个不可或缺的条件,是个体所能利用的一切重要的外部资源。当个体面临困境和冲击时,社会支持可以降低个体对威胁的感知强度,缓解压力。消除压力带给个体的消极影响,帮助个体从压力中恢复身心健康。②

通过对留守儿童教育现状的调查与分析,研究者发现父母外出打工对留守儿童的学习、心理以及生活等各方面都带来巨大的冲击,这些问题的显现也引发社会各界对留守儿童的广泛关注。因此,留守儿童亟须父母、同辈群体、学校、乡镇乃至整个社会的支持与帮助,构建留守儿童的社会支持关爱服务体系必须提上日程。

(一)树立科学的留守儿童观

留守儿童是在我国城市化进程中产生的特殊群体,而不是问题儿童。留守儿童是具备独特气质和人格的个人,作为特殊的群体需要社会各界的广泛关注。正如卢梭在《爱弥儿》中所言,"在万物的秩序中,人类有它的地位;在人生的秩序

---

① 陈正良.同辈群体环境对青少年发展的影响[J].宁波大学学报(教育科学版),2004(5).
② 叶敬忠,潘璐.别样童年:中国农村留守儿童[M].北京:社会科学文献出版社,2008:183.

中,童年有它的地位:应当把成人看作成人,把孩子看作孩子"①。留守儿童作为特殊的群体,拥有与城市儿童不同的童年,他们的童年因缺少父母的长期陪伴而较少体验到家庭和睦的氛围,然而如此不同的童年却将自始至终在他们的人生中扮演着重要的角色。留守儿童只是一群特殊的孩子,这种特殊性很大程度上体现在父爱和母爱的匮乏以及在其他监护人长期抚育下的生活方式。正确看待并把握这种特殊性,是树立科学的留守儿童观的基础。

(二)构建社会支持关爱服务体系的理论模型

"社会支持就是一定的社会网络运用一定的物质和精神手段对社会弱者进行无偿帮助的一种选择性社会行为。"②对留守儿童的社会支持是指在留守儿童与外界互动的过程中给予留守儿童的物质支持与精神支持,构建社会支持关爱服务体系是实现留守儿童身心健康发展的有效途径。鉴于对研究结果的分析,留守儿童面临的教育问题主要归结于家庭、学校和社会三方面的原因,因此研究者试图从家庭(亲子情感维护)、学校(经济投入和师资扶持)、社会(人力资本与经济资本)三方面出发,建构基于社会支持关爱服务体系的理论模型,以期为做好留守儿童工作提供参考价值。

1. 建立并完善留守儿童父母与留守儿童所在学校之间的信息沟通机制

学校与家长尤其是与留守儿童父母之间应建立良好的沟通关系,以便学校能及时地将留守儿童在学校的行为及时地反映给父母,学校与家庭双方共同商议解决问题的方法,促使留守儿童的教育进步。良好而有效的沟通机制是基于双方的平等对话,在留守儿童父母了解孩子在校行为表现以及心理健康情况的同时,也应使留守儿童了解父母在外务工的辛劳和对子女的想念之情,在促进亲子之间了解的同时,也消除彼此因距离而产生的情感隔阂。

良好有效的信息沟通机制是学校教育和家庭教育紧密联结的最优状态。学校教育与家庭教育的有效沟通可以帮助留守儿童家长形成科学的教育理念和教育方法,并为巩固学校教育的成果提供有效的支持;同时,与家长的密切联系与沟通也有利于学校了解留守儿童真正的身心发展状态,为学校教育计划的制订

---

① 卢梭.爱弥儿[M].李平沤,译.北京:人民教育出版社,1985.
② 陈成文,潘泽泉.论社会支持的社会学意义[J].湖南师范大学社会科学学报,2000(6).

奠定基础。

然而,良好有效的信息沟通机制的建立并非是一朝一夕的事情。调查结果显示,"较多父母并不经常联系孩子""某些父母关心儿童的学习胜过关心儿童的情绪情感",可见,父母在良好的亲子关系的确立层面存在模糊的概念,并不真正懂得如何与孩子建立亲密的情感联结。学校有责任通过必要的宣传教育帮助留守儿童父母确立正确的亲子观,帮助家长意识到心理健康的重要性,以及与孩子心理沟通的必要性。

2. 基于政府支持下的学校资源与民间社会资本的有机结合

通常来说,学校是儿童的第二个家,是直接教育管理留守儿童的主阵地[①],社会各界人士认为学校应该做好留守儿童的生活、安全以及教育等各项工作,尤其是家长,对学校教育更是寄予厚望,甚至认为孩子进入学校,孩子发展的好坏应全由学校负责。学校应配备心理老师,关注留守儿童的心理健康教育,开展心理咨询,时刻关注留守儿童的心理动向;同时,教师应定期家访,了解儿童的各种需求,应多组织集体活动,使留守儿童与同伴之间发展良好的互动关系。然而,学校无论在财力还是人力方面的资源都十分有限,资金的匮乏以及教师的负担过重是学校面临的主要难题。教育部也明示,"学校应与教育行政部门充分调动各方力量,建立农村留守儿童教育和监护体系,开设生存教育、安全与法制教育、心理健康教育等方面的地方和校本课程,帮助他们学会自我管理、自我保护和自我调节"。可见,学校是教育和保护留守儿童的关键力量,但绝不是唯一的支持。学校资源的充分利用只有以政府的政策、资金支持为基础,与民间社会资本相结合,形成"政府—学校—民间"的有效组织模式,才能良好地解决留守儿童当前的教育困境。

民间社会资本主要是指民间的财力资本和人力资本,如民间自发组织对留守儿童进行照顾与关爱,通过建立"留守儿童之家""留守儿童校外辅导基地""留守儿童心理咨询站"以及"代理妈妈"等措施,使儿童感受到不同于学校的、来自身边生活的关爱和关心。"政府—学校—民间"的生态组织模式使来自社会各界的爱常伴在留守儿童的身边,温暖着留守儿童的世界。

---

① 谢妮,申健强,陈华聪.农村留守儿童教育现状研究[M].北京:经济科学出版社,2010:158.

3. 志愿者以"融合家长"的身份进行参与"融合家庭"管理,增强服务意识

"融合家庭"是基于留守儿童家庭的共同需求以及自身家庭特点的相似性组织在一起的大家庭,由志愿者担任"融合家庭"家长,以期帮助留守儿童监护人形成科学的教育观和价值观。"融合家长"的具体任务:首先,对留守儿童的学习以及行为、心理等各个方面予以监督和保护,并帮助留守儿童的监护人培养正确科学的教育观;其次,"融合家长"也作为留守儿童与父母之间的沟通桥梁,体恤安抚孩子的思念之情;再者,"融合家长"应多组织"融合家庭"内部成员之间的交流与互动,使不同的家庭体验到来自其他家庭的温情,真正地促使"融合家庭"内部的心理和谐。当然,"融合家长"们之间也应进行充分的互动与对话,在情况允许的可能下组织"融合家庭"参与共同的活动,形成村庄乃至乡镇中留守儿童家庭的"大融合"。

4. 学校环境中的"重要他人"角色系统的确立

在儿童成长的不同阶段,"重要他人"给予儿童的爱和关怀对其人生的发展有重要影响。然而,留守儿童的父母外出打工,导致父母作为"重要他人"的角色被剥夺,取而代之的是监护人、教师和同伴。在学校教育中,教师和同伴显然是留守儿童必须面对且不可或缺的"重要他人",教师角色和同伴角色的作用如何发挥关乎留守儿童的成长与发展,因此,作为教师和同伴都应努力成为留守儿童身边的"重要他人"。作为教师,应该给予留守儿童如父母般的关爱,关心留守儿童的生活、学习、交往等各个方面,尤其是要关注留守儿童的心理状况和情绪、情感状态,在班级中营造温馨的氛围,最大程度上弥补父爱、母爱的缺失。作为同伴,应该将留守儿童看作是自己的兄弟姐妹或是真挚的朋友,主动分享发生在身边的趣事、喜悦和悲哀,使其从同伴交往中获得精神的慰藉。如此,取代父母的重要他人角色的确立伴随着温馨的、如家般的成长环境的确立,留守儿童身心的健康成长在一定程度上将得到保障。

5. 充分调动闲置的师资力量

近些年来,由于农村生源的不断减少,许多农村学校被撤销或合并,于是产生了许多闲置的、年纪偏大的老教师。这些教师具备不同程度的教学经验,尤其是年纪偏大的老教师,无论是对学生的理解还是对学科知识的掌握都更胜一筹,因此,乡镇政府应充分调动这些闲置的师资力量,以便分担学校任课教师的压力。当然,对闲置师资应进行相关培训,培训内容一方面应该涉及培养正确科学的留守儿童观以及生活技能、安全、生理卫生、心理健康等方面的培训,并就如何

与留守儿童相处、怎样辅导留守儿童学习以及如何解决留守儿童生活中的问题等各方面都应给予相关解释与辅导;另一方面应促进教师对相关法律法规中有关儿童权利保护的规定的认识与理解,如《义务教育法》《儿童权利保护公约》等,提高教师对儿童权利发展和保护的意识,使闲置师资充分发挥自己的力量,造福留守儿童。

6.构建社会支持关爱服务体系理论模型

留守儿童的父母外出工作,打破了原有自然状态下的家庭生活模式。父母与孩子长期分居两地的家庭生活格局在短时期内呈现固化状态,父母作为孩子健康成长的长期稳定的"近端支持"资源被迫转变为短期动态的"远端支持",监护人、同辈群体以及学校作为留守儿童生活中稳定而亲密的情感联结的社会支持元素成为其健康发展的"近端支持"。社会支持关爱服务体系的构建是对留守儿童生活世界的重新审视,对留守儿童的健康成长具有积极的意义和价值。

社会支持关爱服务体系的构建要以坚持科学的留守儿童观为基础,国家的政策扶持、经济资助应与地方政策、民间资本相结合,为学校和家庭提供显性和隐性的社会支持,形成社会支持的宏观系统。同时,留守儿童以及同辈群体作为学校生活和家庭生活中存在的个体,彼此要相互支持。同辈群体以及相似家庭相互融合与交流,形成社会支持的微观生态系统。宏观系统与微观系统通过学校和家庭的中观系统共同构成互相作用、互相渗透、互相影响的促进留守儿童健康成长的社会支持生态系统,动态持续地对留守儿童提供社会支持。

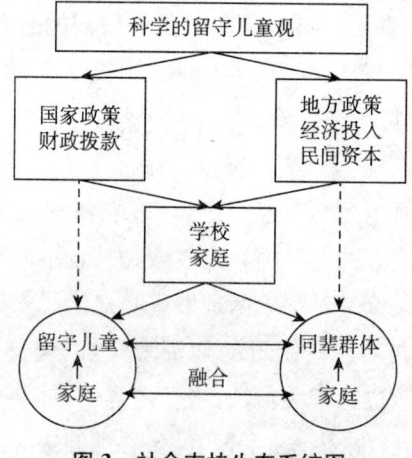

图3 社会支持生态系统图

参考文献

[1] Cobb, Sidney. Social Support As a Moderator of Life Stress[J]. Psychosomatic Medicine, 1976(5).

[2] 高志强,等.农村留守儿童关爱服务体系建设[M].长沙:湖南科学技术出版社,2013.

[3] 贾勇宏.人口流动中的教育难题:中国农村留守儿童教育问题研究[M].北京:中国社会科学出版社,2013.

[4] 刘金花.儿童发展心理学[M].上海:华东师范大学出版社,2013.

[5] 卢梭.爱弥儿[M].李平沤,译.北京:人民教育出版社,1985.

[6] 谢妮,申健强,陈华聪.农村留守儿童教育现状研究[M].北京:经济科学出版社,2010.

[7] 叶敬忠,潘璐.别样童年:中国农村留守儿童[M].北京:社会科学文献出版社,2008.

[8] 陈成文,潘泽泉.论社会支持的社会学意义[J].湖南师范大学社会科学学报,2000(6).

[9] 陈正良.同辈群体环境对青少年发展的影响[J].宁波大学学报(教育科学版),2004(5).

[10] 赵石屏.试论家庭的教育机制:基于"生物—文化协进化"视角[J].教育研究,2007(11).

[11] 张克云,叶敬忠.社会支持理论视角下的留守儿童干预措施评价[J].青年探索,2010(2).

[12] 周福林,段成荣.留守儿童研究综述[J].人口学刊,2006(3).

附录 1

留守儿童调查问卷

亲爱的同学：

你好！此次问卷调查的目的是更好地了解你的教育状况，希望你能如实、认真地回答每一个问题。问卷不记名，调查结果仅供参考，内容绝对保密。非常感谢你的参与和支持！

1. 你的年龄（   ）   所在班级（   ）   性别（   ）
2. 有没有兄弟姐妹（   ）
   A. 没有   B. 有，有（   ）个兄弟姐妹
3. 你家中有谁在外打工吗（   ）
   A. 爸爸   B. 妈妈   C. 爸爸和妈妈   D. 没有
4. 你现在和谁住在一起（   ）
   A. 爸爸   B. 妈妈   C. 外公外婆或爷爷奶奶
   D. 其他人，是_____
5. 你认为自己的学习态度是（   ）
   A. 非常努力   B. 比较努力   C. 有时候努力   D. 不努力
6. 你上课会积极思考问题并发言（   ）
   A. 很积极   B. 比较积极   C. 一般   D. 不积极
7. 放学后，你是如何完成作业的（   ）
   A. 立刻独立完成   B. 玩耍后自己完成
   C. 和同学一起完成   D. 偶尔不完成
8. 如果你没考好，你觉得原因可能是（   ）
   A. 自己能力不行   B. 没有老师、家长的指导
   C. 试卷太难   D. 我不喜欢学习，能力弱

E. 其他_____

9. 有没有人辅导你的功课( )

 A. 没有   B. 有,是_____

10. 你在放假的时候经常会做( )

 A. 和同学玩耍   B. 看书阅读

 C. 看电视   D. 其他_____

11. 你是否想念在外打工的爸爸或妈妈( )

 A. 非常想念   B. 有时想念   C. 很少想念   D. 不想念

12. 你希望去父母打工的城市学习和生活吗( )

 A. 希望   B. 不希望   C. 无所谓   D. 不知道

13. 父母多久回家一次( )

 A. 一个月   B. 半年   C. 一年及以上

 D. 时间不固定   E. 其他_____

14. 你和父母经常联系吗( )

 A. 经常   B. 有时候   C. 很少   D. 不联系

15. 父母最关心你哪方面的问题( )

 A. 学习   B. 生活   C. 心情   D. 安全

16. 你有( )个关系特别亲密的好朋友

 A. 6个及以上   B. 3—5个   C. 1—2个   D. 0个

17. 你与班上同学的关系是( )

 A. 和所有同学关系很好   B. 和多数同学关系好

 C. 只和几位同学关系好   D. 关系不好

18. 你与邻居/邻居家同伴的关系是( )

 A. 关系很好   B. 他们经常帮助我

 C. 有几位邻居很关心我   D. 关系不好

19. 家里人是否经常关心帮助你( )

 A. 是的,他们总是对我很好   B. 他们有时候对我好

 C. 有几个亲人对我好   D. 他们都对我不好

20. 近一年来,你( )

 A. 和家人住一起   B. 经常搬家

C. 和朋友或者亲戚住一起　　　D. 一个人住

21. 当你需要钱的时候,是谁帮助你?(可多选)
    A. 家里人　　B. 同学朋友　　C. 学校　　D. 邻居
    E. 其他人_____

22. 当你遇到困难的时候谁帮助了你?(可多选)
    A. 家里人　　B. 同学、朋友　　C. 学校　　D. 邻居
    E. 其他人_____

23. 当你不开心的时候,你会(　　)
    A. 主动向同学或朋友说　　B. 和关系亲密的人说
    C. 别人问起时会说　　　　D. 不和别人说

24. 你遇到困难的时候会(　　)
    A. 主动向别人求助　　　　B. 有时候会求助
    C. 很少向别人求助　　　　D. 不求助,自己解决

25. 你是否经常参加学校组织的集体活动?
    A. 积极地经常参加　　　　B. 经常参加
    C. 有时参加　　　　　　　D. 不参加

附录 2

教师访谈提纲

尊敬的老师：

　　您好！

　　非常感谢您在繁忙的工作中参与本次访谈。本次访谈的目的是了解贵校留守儿童教育的基本情况，请您陈述本班学生的真实情况即可。访谈资料仅供学术研究使用，将被严格保密。谢谢您的支持与合作！

一、基本信息

1. 您所在年级是_____年级。
2. 您班上共有学生_____名，其中，留守儿童_____名。

二、正式访谈

1. 学校有没有对留守儿童采取专门的管理措施、帮扶政策或组织活动？若有，请举例。
2. 您了解政府对留守儿童的帮扶政策吗？有哪些？
3. 学校有没有对留守儿童的经济补助？
4. 您平时会特别关注留守儿童吗？请举例说明。
5. 您认为留守儿童与非留守儿童的最主要区别在哪儿？
6. 您觉得留守儿童需要哪些方面的帮扶，请按照重要性排序：
   A. 经济补助　　B. 情感抚慰　　C. 社区帮助　　D. 政策支持
   E. 学校扶持　　F. 其他
7. 请您简单谈一谈留守儿童在生活、学习、心理、品德等方面的情况。
8. 您认为父母外出打工，对儿童的身心发展是否有影响？若有，主要表现在哪些方面？

9. 您觉得可以采取哪些措施帮助留守儿童？（可从政府、学校、家庭、社区、教师等方面回答）

江苏省直属学校治理现状研究
——以 C 市为例

施雯　周利

(南京师范大学教育科学学院　江苏　南京　210097)

摘要：直属学校已成为一类地方教育的普遍事实，理应受到广泛的关注。本研究主要从教育资源均衡化的角度对直属学校进行实证研究，旨在对江苏省直属中小学进行概念界定，点明其与非直属学校之间的差异和矛盾。从省级层面揭示目前 13 个地级市的相关情况，高屋建瓴地把握教育资源的分配情况。选择 C 市为例进行地区放大，通过实地调研、访谈深入剖析一定地域内直属学校与非直属学校之间的校际差异，联系当下"学区房""择校热"这些社会热点问题，为江苏省义务教育阶段教育资源均衡化的发展提出政策性建议。

关键词：直属学校；义务教育均衡化；学区房；择校热

一、问题提出

谈及一个地区的各级各类学校，除重点、热点类名校外，直属学校也是广受热议的一类学校，这在历年的新教师招聘工作中显得尤为突出，如我们常常可以看到《某年某市教育局直属学校和区属学校教师招聘公告》，某市直属学校举办文明礼仪培训活动、省教育厅召开直属学校会议等新闻发布在各地教育部门的首页，使得直属学校与其他学校泾渭分明。

2014 年，中国教育三十人论坛首届年会在京召开，民进中央副主席、实验教育发起人朱永新提案建议全面取消教育部直属学校,包括大学、中小学。① 然而在实际的调研中发现,直属学校作为各地教育部门直接管理的学校,相较于其他类型的学校,在教育政策倾斜、教育资金、教育设施、师资配备和校园文化等各个方面始终占据得天独厚的发展条件,并由此带来校际差异、"择校热"、"学区房"等一系列涉及教育公平的社会焦点问题。

直属中小学作为一类地方教育的普遍现象折射的是教育资源配置不均衡的事实,本研究在梳理国家和江苏省关于直属学校的相关政策的基础上,聚焦C市,选取有代表性的直属学校与非直属学校各一所,对比分析,以期掌握当前本省内部直属学校的治理现状,分析其存在的原因及问题,并提出切实可行的政策性建议。

二、研究意义

(一) 理论意义

义务教育在整个基础教育体系中具有基础性地位,它的公益性特征决定了其必须选择均衡发展战略。中央教育科学研究所教育政策分析中心早在2007年就在《教育研究》上发文指出:义务教育均衡发展是实现教育公平的基石。② 省内中小学由直属学校与非直属学校之分造成的校际差异,直接体现了教育资源配置不均衡的现状,如现有的直属学校办学经费投入过多、教师配置优、学生质量好等现象。然而导致这些现象的历史原因与现实背景,具体政策表述方面还存有大量有待思考与探索的空间,甚至在对直属学校和非直属学校的理论研究方面也不多见。

有的学者支持直属学校的存在,认为直属学校和其他学校一样,都是教书育人,而且直属学校还承载了所在区域的教育实验和课程改革的重任,发挥着独特的示范和引领作用;但是大多数学者还是认为直属学校和非直属学校之间客观存在着不该存在的鸿沟,为了教育的均衡发展必须改革教育体制;另有一些极端

---

① 朱永新.建议取消教育部直属学校[N/OL].搜狐教育,http://learning.sohu.com/20141216/n407003098.shtml.

② 曾天山,等.义务教育均衡发展是实现教育公平的基石[J].当代教育论坛,2007(2).

的观点认为所有的直属学校都是质量不高的学校。上述这些观点仅仅停留在对于直属学校存在利弊层面的研究,而对如何进一步改善这一现状的理论研究却很少。为了进一步厘清直属学校的概念,进一步把握江苏省直属学校和非直属学校的现状和差异,本小组梳理直属学校的资源优势与非直属学校的劣势,不仅分析直属学校长期存在的利弊,更针对直属学校的进一步治理提出政策性建议。

(二)实践意义

现有对于直属学校的研究大多数还仅仅停留在理论研究的方面,本研究基于实地走访调研形成调研报告,具有重要的实践意义。基于对本次调查结果所做的客观分析,多层次、多维度地呈现当下直属学校治理的现状,揭示逐步取消直属中小学义务教育划归区管,教师编制改革变"学校人"为"系统人","学区房"问题积重难返、持续升温等现象的背后实质,从中进行归纳总结,阐明当前本省内直属学校存在的问题,并分析其形成原因。客观认识校际差异、"择校热"、"学区房"等热点问题,有利于全面了解省内直属学校的运作和管理模式,助力教育均衡改革政策的出台,加强对本省直属学校的管理,促进本省直属学校的发展,对全国各地直属学校具有较强的借鉴意义与参考价值。同时,通过本次调查研究,有助于研究者加深对本省直属学校的客观分析与认识,增强研究者认知能力的发展,为今后从事具体研究工作奠定良好基础。

三、研究思路与方法

(一)研究思路

1. 搜集资料

本次研究首先通过图书馆、中国知网、中国教育部网站、江苏省各市教育局门户网站等进行全面搜集有关资料的工作,包括直属学校性质、直属学校特征、直属学校类型及其相关政策文件、新闻、文献等,并以此为依据形成文献综述,整体把握当下全省13市直属学校的治理现状,为后期研究工作做好充分准备。

2. 编写访谈提纲

依据研究所需编写半结构式访谈提纲,走访调研,做好记录与整理。

3. 整理资料与数据，撰写调研报告，修改完善

（二）研究方法

1. 文献法

利用图书馆馆藏资源和互联网对有关直属学校的政策文件、新闻、论文进行检索，为进一步的文本研究做准备。梳理新中国成立以来直属学校的发展史，追根溯源地找出直属学校形成的背景、原因及其发展过程，同时关注近年来国家和省政府对于直属学校的工作部署，了解其治理思路与措施，反思教育均衡措施的成效。

2. 案例研究法

选取 C 市的两所学校作为典型案例进行分析，预计形成鲜明的对比，反映直属学校与非直属学校的差异，使研究具有实际意义。

3. 访谈法

（1）半结构式访谈

对 C 市两所学校的 4 名老师和 W 区教育局的一名工作人员进行半结构式访谈，主要包括教师入校时的学历、教龄、是否担任行政职务、对于本市的直属学校与非直属学校的认识程度与水平以及平时是否经常进行课题研究等一系列问题。

（2）电话访谈

在充分了解 C 市直属学校治理情况的基础上，本小组还通过电话对分布在全省各市各级学校的老师（以本科时期的同学为主）进行访谈，问题主要涉及学校类型（直属学校或非直属学校）、新教师待遇、职业发展、课题研究以及他们对于教育资源均衡配置的看法。

访谈旨在了解他们对直属学校与非直属学校的认识，对于教育资源均衡发展有何见解；旨在促进笔者对本省直属学校存在问题的认识与分析，探究解决目前直属学校存在问题的策略。

四、直属学校治理现状研究概述

（一）直属学校概念界定

一般而言，直属学校是由教育部门直接管理的学校，其财政划拨与人事任免

由教育行政部门直接掌控,无须经过中间环节。同时,依据其行政级别不同,又分为县直、市直、省直和教育部直属等,长期以来,这类学校通常占有各自区域内最优最好的师资力量、教学设备等优质资源,有充分且足够的发展空间。

教育部直属高等学校是全国最高级别的直属学校,由教育部往下层层递减形成省直属学校、市直属学校、县(区)直属学校。教育部直属高校是我国教育改革的探索计划,通过确立一批由中华人民共和国教育部直接管理的高等院校发挥其在提高教学科研和服务社会等方面的示范作用。国家最初的本意是激发直属学校的潜力,为进一步的教育改革探索经验、发挥作用,而各级各类直属学校确实享受到了上级教育部门的优待:占有各类优质教育资源,挤占非直属学校,尽享改革红利。以高等学校为例,就全国师范类大学而言,北京师范大学是国家教育部直接领导的"985"高校(通称部属高校),南京师范大学是江苏省教育局直接领导的"211"高校(通称省属高校);就江苏省内高校而言,南京大学由国家教育部直接领导,南京师范大学由江苏省教育局直接领导。同一类大学、同一个地区的大学,由于上级教育部门级别的不同而导致了财政划拨、人事任免、招聘招生等各个方面的不同。

结合教育部直属高校与省内直属学校和非直属学校之间存在的差异,笔者试图对本研究中的直属中小学进行概念界定:江苏省直属学校是指由江苏省各地级市教育局直接领导的中学和小学,在财政和人事任免上独立于县(区)教育局,不受任何外来因素的限制与制约,同时在师资配备、学生来源和教学设备等方面优于同一类型、同一层次的同地区其他学校。

(二)直属学校主要特点

毫无疑问,直属学校与非直属学校之间存在极大差异。就江苏省内直属中小学而言,直属学校与非直属学校在管理体制、教育政策倾斜、学校实际运行等方面都有所不同,其区别主要有以下几个方面。

1. 管理体制

直属学校与非直属学校在管理体制上的差异主要体现为"受谁管理",即管理权应归谁所有。一般来说,直属学校由地级市教育局直接领导管理,而非直属学校则由所在县(区)教育局领导管理。由此,一个地级市的教育局在管理本市所有的学校时,还需要"一心二用",既要领导布置下属县(区)级教育局的工作,又要直接领导某几所学校的工作,很难做到不偏不倚。

2. 教育政策倾斜

义务教育阶段,初中和小学在运行过程中都在强调教育资源的均衡化。不可否认的是,也正是由于资源分配的不均衡,才导致时下"学区房""择校热"等一系列教育"闹剧"。直属学校与非直属学校在各自运行中也面临着优质教育资源的使用问题。在市教育局的领导下,直属学校有更多的机会接受市教育局领导莅临检查指导工作,或是在其指导下举办各式各样的活动,如南京市直属学校举办"12·9"中学生合唱比赛,苏州市开展直属学校学生干部文明礼仪培训活动,徐州市教育局直属学校关工委启动"心桥课堂"公益活动……但是各县(区)属学校就与这些活动无缘,偶有市局领导莅临或检查指导工作,各学校无不"正襟危坐",犹如打一场突击战。领导走后,学校的工作回归原样。或许直属学校大多成为受大众认可的名校、热点校与时常接受领导检查不无关系,正是频繁的检查使得学校时刻处于紧张的"备战"状态,一刻也马虎不得,校园文化建设、班级建设、校园活动、教学目标、教学理念、师生关系等各方面都受到潜移默化的影响,久而久之这一部分直属学校就成了教学与素质两手抓、两手都要硬的"香饽饽",良性循环之下发展越来越好。

3. 学校实际运行中的校际差异

有学者认为,校际差异是指同一类型教育中同一层次学校之间的差异,具体表现在经费投入、师资队伍、教学设备和生源等显性差异和社会影响、外部环境等隐性影响方面。[①] 导致直属学校与非直属学校之间校际差异的最主要因素表现为校长任免方式、校长的行政级别、办学经费划拨、教师分配、招生政策等。直属学校校长由市级教育局提名后直接任命,县(区)教育局提供参考意见但不起决定性作用。在全国中小学校长"去行政化"前,直属学校的高中、初中和小学校长分别相当于正处级、正科级和科员级政府工作人员;学校的办公经费由市教育局直接划拨,不经过县(区)教育局;直属高中有权独立招聘新教师,根据本校特色与发展的需求直接到高校定点单招,直属初中和小学与非直属初中、小学统一招聘,不过招聘公告通常会表述为《某年某市教育局直属学校和县(区)属学校教师招聘公告》,直属学校与非直属学校不得兼报,通过编制考试选拔出的具有潜

---

① 吴宏超,叶忠.校际落差与义务教育公平[J].河北师范大学学报(教育科学版),2003(2).

力的优秀教师通常会流向直属学校或重点学校。招生方面更是一大突出点,大部分直属学校都是一个市的重点学校,家长和学生大都会追逐直属学校的脚步,由此"学区房""择校热"避无可避地成为当下教育的突出矛盾。而非直属学校在各个方面都稍逊于直属学校,校长由县(区)教育局提名交由市教育局审批后任命,高中、初中和小学校长的行政级别比直属学校要低半级;办学经费由县(区)教育局划拨;招聘新教师需上报县(区)教育局,经市教育局统一招考后分配,面试环节采取双选方式,但是通常表现较好、潜力较大的新教师都会首先选择直属或重点学校,使得非直属学校无人问津。

以上所列只是影响直属学校与非直属学校差别的最主要因素,还有诸如校园文化、教师专业发展、校内工作人员素养等因素,共同造成了直属学校的社会声誉和威望顺势直上,受到教育资源接收者的不断追捧;而非直属学校则恰恰相反,每况愈下,不断地自我调整,却又不断地否定自己甚至抛弃自己、毁灭自己。借用著名学者黄宗智"内卷化"的理论描述:非直属学校就是其自我不断精细化演进却又挣扎在"存亡线"上,无法摆脱弱校的臭名。

(三)直属学校有关政策梳理

研究之初,本小组希望通过图书馆和网络资源了解直属中小学产生的背景、原因、确切时间及演变过程,由此认真梳理了有关直属学校的文献资料,但是这一努力并没能得到预想的结果,我们发现直接寻找直属中小学的相关资料存在极大的困难。直接针对直属学校和非直属学校的政策描述很少,偶有涉及也只是简单提及并无具体阐述。通过对有限所得的相关文献进行研究分析,可以发现:自新中国成立之初,在中央、省、县分别建立了一定数量的直属中小学。直属中小学隶属于教育主管部门,在师资、经费等方面享有特殊的待遇,而且大部分都成为当地的重点学校。"直属"的身份决定了他们坐落于县级以上的城市地区。事实上,隶属于各级教育主管部门的直属中小学在师资、设备甚至是生源等方面的优越性,一直到今天都十分明显。[①]

20 世纪 50 年代初期,随着国家教育事业的恢复以及多种促进中小学发展的政策措施的实施,尤其是民办小学的迅猛发展,使得中小学的规模和数量都取

---

① 邵泽斌.新中国义务教育治理方式的政策考察[M].北京:北京师范大学出版社,2012:75-76.

得了较大的发展。中小学教育快速、迅猛发展的背后,是"师资质量的降低、校舍设备的简陋"这一基本事实,这必然带来教育质量的下降。正是在这样的背景下,来自各个方面的力量开始反思四年来的中小学教育,这种反思聚焦于"教育的数量和质量"的关系问题。① 因此,在稳定教育规模的同时,适当集中师资、财力和物力,重点发展一批中小学校就成为必须。1953年11月26日,《政务院关于整顿和改进小学教育的指示》中体现了这一主张:今后几年小学教育应在整顿巩固的基础上有计划、有重点地发展。由于我国经济发展不平衡,小学教育的发展也不平衡,要着重办好城市小学、工矿区小学、乡村完小和中心小学。② 1954年9月23日,周恩来所作的《政府工作报告》中也指出:为了适应经济建设的需要,教育部门应当首先集中力量发展和改进高等教育。中小学教育已有很大的发展,今后应当着重质量的提高。③

随着1958年"教育大跃进"的发展,中小学教育同各个领域的教育一样,走向了片面强调数量的冒进的发展道路。在"大跃进"时期、"教育革命"的调整时期,具体提到直属学校的文件是1961年9月15日,中共中央批准试行《教育部直属高等学校暂行工作条例(草案)》,但是只涉及直属高等学校,并没有提到直属中小学的相关政策。虽然这些文献中并没有确切给出直属学校这一政策提出的时间,但是通过相关的研究,可以大体把握国家有关直属学校政策变化的轨迹。

直属学校可以说是一个历史遗留问题,自新中国成立前就已经零散地存在,新中国成立后面对百废待兴的教育,设立一批直属学校和重点学校作为窗口和示范单位,有着一定的探索和实验意义。在"大跃进"时期,直属学校陷入冒进发展的模式,数量急剧增长;改革开放后虽然没有直接的文件对其发展作出规定,但是直属学校的发展始终领先于同类学校,绝大多数的直属学校是作为各地重点校来建设的;当今,直属学校受到的关注虽然不及重点、热点学校,但是在教育部门的直接领导下,在基础教育领域始终占据一席之地;愈来愈注重义务教育均衡化发展的今后,直属学校的取缔是大势所趋,过程是曲折的,结果是明确的。

---

① 邵泽斌.新中国义务教育治理方式的政策考察[M].北京:北京师范大学出版社,2012:79-80.
② 金一鸣.中国社会主义教育的轨迹[M].上海:华东师范大学出版社,2000:155.
③ 中共中央文献研究室.建国以来重要文献选编:第5册[M].北京:中央文献出版社,1996:605.

五、江苏省13市直属学校治理现状

通过对江苏省13市的教育门户网站和其他互联网资源的研究,本团队取得了有关各市直属学校的统计数据,特绘制成图表以便于比较和分析。笔者及小组成员统计了各市中小学的数量,并分别找出各级学校中所含直属学校的数量,算出了直属学校数量在各市中小学数量中的比重,以及各市直属学校数量在全省的比重。

表1 江苏省13市义务教育和高中阶段学校数量及直属学校数量统计表

江苏各市	学校总数	小学	初中	高中	直属中小学	直属小学	直属初中	直属高中及完中	直属学校占学校总数的比重(%)
南京	568	345	169	54	7	1	1	5	1.23
苏州	565	304	196	65	28	2	17	9	4.96
无锡	365	185	135	45	11	1	1	9	3.01
常州	345	187	124	34	22	0	15	7	6.38
镇江	230	113	112	5	14	0	9	5	6.09
南通	536	321	163	52	7	0	2	5	1.31
徐州	1 225	906	242	77	21	0	11	10	1.71
扬州	385	215	132	38	15	0	7	8	3.90
泰州	339	137	161	41	17	0	3	14	5.01
连云港	594	449	109	36	10	4	2	4	1.68
淮安	459	284	146	29	7	4	1	2	1.53
宿迁	437	250	159	28	8	0	2	6	1.83
盐城	668	410	192	66	9	2	3	4	1.35
合计	6 716	4 106	2 040	570	176	14	74	88	2.62

通过上面的统计表可以直观地发现:在直属小学这一列,常州、镇江、南通、徐州、扬州、泰州和宿迁(共计7个市)已经没有了直属小学的存在,对于这一现象的具体原因,下文将进行具体分析。从统计表中可以发现另一个存在明显差异的地方,即直属初中的数量差异很大。苏州直属初中有17所,常州有15所,

但是与这两个市经济发展水平相近的南京和无锡的直属初中却都只有1所。分析这些数据,我们可以得出各市的直属学校现状和存在的差异,但是更有价值的是如何进一步探寻出造成这些现状和差异的深层原因。

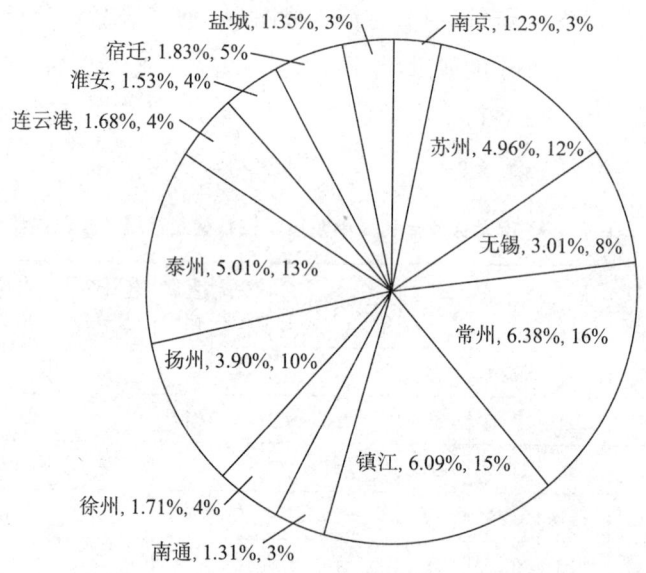

图1 江苏省13市直属学校占比

图1是依据表1数据绘制的饼形图,第一个百分比表示的是本市内直属学校占全市学校总数的比重,第二个百分比表示的是该市所在扇形区域占整个饼形图的百分比。由图1可见,省内直属学校主要集中于苏南地区,苏锡常镇四市所在扇形区相加已经超过一半,在整个饼形图中的比重已达51%;苏中地区次之,占比为30%;直属学校比重最小的是苏北四市,占比仅为16%。

依据各市直属学校占全省数量的比重,笔者认为,江苏省直属中小学的数量随着地区经济的发展水平呈现递增的态势,教育作为上层建筑的一部分,由经济基础所决定。经济推动教育的发展,为教育提供物质和社会条件,当地区经济总量持续上升,人民生活水平日益提高,人们对于教育的关注和要求也会持续走高,尤其是新世纪以来知识经济成为继工业化、信息化后现代化的第三个发展阶段,越来越受到人们的重视。教育是知识经济的先导产业,知识和高素质的人力资源成为重要的社会资源。结合我国早期"以城市发展为中心"的理念,办好一批重点校的政策指引,直属学校毫无疑问地成为优先发展的试点校。

但是值得关注的两个特殊例子是泰州和南京直属学校所占的比重。泰州在江苏省的经济发展水平远远比不上苏锡常,可是泰州直属学校所占的比例为5.01%,比无锡的3.01%高出整整两个百分点。南京作为江苏的省会,经济发展水平较高,但是直属学校的比重却只有1.23%,这两个典型的例子值得深思,挖掘背后的原因。目前,各市直属学校所占的比例通常情况下受经济发展水平影响,但还应考虑历史、政治(当地教育发展政策)和文化等多重因素的影响。

但是,苏中、苏北地区直属学校占比少并不能说明当地不重视教育,更不能认为当地教育资源已经做到均衡分配。苏中、苏北地区直属学校占比少也可以成为促进教育公平的契机,是否可以大胆推测——实现义务教育均衡化发展的推进工作,苏中和苏北地区的阻力相对较小,更易填补直属学校和非直属学校之间的差距,使每个孩子真正享受到平等地受教育权利。

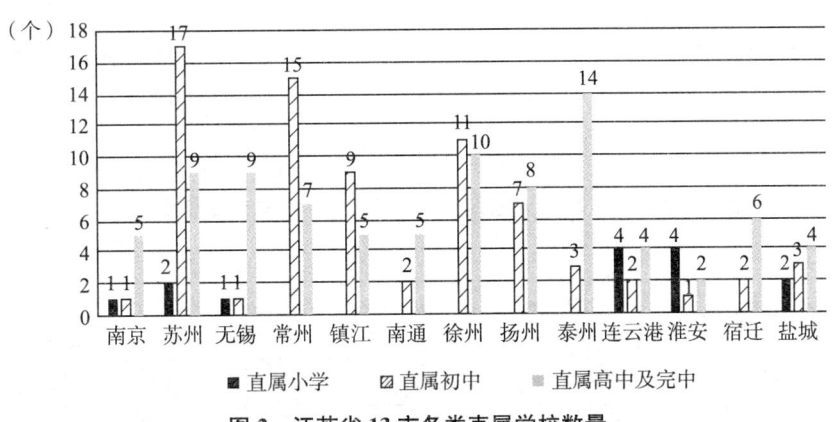

图2　江苏省13市各类直属学校数量

根据苏政发〔2012〕148号文件《省政府关于深入推进义务教育优质均衡发展的意见》,全面落实"省级统筹、以县为主"的义务教育管理体制……按照国家有关要求推进初高中分设,普通高中不得举办或变相举办初中学校或初中班……到2015年,形成省辖市中心城区普通高中由省辖市统一举办管理、义务教育学校由区统一举办管理的格局。① 分析表1和图2可知，江苏省13市已有常州、镇江、南通、徐州、扬州、泰州和宿迁等7个市取消了直属小学，直属初中也在逐步减少，目前直属学校主要由高中及完中组成。

取消直属小学是实行义务教育划归区管的第一步，也是至关重要的一步。取消后所有小学统一由区教育局管理，在经费划拨、师资分配、生源招收上按照有关国家和省内政策施行，例如，区教育局按照义务教育学校生均公用经费基准定额划拨学校的办公经费；校长和教师进一步完善实行轮岗制度，以"县有校用"为导向，变"学校人"为"系统人"；公办中小学坚持免试、就近入学。此类举措在一定程度内可以促进教育资源的均衡化使用，但直属学校多年积淀的社会声誉仍然在诸多家长和学生心中占有相当大的分量，小学统一管理任重而道远。

义务教育均衡化发展的重难点还在于直属中学的治理。小学"不分贵贱"处于同一起跑线的同时，加剧了中学入学的竞争，全省还有160多所直属初高中，直属重点中学的"入场券"一票难求。以南京为例，琅琊路小学、力学小学、北京东路小学和拉萨路小学是南京的重点、热点小学，就读于这四所小学的学生在"小升初"时大多会选择南京外国语中学、金陵中学、南京师范大学附属中学等既是重点名校又是直属学校的初中，这些小学生在享受更为优质的教育资源的同时，也必须付出多于常人几倍甚至几十倍的努力。

表2 江苏省13市直属中小学与重点中小学对比统计表

江苏各市	直属中小学	直属小学	直属初中	直属高中及完中	重点中小学	重点小学	重点中学	重点且直属	直属学校占重点学校的比重(%)	直属且重点占直属学校的比重(%)
南京	7	1	1	5	71	38	33	5	9.86	71.43
苏州	28	2	17	9	117	57	60	16	23.93	57.14
无锡	11	1	1	9	40	15	25	11	27.5	100
常州	22	0	15	7	40	14	26	12	55	54.55
镇江	14	0	9	5	31	9	22	7	45.16	50

---

① 江苏省政府关于深入推进义务教育优质均衡发展的意见[N/OL].http://www.ec.js.edu.cn/art/2013/3/1/art_9103_111473.html.

(续表)

江苏各市	直属中小学	直属小学	直属初中	直属高中及完中	重点中小学	重点小学	重点中学	重点且直属	直属学校占重点学校的比重(%)	直属且重点占直属学校的比重(%)
南通	7	0	2	5	33	6	27	7	21.21	100
徐州	21	0	11	10	34	8	26	20	61.76	95.24
扬州	15	0	7	8	41	22	19	11	36.59	73.33
泰州	17	0	3	14	28	7	21	13	60.71	76.47
连云港	10	4	2	4	48	18	30	10	20.83	100
淮安	7	4	1	2	36	10	26	7	19.44	100
宿迁	8	0	2	6	37	20	17	8	21.62	100
盐城	9	2	3	4	53	20	33	6	16.98	66.67
合计	176	14	74	88	609	244	365	133	28.9	75.57

表2所列为省内各市直属中小学和重点中小学的数量,在此基础上,笔者及团队又统计了既是直属又是重点中小学的数量。由表格最后两列(直属学校占重点学校的比重和直属且重点学校占直属学校的比重)可知,由于直属学校享有"优惠待遇",作为学校中的特殊群体,经过多年的积淀在社会上形成了良好的声誉和威望,一般来说,直属学校都是当地的重点学校,直属且重点学校占直属学校的比重都超过了50%,其中有5个市的比重达到100%。这些市教育局领导下的重点、热点学校势必受到追捧,近年来,"学区房"和"择校热"甚嚣尘上,家长为了给孩子创造一个良好的学习环境可谓是一掷千金,毫不手软。

虽然各市教育局已经陆续意识到"学区房"、择校造成的基础教育资源分配不公平,开始有计划地调整"小升初"政策,面向更广大的社会群体力图寻求更加公平的基础教育政策。2015年,南京"小升初"迎来了史上最严入学新政,空余学额摇号、名校禁收择校费、托关系上不了公办名校、学区房也不能保底。① 一系列的政策走向有利于推进教育均衡,拉平名校和普通学校的差距。但是这仅仅是南京的政策,并没有在全省得以普及,目前省内的"小升初"政策仍然是以就

---

① 南京2015年小学初中入学方案即将公布别着急买学区房[N/OL].新华网,http://news.xinhuanet.com/house/nj/2015-04-08/c_1114894484.htm.

近入学为主,学区房、对口升学依旧占有绝对优势。

取消直属初中是全省实现义务教育均衡发展的第二步,也是教育体制转型的攻坚期。这一阶段重点要完成两件大事:一是实施管办分离,政事分开,实现政府职能从"以办为主"向"以管为主"的转变;二是理顺中心城区义务教育管理体制,全面推进"政府负责,以区为主"的管理体制改革。逐步完成将义务教育阶段的初中学校划归区管,其意义有四个方面:首先是有利于推进九年一贯制义务教育,从体制上保证义务阶段教育发展更完善、更规范。其次是有利于调动市和区两者的积极性。对于市教育局而言,可以集中精力抓好该管的事;对于区教育局而言,自己办了初中,对义务教育有了统筹权,就会自觉站在教育事业发展的全局规划决策,促进义务教育健康发展。再次是有利于完善学校的结构布局。初中归属区管后,各区就可以根据实际需要通盘考虑学校的布局并进行合理调整,从而发挥教育资源的最大效用。最后是有利于强化教育行政部门的管理职能,使得教育行政部门在决策时同时考虑小学和初中的发展,使一些热点和难点问题得到部分缓解。①

六、聚焦 C 市

C 市是笔者的家乡,笔者从小在农村读书,中高考都面临过择校问题,亲眼见证了身边的同学和家长为求学一掷千金的场景,也一直对市内直属学校有所耳闻。但由于笔者的户籍属于农村,市内的学校都不能报考,中小学都是在当地学校就近就读,所幸通过中考进入区属重点高中,但仍然不是市直属学校。借由此次课题研究特选择 C 市作为调研对象,进行实地的走访调研,进一步了解直属学校和非直属学校的差异。

笔者选取了一所重点但非直属的小学 H 校的三位教师、一所区直属的高中 Q 校的教务主任以及一名区教育局工作人员 Z 进行访谈,了解他们对于直属学校问题的看法。访谈问题主要涉及被访人入校时的学历、工龄、本校办学经费来源、本校生源、对于直属学校与非直属学校的看法。现将访谈记录整理呈现如下。

---

① 促进均衡发展 保障教师利益 办人民满意的义务教育[N/OL].无锡日报,2005-12-03.

（一）受访教师

H校接受采访的三位教师入校时的学历分别是本科（2015年开始任教）、中师（后自学转大专，1990年开始任教）、大专（1999年开始任教），她们对于主要问题的回答大致统一，归为第一类。

1. 本校学生来源、学生家庭经济情况如何？

本校学生按学区招收，生源主要有三类：一类是靠家长进城买房获得入学资格，一类是随迁外来务工子女就近入学，一类是户口一直属于本校学区内的家庭。由于学生来源不同，家庭经济情况也是参差不齐，但只有两种渠道可以获得按学区入学的资格：进城买房或是拆迁就地安置。

2. 家长和学生是否认可您的教学质量？

各有各的看法。现在不论是家长还是学生对于教师的认同已经发生了变化，传统的师道尊严甚至于教师就是权威，为了孩子好可以肆意打骂学生的态度已经完全不存在了。总体而言，家长和学生对于老师的要求越来越高，传统意义上的教师已不能适应当今的教研要求。（由于没有直接从学生和家长那里得到对学校的评价，对教学质量的评价，但是通过间接的方式，从这几位教师口中得出：每个学生和家长对教师的教学评价肯定各不相同，教师也不可能让所有学生都满意，但是整体上，学生和家长还是很认可教师的教学质量。）

3. 本校教师是否参与课题研究？课题从何而来？

被访的三位教师都表示学校教师有机会参与课题研究，但是仅作为组员参与课题研究，并不独立申请课题，通常是由教研组长申请课题后招募组员，普通教师并没有独立申请课题的机会与能力。中小学教师课题参与度小，研究较弱，往往陷入"为课题而课题"的境遇，课题没有真正为教学服务。其中一位被访教师担任班主任，她表示班主任工作繁多，还要面临学生统考的竞争压力。由于目前教育体制下，班主任工作压力逐年加大，顶班时间较长，因此班主任常常不参与课题研究。

4. 对于直属学校与非直属学校有何看法？

李老师：对于直属学校和非直属学校没有特别显著的直观感受，更多地还是关于城乡二元体制所导致的城乡教育资源不均衡的体会。本校以素质教育为主，除期中、期末两次全市统考外，平时严格按照规定不组织考试。同时，严格按照课表上课,每周体育课3个课时,音乐和美术各2个课时。

这样的课程安排在农村学校是基本看不到的。一是农村学校仍然以应试教育为纲,以升学为主,无心素质教育;二是农村学校在师资力量方面有所欠缺,通常音体美这类课程的专业教师全校不会超过5个,而一所小学按一个年级四个班、每班每周音乐和美术各2课时、体育3课时的规模来算,24个行政班一周的教学任务也是难以想象的巨大。教师根本没有足够的心力完成如此庞大的教学任务,唯一的办法只有缩减课时。

陈老师:对于直属学校和非直属学校也没有直观感受,城乡教育的差距也在缩小,尤其是近年来乡镇新建学校的硬件设施几乎与城市学校不相上下,平时校际之间听课交流中看到的也是较为现代化的教学环境和教学设备。直属学校和非直属学校可以说是起点相同,最主要的差异还是来自于校园文化建设与教师团队的凝聚力。

杨老师:直属学校与非直属学校并没有特别明显的差异,区别主要在于直属学校受教育部门关注度高,考核标准高,领导莅临检查听课指导的频度也高。在这样的一种良性循环之下,直属学校自然而然会成为受教育部门重视、受家长夸赞、受学生喜爱的学校。

(被采访的三位老师均无行政任职,因此提问未涉及校长行政级别和办学经费的情况)

(二) 教务主任

Q校接受采访的是教务主任,他的回答归为第二类。

1. 您进校时的学历是什么?

本科。现在政策规定的高中招聘新教师的基本要求是本科,但在实际招聘中一般只招研究生(一些教学质量较弱的高中还会适量招收本科生),而且不参加统一的教育局招考,而是由学校自行组织从高校特招。但是,由于学校编制数量不变,教师年龄逐年上升,每年招聘新教师数量极少,所以现在师资队伍面临老龄化问题。

2. 本校生源来自何处?

高中招生完全按成绩,不分学区。本校以每年中考后教育局统一划线的分数为招生依据,达到分数并且满足基本条件的学生都可以入学。

3. 家长和学生是否认可学校的教学质量？

绝对认可。由于W区教育完全独立于C市，作为区直属的普通高中而且是重点高中，Q高中在W区乃至C市的认可度都相当高。

4. 本校教师是否参与课题研究？课题从何而来？

本校课题研究由教师自主申请或组队申请，课题主要有四个来源：教研室、学会、电教所和教科所，一般由教科所颁布的课题较为正规。高中教师申请课题研究经费较少或没有经费，研究完全是教师在教学之余基于个人兴趣的一些探索。但是如果有较重大的课题，学校会遴选科研能力和水平较高的教师组队研究，并且邀请高校教师参与指导。

5. 对于直属学校与非直属学校有何看法？

在公办学校范围内，教育局领导下的直属学校和非直属学校的区别并没有预想中的那么大，近年来义务教育资源的分配基本可以做到均衡。C市目前正在推进"学校分级管理"，计划逐步将义务教育的管理权限下放到区。第一步是取消直属小学，已见成效，C市已经没有直属小学。接下来是逐步将部分直属初中也下放至所在区。同时，C市力图推进教师人事管理制度改革——局管校用，即由教育局统一收编教师的人事档案，学校仅仅是使用人才，而不是拥有人才，这将有利于市内的教师轮岗交流，进一步促进教育资源均衡化。徐主任认为真正的教育不公平源于民办学校的存在。据他介绍，省内苏北地区的淮阴、姜堰等大市已经取缔民办学校，而苏南地区仍然存在，且社会认可度和需求度较高。

6. 目前校长的行政级别是什么？

现在中小学实行学校"去行政化"，苏南地区校长已经没有行政级别，苏北地区也只有部分学校校长仍存在行政级别。按照以往的行政级别划分，高中校长相当于政府部门处长级工作人员。

7. 学校的办学经费从何而来？

普通高中的办学经费由政府拨款，来源主要分为三类：一类是办公经费，按照在校学生数量统一发放，即通常所称的生均基准额定金额；一类是教师工资，由教育局财政直接下发至教师个人，学校无权参与教师工资的发放；一类是项目经费，如教学设备的引进和维护、建造新教学楼等，此项由学校申请，经教育局财务等相关部门讨论审核之后批示下拨。

（三）区教育局某工作人员

1. 本区小学的学生来源是什么？

本区内所有小学的学生均按学区招收。

2. 校长的行政级别是什么？

现在的中小学校长已经没有行政级别，按照以往的行政级别划分，小学校长相当于政府部门科员级工作人员。

3. 学校的办学经费从何而来？

学校的办学经费根据学校办学主体来区分。公办中小学的经费由所属教育局按在校学生数量统一划拨，教师工资也由教育局经财政处审计后统一发放；民办学校经费分两部分，一部分与公办学校相同，由教育局发放，另一部分为一些私营项目，收费标准由物价局根据社会经济发展水平定价，这一部分经费的运作受财务监管。

聚焦C市的两所有代表性的直属学校和非直属学校，在访谈后，通过分析访谈内容，获得很多与直属学校相关的信息和治理现状。为了让孩子上重点学校，家长们还是面临着择校、购买学区房的压力和动力。同时可以得出并非所有的非直属学校都发展不好，这还与各地的经济发展、对教育的资源分配有关。但是由于C市在江苏省的经济发展走在前列，所以在资源配置方面，直属学校和非直属学校的差异不是很大。但是对于经济发展不景气的其他各市，就很难做到教育资源的均衡分配，直属学校所享有的种种"特权"，使得教育的均衡发展成为难题。因此，C市的现状与其他各市的对比为本团队思考如何治理直属学校提供了资料来源和启发。

七、江苏省直属学校目前治理特征

通过对江苏省13个市现有直属学校数量的统计与对比，以及对C市的深入调研，结合之前掌握的有关信息，笔者对直属学校目前的治理特征进行了梳理归纳，得出三点特征。

（一）发挥标尺作用的直属学校

作为市教育局直接管理的学校,直属学校饱受关注是必然的结果,三天一小检、五天一大检是直属学校的常态,各地兄弟学校的交流研讨不断,门庭若市、络绎不绝。这意味着它必须时刻严格要求自己,只有事事做到最好,才能不辜负"与生俱来"的优势和资源。

在C市的采访中,调研小组也找到了相似的回答。老师普遍认为学校受到上级领导检查监督的机会多,因此,学校课程的设立是严格按照新课程改革的要求编制的,保证了学生语数外与音体美的齐头并进。从某种方面来说,能够保证一个学校音体美这类课程的课时量并按时按量地完成已属不易,甚至可以说是"素质教育"的先行者。

不仅是课程的安排方面,其他诸如校园文化建设、教学理念的确立、班级管理理念、和谐师生关系的维护和软硬件设备等方面都是素质教育的坚定执行者,更是窗口和示范单位,是其他学校的榜样。直属学校设立的初衷也是为了发挥其在基础教育阶段的示范和窗口作用,探索基础教育发展方向,为进一步普及基础教育打好铺垫。

（二）存在显著优势的直属学校

不可否认的是,直属学校对于本市的其他学校而言存在显著优势。直属学校的特权来自管理体制,主要体现为"受谁管理",即管理权归谁所有。一般来说,直属学校由地级市教育局直接领导管理,而非直属学校则由所在县(区)教育局领导管理,这就是二者的差异。

直属学校享有一系列的政策倾斜和优惠。直属学校由市教育局直接拨款,额度会更多;在教师招考中,直属高中享有独立招聘的权力,直属中小学则有优先选择有潜力的优秀教师的机会,即使在目前双向选择的招考方式之下,直属学校仍然是新教师首选;还有诸如校园文化、教师专业发展、校内工作人员素养等,这些因素共同造成了直属学校的社会声誉和威望顺势直上,受到教育资源接收者的不断追捧。

（三）承受期望与重压的直属学校

资源优势和社会声望之下必定伴随着家长和学生的高期望，在淘汰率高的选拔性升学制度下，社会期望等同于升学率，素质教育以考试成绩论成败，在这样的氛围之中，直属学校面临的升学压力远远大于一般学校。

直属学校由于直接受到市教育局的领导，对于上级文件的精神贯彻执行优于一般学校，较多的检查督导使得这些学校平日里确实将素质教育摆在第一位，各类文艺活动、兴趣特长培养课程按时按量开设，孩子在学习之外的校园生活确实是丰富多彩的。但是，目前升学考试命题选拔性趋向明显，考试时常出现超纲的题目，为了提升学校的升学率，逼着教师讲授超纲的知识，逼着孩子学习额外的知识，例如，六年级学习初一知识、初三学习高一知识、高三学习大学本科知识，这都是屡见不鲜了。究其原因还在于升学率始终是评判一所学校办学质量好坏的准绳，不论常规教学如何搞特色、搞素质，最后都要回归到应试，回归到升学率。

两套评判标准使得直属学校"压力山大"，对学校行政层、教师和学生都提出了高要求，既要学生学得开心，又要保证学校声望，鱼与熊掌如何兼得是摆在直属学校面前的最大问题。

八、加强江苏省直属学校治理的政策性建议

江苏省当前义务教育资源分配不均衡，主要是由历史上"重点校"政策和直属学校政策所形成的巨大的校际差异带来的"后遗症"。为解决义务教育资源分配不均衡问题，省内各地方政府已采取了不少措施：南京实行多校划片、徐州地区实行"无差别教育"、苏州实行"积分制"入学。但是，在全省一盘棋的教育大格局下，政府仍是推进义务教育均衡化的主要推手。如果政府在义务教育阶段不进行相应的政策调整，在经费投入和资源配置上没有政策性倾斜和合理的战略部署，义务教育公平均衡的发展只能是纸上谈兵，直属学校将长期存在，校际差距只会扩大不会缩小。为此，笔者特提出以下建议以供参考。

（一）实行校长和教师轮岗，保障师资均衡发展

科尔曼在1974年所做的调查发现，教师的语言、能力等作为影响学生学业

成就的条件,会造成较大的人种之间的不公平。可见,教师作为重要人力资源对教育资源分配的公平有很大影响。采取教师定期轮换流动正是为实现资源分配均等原则和公共资源从富裕流向贫困地区原则的具体体现。[①]

2014年,教育部、财政部、人力资源和社会保障部联合印发了《关于推进县(区)内义务教育学校校长教师交流轮岗的意见》,要求校长、副校长在同一所学校连续任满两届后轮岗交流;城镇校、优质校教师每年轮岗比例不低于10%,优秀骨干教师每年轮岗比例不低于20%。在方式方法上,鼓励支持各地采取定期交流、跨校竞聘、学区一体化管理、学校联盟、名校办分校、集团化办学等多种方法;同时建立激励机制,在编制核定、岗位设置、职务晋升、业绩考核等方面制定优惠倾斜政策。

在省级层面,实行校长和教师的轮岗交流制度有助于扩大优秀骨干教师的辐射圈,在更大范围内发挥示范作用,尤其是直属校和重点校的教师与普通学校教师的交流,有利于促进区域内优质师资的动态良性平衡。同时,省教育厅应该加强统筹管理,推行"局管校用"的管理体制改革,使教师由"学校人"转变为"系统人",打破轮岗交流的体制机制障碍,为教师轮岗交流提供后备力量。

(二) 建立规范化义务教育办学制度

制定全省义务教育办学标准,力求规范化办学,保住中小学办学"底线",如校舍建设标准、师资配备规模、硬件设施标准、生均公用经费基准定额、课程设置标准等。日韩两国早在20世纪中下叶就已经开始推行义务教育办学标准化,借鉴他山之石,笔者对江苏省义务教育均衡化发展提供几点有益思考。

一是立法保障。借鉴韩国教育部和日本文部省制定的义务教育学校最低办学标准,完善相关教育法律,对校舍标准、班级规模、课程设置、硬件设施、营养午餐等进行规范,保证义务教育学校标准化顺利实施。二是明确办学标准、控制办学规模。结合本地区经济发展水平与区域间的发展差异,制定并形成完善的义务教育办学标准;严控办学规模,具体可细化到每个学校班级数、每个班级人数。三是加快课程改革。切实减轻学生的课业负担,从重知识学习转变为重素质培养,培养贴近现实生活的真实的、有发展潜力的学生,而不是以往一贯精英教育

---

① 张绘.我国义务教育校际资源分配不公平现象的现状、原因及对策[J].教育发展研究,2007(17).

下的学习机器。①

(三) 建立"九年一贯制"学校,缓解择校热

目前江苏省内还存有不少完全中学,为了直升高中,择校的阶段向"小升初"转移,阻碍了义务教育阶段的公平性。建立"九年一贯制"学校可以使完全中学内初高中脱钩,在制度上保障义务教育阶段的完整性,缓解义务教育阶段的择校矛盾。九年一贯制的义务教育体制,相比传统的中小学分设的教育体制,可以有效地减少行政干预、分散教育决策权,为义务教育领域实现公平创造条件。

"九年一贯制"学校可以集中办学优势,集中资金投入,使教育资源的利用率最大化,如中小学共用运动场地、实验仪器、图书资料等;有利于教育教学的改革,优化教师队伍,使中小学平缓过渡,避免脱节;有效缓解初中择校问题,六年级和七年级都只是学校的一个中间年级,尚不需要面临择校问题,从而减轻家长和学生的负担。②

(四) 教育经费向非直属学校和薄弱学校倾斜

以往的优质教育资源大部分向直属学校和重点校倾斜,造成一般校和薄弱校"积贫积弱"的局面。如今要想拉平校际差距,推进义务教育均衡化发展,改造一般校和薄弱校也是一项重大的工程。必须加大地方财政在基础设施建设、仪器设备购置方面的专项投入;大力提高教育管理水平,对教育管理者和教师进行定期培训,提高素质,改进教育和管理方法;继续通过学区一体化管理、学校联盟、名校办分校、集团化办学等多种途径实现强弱结对帮扶,均衡义务教育资源。③

九、结论

直属学校作为一个政策遗留问题对它的治理不可能一蹴而就,需要不断地依据时势变化调整,这是一个动态生成性的问题,解决直属学校和非直属学校之

---

① 杨宇,等.韩国、日本义务教育学校标准化建设情况调研报告[J].教育研究,2015(10).
② 徐勤波.九年一贯制学校办学的实践与思考[J].教学与管理(中学版),2007(7).
③ 张绘.我国义务教育校际资源分配不公平现象的现状、原因及对策[J].教育发展研究,2007(17).

间长久存在的矛盾还需要各方面的积极配合,形成合力,才能促进江苏省内义务教育阶段资源的均衡化发展。

参考文献

[1] 促进均衡发展 保障教师利益 办人民满意的义务教育[N/OL].无锡日报,2005-12-03.

[2] 江苏省各地级市教育门户网站.

[3] 江苏省教育厅.省政府关于深入推进义务教育优质均衡发展的意见(苏政发〔2012〕148号).

[4] 教育部,财政部,人社部.关于推进县(区)内义务教育学校校长教师交流轮岗的意见(教师〔2014〕4号).

[5] 金一鸣.中国社会主义教育的轨迹[M].上海:华东师范大学出版社,2000.

[6] 邵泽斌.新中国义务教育治理方式的政策考察[M].北京:北京师范大学出版社,2012.

[7] 吴宏超,叶忠.校际落差与义务教育公平[J].河北师范大学学报(教育科学版),2003(3).

[8] 徐勤波.九年一贯制学校办学的实践与思考[J].教学与管理(中学版),2007(7).

[9] 杨宇,等.韩国、日本义务教育学校标准化建设情况调研报告[J].教育研究,2015(10).

[10] 张绘.我国义务教育校际资源分配不公平现象的现状、原因及对策[J].教育发展研究,2007(17).

[11] 中共中央文献研究室.建国以来重要文献选编:第5册[M].北京:中央文献出版社,1996.

附录 1

访谈记录

地点一：湖塘桥第二实验小学

老师一：

1. 您进校时的学历是什么？

   本科学历，2015年入校任教。

2. 学生来源、学生家庭经济情况如何？

   学生按学区招收，家庭经济情况参差不齐，有两种渠道可以获得按学区入学的资格：进城买房或是拆迁就地安置。

3. 家长和学生是否认可您的教学质量？

   各有各的看法。

4. 是否参与课题研究？课题从何而来？

   作为组员参与课题研究，但是不独立申请课题，由教研组长申请课题后招募组员。

5. 对于直属学校与非直属学校有何看法？

   对于直属学校和非直属学校没有直观感受，更多地还是关于城乡差异所导致的城乡教育资源不均衡的体会。本校以素质教育为主，除期中、期末全市统考外，平时不组织考试。严格按照课表上课，每周体育课3个课时，音乐和美术2个课时。

   （对于校长行政级别和办学经费的情况不了解）

老师二：

1. 您进校时的学历是什么？

   1990年开始任教，起初毕业于中师，后转读大专进修本科，1999年来到本校。

2. 学生来源、学生家庭经济情况如何？

   学生按学区招收，家庭经济情况不一。

3. 家长和学生是否认可您的教学质量？

   有满意有不满意。

4. 是否参与课题研究？课题从何而来？

   作为组员参与课题研究，但是不独立申请课题，由教研组长申请课题后招募组员。

5. 对于直属学校与非直属学校有何看法？

   对于直属学校和非直属学校没有直观感受，城乡教育的差距也在缩小，尤其是乡镇新建学校的硬件设施几乎与城市不相上下，可以说是起点相同，最主要的差异来自校园文化与教师团队的凝聚力。

（对于校长行政级别和办学经费的情况不了解）

老师三：

1. 您进校时的学历是什么？

   大专学历，在本校任教16年。

2. 学生来源、学生家庭经济情况如何？

   学生按学区招收，部分是进城买房后获得的入学资格，部分是随迁外来务工子女就近入学，学生家庭经济情况不一。

3. 家长和学生是否认可您的教学质量？

   个人意见不同，有满意有不满意。

4. 是否参与课题研究？课题从何而来？

   课题研究以专事科研的人员负责为主，其余老师招募为组员。中小学教师课题参与度小，研究较弱，往往陷入"为课题而课题"的境遇，课题没有真正为教学服务。由于目前教育体制下，班主任工作压力逐年加大，顶班时间较长，因此班主任常常不参与课题研究。

5. 对于直属学校与非直属学校有何看法？

   直属学校与非直属学校并没有特别明显的差异，区别主要在于直属学校受教育部门关注度高，考核标准高，领导莅临检查听课指导的频度也高。

（提问未涉及校长行政级别和办学经费的情况）

地点二：武进区教育局

教育局某工作人员：

1. 学生来源？

    学生按学区招收。

2. 校长的行政级别是什么？

    现在的中小学校长已经没有行政级别，按照以往的行政级别划分，小学校长相当于政府部科员级工作人员。

3. 学校的办学经费从何而来？

    学校的办学经费根据学校办学主体来区分。公办中小学的经费由所属教育局按在校学生数量统一划拨，教师工资也由教育局经财政处审计后统一发放；民办学校经费分两部分，一部分与公办学校相同，由教育局发放，另一部分为一些私营项目，收费标准由物价局根据社会经济发展水平定价，这一部分经费的运作受财务监管。

地点三：江苏省前黄高级中学

教务主任：

1. 您进校时的学历是什么？

    本科。现在高中招聘新教师基本要求是本科，但一般只招研究生（教学质量较弱的高中会适量招收本科生），而且不参加统一的教育局招考，而是由学校自行组织从高校特招。但是，由于学校编制数量不变，教师年龄逐年上升，每年招聘新教师数量极少，所以现在师资队伍面临老龄化问题。

2. 学生来源？

    高中招生完全按成绩，不分学区。

3. 家长和学生是否认可您的教学质量？

    绝对认可。由于W区教育完全独立于C市，作为W区直属的普通高中，前黄高中在W区乃至C市的认可度都相当高。

4. 是否参与课题研究？课题从何而来？

    课题研究由教师自主申请或组队申请，课题主要来源有四：教研室、学会、电教所、教科所,由教科所颁布的课题较正规。课题研究经费较少或没有经费,研究完全是教师在教学之余的一些探索。如果有较重大的课题,学校会邀请高校教师参与指导。

5. 对于直属学校与非直属学校有何看法?

教育局领导下的直属学校和非直属学校没有本质的区别,在公办学校范围内,教育资源的分配基本可以做到均衡。C市目前正在推进"学校分级管理",义务教育划归区管。第一步是取消直属小学,已见成效,C市已经没有直属小学。接下来是逐步将部分初中也下放至所在区。同时,C市力图推进教师人事管理制度改革——局管校用,即由教育局统一收编教师的人事档案,学校仅仅是使用人才,而不是拥有人才,这将有利于市内的教师轮岗交流,进一步促进教育资源均衡化。而真正的教育不公平在于民办学校的存在。省内苏北地区的淮阴、姜堰等大市已经取缔民办学校,而苏南地区仍然存在,且社会认可度和需求度较高。

6. 校长的行政级别是什么?

现在中小学实行学校"去行政化",苏南地区校长已经没有行政级别,苏北地区部分学校仍存在行政级别。按照以往的行政级别划分,高中校长相当于政府部门副处长级工作人员。

7. 学校的办学经费从何而来?

普通高中的办学经费由政府拨款,来源主要分三类:一是办公经费,按照在校学生数量统一发放;二是教师工资,由教育局财政直拨;三是项目经费,如教学设备的引进和维护、建造新教学楼等,由学校申请,教育局财务等相关部门讨论审核之后下拨。

江苏省教育现代化装备建设现状的调查研究
——以A市某区为例

景玉慧 陆凯莉 王云楼 罗川兰

(南京师范大学教育科学学院 江苏 南京 210097)

摘要：教育信息化带动教育现代化已成为当今教育发展的必然趋势。而教育现代化的发展与教育现代化装备的建设又有着密切的联系。本调查主要以落实江苏省教育现代化装备建设现状，推动江苏省教育现代化进程为目的而展开。在调查过程中以A市的几所学校为例，通过实地考察、访谈等方法获取数据，最终将数据可视化，呈现了学校的教育现代化装备建设的现状，分析存在的问题，并结合实际情况，为问题寻找了相应的解决策略，以期推动江苏省教育现代化进程。希望本研究能够为相应部门提供参考，为推动江苏省教育现代化进程贡献力量。

关键词：教育现代化装备；建设现状；调查研究

一、研究背景

(一) 研究目的

《国家中长期教育改革和发展规划纲要(2010—2020年)》指出："信息技术对教育发展具有革命性影响，必须予以高度重视。"以教育信息化带动教育现代化，是破解制约我国教育发展难题，促进教育的创新与变革，加快从教育大国向教育强国迈进的重大战略抉择。教育信息化需要充分发挥现代信息技术优势，注重信息技术与教育的全面深度融合，实现优质教育资源共享，促进教育公平，提高教育质量，建设学习型社会,推动教育理念变革和培养具有国际竞争力的创新人才等。

为了响应国家的政策,2015 年 2 月 10 日,江苏省召开的 2015 年教育工作会议中指出,省教育厅 2015 年的工作要加快教育现代化进程,推动教育现代化试验区建设,启动智慧教育建设工程,完成"三通两平台"建设,提升教育信息化水平。2015 年 3 月 19 日,省政府办公厅发布了《关于推进智慧教育的实施意见》,围绕全省教育中心任务,重点做好"一园(条件)、二库(内容)、三化(目标)、四创(效果)"四个方面的工作。一园:全面启动智慧校园建设;二库:全面整合优化教育管理信息库,教育教学资源库;三化:不断提升教育信息化、网络化、数字化、智能化水平;四创:积极开展教学模式、学习方式、管理方法、机制建设的创新实践。

江苏省为了实现教育现代化进程,政府制定了相关的教育现代化装备的标准。但据反馈,在贯彻落实中,部分学校资金不足,设备更新过快,很难达到各项标准,相比之下,省级标准相对较低,更容易达到。教育现代化进程中学校的装备也成为一个需要解决的问题。为了落实江苏省中小学教育现代化装备的建设现状,本文以 A 市为例进行了江苏省教育现代化装备建设现状的调查研究。

(二)研究价值

调查获得的数据资料全部由项目组成员深入一线学校调研而来,所以了解的情况真实有效。因此,对江苏省教育现代化装备建设现状的了解和从中发现、推断的问题,具有一定的意义和参考价值。

本文的研究还将呈现 A 市教育现代化装备建设的现状,并以 A 市的整体现状来推断整个江苏省的教育现代化装备建设现状。在了解江苏省教育现代化装备建设现状的基础上,来推断并寻找影响江苏省教育现代化进程的一系列问题,尝试为这些问题寻找一定的解决措施,从而为推进江苏省教育现代化进程作出一定的贡献。同时,可以为有关部门和相关人士提供参考,为他们对江苏省教育现代化进程的进一步决策提供思考和帮助。

二、研究思路与流程

(一)研究思路

本课题旨在落实江苏省教育现代化装备建设的现状。基于这样的目标,该课题的研究思路如下所示。

第一阶段：文献准备阶段。此阶段为前期研究阶段。通过收集数据库、网站相关文献资料，并在阅读大量相关文献的基础上，对本研究中的教育现代化装备和教育装备这两个概念进行界定，并通过官方网站获得江苏省教育现代化装备的标准，进行了解、研究之后选取样本并制作相应的调研工具。

第二阶段：调研实施阶段。此阶段是课题研究具体实施阶段。根据之前选取的样本和制定的访谈提纲进行调研，并在调研的过程中不断研讨交流，及时修改和改正出现的问题，获得最真实、可靠的数据和情况。

第三阶段：资料整理与分析阶段。此阶段主要是对调研获得的数据可视化，以呈现江苏省 A 市的教育现代化装备建设的现状。

第四阶段：讨论与总结阶段。通过呈现的现状，小组讨论探究影响教育现代化进程的因素，并分析这些因素产生的原因，从而尝试找出一些应对策略。

第五阶段：反思完善阶段。对前期的工作进行反思，不断修改完善。

(二) 研究流程

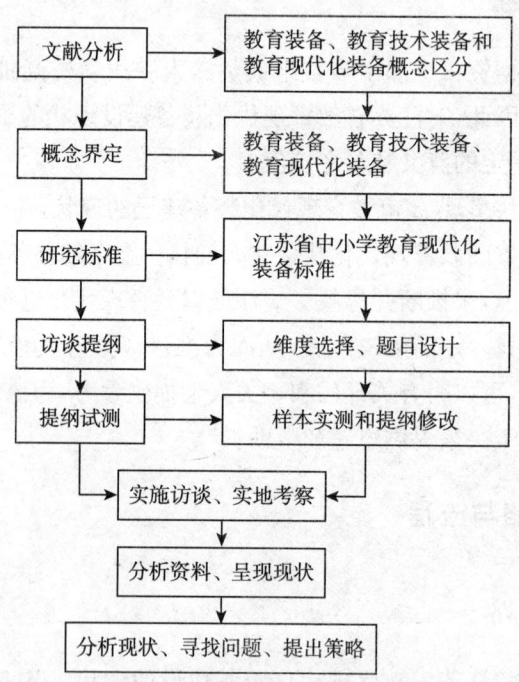

三、研究内容

（一）概念梳理与界定

1. 教育现代化装备概念的梳理

通过文献分析发现，国内外很多学者都对装备、教育装备、教育技术装备进行了界定。而对于教育现代化装备的概念界定研究还比较欠缺，所以文章在界定教育现代化装备时首先以装备、教育装备、教育技术装备为研究基础，之后查阅相关工具资料，结合笔者的学科背景对教育现代化装备概念进行了界定。

阿根廷远程教育专家 Beatriz Fainholc 教授认为，装备的本质特点是由那些使用媒介语言来表达教学过程的技术和教育结构共同作用的结果，在这样的过程中，因为教育装备的作用而促使教学方式发生了变化，并且给其中与教和学过程有着直接关系的目标和活动作出了回答。

美国弗吉尼亚州教育部的公共福利部门给出了这样的定义：装备指的是各种仪器、机器、工具和一系列的文章，应该是能够持续使用而不会发生外观变形的设备。装备属于非易耗品，应该至少能够满足一年的质保期。与装备一起使用的工作站的概念指的是课室、实验室等场合，包括了必要的环境、教学和价格适中的材料和装备，以满足每一个学生在课程中完成相应学业的需求。

2009 年，美国教育学家 Lctogden Burleys 则认为教育装备是由帮助人们终生学习的资源和工具构成的，他认为构成的这些材料有许多种，不受形式、数量和名称的限制，应该是无所不包的，是基于教育主体的个人能力与学习方式所选择的。

德国科学协会主席、教育学家 Ott.H.Giesy 认为，教育装备是指那些能够帮助人们认识世界、学习知识的产品，教育设备通过某种方式帮助孩子和成年人学习新知、深化对世界的认识，并通过对这些人的帮助间接影响他们的社会环境、教育他们的下一代，通过对这些知识的掌握，人们能够阻止疾病、灾难和意外等恶劣因素。总之，教育装备的作用是帮助人们掌握知识、应用知识，进一步改善人们的生活。

英国教育学家 Michael Clark 认为，教育装备就是任何促成学习发生的东西,它既能充当工具促使学习,又能促使教学方式产生变化。教育装备大部分是教学方法与学科内容及技术支持互相作用、互相依赖的结果。教育装备的本质作用是其在教育过程中的媒介作用。

国内查阅的比较具有代表性的定义是胡又农的观点,他认为教育装备是由那些完成教育任务所需要的物品有效组成的系统。这一定义首先明确说明了教育装备的目的是为了满足教育需求,其次明确说明了教育装备是物品性质的系统,再次特别说明了这些物品之间的关系是"有效组成",而不是简单堆砌在一起的"大杂烩"。他认为"装备"有两种形态上的含义,可以作名词又可以作动词。作为名词,它实质是指一个系统,包括工具、装置、仪器设备等的物品系统;而作为动词,则可理解为装备进行配备的行为。教育装备的目的是服务教育,教育装备工作的宗旨是满足教育需求、提高教育水平,教育装备只有在教育中发挥了作用才能真正体现其意义。

另外,薛鹏定义的教育装备是实施和保障教育教学活动所需的仪器、器材、教具学具、设施等相关软件的总称。刘爱香、李学玺、李琳琳认为,教育技术装备就是运用在教育教学过程中,实现教学计划和目的的辅助手段及物质条件。马如宇指出,教育技术装备是为实现教育教学目的,在一定的环境下进行建设配备、管理、使用、研究的各种物质条件和手段的总和。徐军指出,教育技术装备是指为实现教育教学目的,在一定的环境下进行建设、配备、管理、使用、研究的各种物质条件和手段的总和。

2. 本文对教育现代化装备的概念界定

总结国内外对教育装备所提出的各种观点,可以得出教育装备的概念所包含的范畴是很广的,涵盖了各类校园学科所使用的仪器、实验设备、教学办公产品、教学辅助产品等多类装备,它所通有的特性就是为教育服务,是基于教育教学所产生的一个概念和研究范畴。而在教育装备、教育技术装备、教育现代化装备等概念上,已有文献并没有进行严格区分。因此,本研究的教育现代化装备看作是教育装备在当前信息时代的展现。

根据调查的内容和目标,我们采用了以下定义作为教育现代化装备研究的基础:教育现代化装备是指为实现教育教学目的,在一定的环境下进行建设、配备、管理、使用、研究的各种物质条件和手段的总和。教育现代化装备不仅是直接服务于教育教学的物,而且还包含了对"物"的配备、管理、使用和研究的行为和过程,反映着教育者的思想,凝聚着集体的智慧,体现出社会的意志。

中小学教育现代化装备主要涵盖中小学实验室、图书馆、信息技术(含校园网)建设;器材、设备、图书的配备;中小学实验室、图书馆、校园网络的管理、使用、研究、培训等。它是现代信息社会进行媒介信息传播必不可少的承载者,为教师有效传递教学信息、提高教学效果提供智力支持和技术保障。不断加强和完善中小学教育现代化装备建设和管理是现代教育教学的本质要求。

3. 教育现代化装备评价标准的选择

通过概念界定,本研究中涉及的调查对象为小学、初级中学、高级中学的教育现代化装备的建设。但在具体的研究实践过程当中,我们需要一个实际的评价标准来支撑。在本研究中,我们对江苏省"十二五"版教育技术装备标准进行了梳理,作为本研究中教育现代化装备建设现状评估的理论基础和支撑。

(二)研究方法和样本的选取

1. 研究方法

本文综合运用了文献分析法、问卷法、访谈法、实地考察法等研究方法。

第一,文献分析法。通过检索核心期刊数据库,学习了相关研究的文献,对课题中的现代化教育装备进行界定,并全面解读国家基础教育信息化的政策、措施,综合了解全国基础教育信息化总体发展情况,以及各区域的信息基础设施建设、教育资源建设、师生信息素养发展、信息技术教学应用等方面的相关情况。

第二,问卷调查法。本研究中的问卷调查法的对象主要是样本学校的信息技术管理者。目的主要是用来帮助收集访谈过程中一些琐碎的信息,便于回来之后对细节做详细、系统的分析。

第三,访谈法。对A市某区电教馆人员进行访谈,希望能对该区的教育现代化装备建设现状有一个整体了解和把控;对样本学校的信息技术管理者进行访谈,以了解该校教育现代化装备的建设现状、实际的应用情况,以及装备建设存在的一些问题和他们所期待的问题解决方法,以期在了解每个学校现状的基础上,收集存在的问题,帮助进行现状研究所得问题的验证和促进策略的提出。

第四,实地考察法。运用实地考察法对A市某区的样本学校实施随机抽样调查,以具体了解中小学现有的教育现代化装备建设情况。

2. 样本的选取

本研究是以江苏省 A 市某区的中小学为例,因而调查对象为 A 市某区的小学、初中、高中三类学校,采用随机抽样法,共选出了 6 所学校进行调查。样本学校中的幼儿园、小学、初中、高中各两所,选取的学校也均具有一定的代表性。

四、调查结果及发现

通过对实地调研、访谈、调查问卷所获取的资料的整理、讨论、分析、总结,我们把最后的结果通过图表形式进行了可视化呈现,分别从有关部门不同年限对教育现代化装备的投入、各样本学校的教育现代化装备的建设现状以及不同学校的教育现代化装备建设现状的比较三个维度,对 A 市某区的教育现代化装备建设现状进行了分析。以下是具体维度的数据呈现:

(一) A 市某区有关部门不同年限的教育现代化装备资金投入

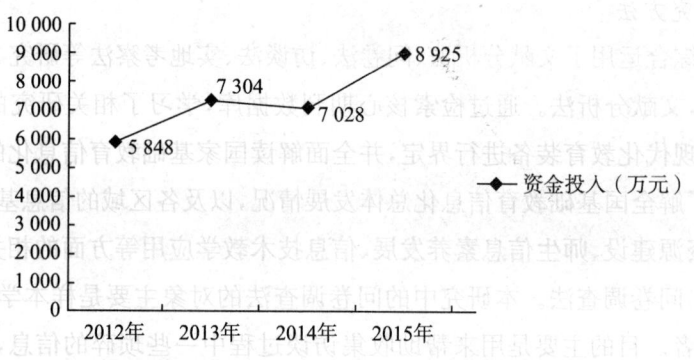

图 1　不同年限教育现代化装备资金总投入

图 1 主要呈现了 A 市某区的有关部门在 2012—2015 年间,每年在教育现代化装备建设方面的总体投入情况。由图 1 我们可以看出,在 2012—2015 年间资金的总体投入整体呈上升趋势。由此我们也推断,A 市某区的有关部门近年来在教育现代化进程中,越来越重视教育现代化装备的投入与建设。

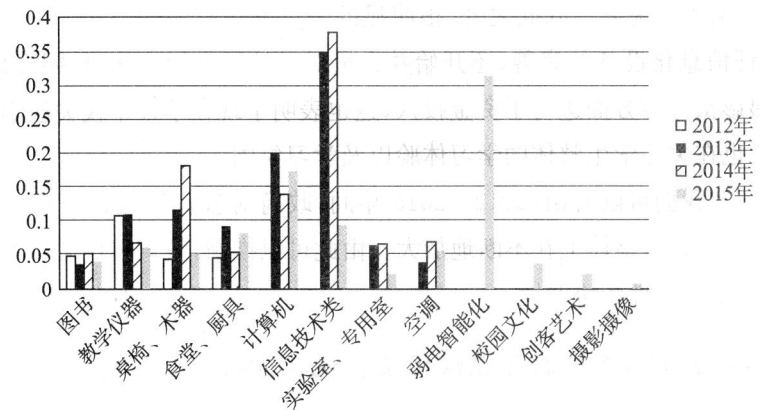

图2　不同种类教育现代化装备的资金投入

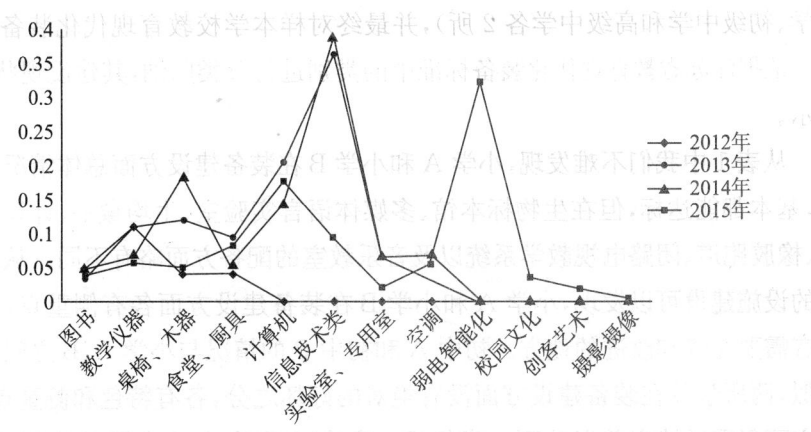

图3　不同种类教育现代化装备的资金投入

图2和图3分别是A市某区的有关部门在2012—2015年间不同种类教育现代化装备的资金投入情况的柱形图和折线图。通过图2和图3我们可以很清楚地看出,不同年限在不同种类的教育现代化装备方面的具体的资金投入情况;也能直观地看出不同年限投入了哪些不同的设备;还能对相同的教育现代化装备在不同年限的资金投入情况的对比有一个清楚的了解。

从图2我们可以看出,有关部门在2012—2015年间分别在图书、教学仪器、桌椅、食堂等方面进行了资金投入,说明有关部门十分注重基础设施的完备。从2013年开始,随着互联网、信息技术的发展,政府也开始注重学校的计算机、信息技术类装备的完善。除此之外,很明显的一点就是有关部门从 2015 年开始,不仅保证信息化设备的完善,还开始并大量对学校弱电智能化、校园文化、创客艺术、摄影摄像等方面进行了资金投入,这也表明了现在学校不仅关注学生的学习,同时也在关注学生整体的学习体验以及学习氛围。

从图 3 我们可以看出,2012—2015 年间,政府对教育现代化装备建设资金投入种类的跨度,整体上在不断地加大。由此可以推断,教育现代化装备的建设正在趋向于全面性和协调性。

(二) 各样本学校教育现代化装备现状分析

1. 样本学校教育现代化装备建设现状呈现

本研究通过抽样调查的方式,选取了 A 市某区的 6 所学校进行调查(其中小学、初级中学和高级中学各 2 所),并最终对样本学校教育现代化装备的建设现状依据江苏省教育现代化装备标准中的类别进行分类归纳,其建设现状如表 1 所示。

从表 1 中我们不难发现,小学 A 和小学 B 在装备建设方面总体情况基本相似,基本都能达标,但在生物标本馆、多媒体语言实验室、生均藏书、计算机师生比、橡胶跑道、闭路电视教学系统以及音乐教室的配备方面略有不同。从这些方面的设施建设可以发现,小学 A 和小学 B 在装备建设方面各有侧重点,各自都仍有需要完善和改进的地方。初中 A 和初中 B 的情况与小学 A、B 之间的情况类似,两所学校在装备建设方面没有绝对的好坏之分,各有特色和侧重点,在有些方面仍需继续完善以达到一类标准。高中 A 和高中 B 之间的区别较大,显然,高中 A 的教育现代化装备配备远远超过了高中 B,由此也反映出不同学校之间在装备建设方面的差距悬殊,一方面与学校自身的类别相关,另一方面也与学校对装备的重视程度有关。这说明学校之间加强交流和互动有利于差距的缩小,促进不同学校的共同成长。

就样本学校教育现代化装备的整体情况而言,各阶段学校基本都能满足学生的基本要求,但仍有发展和完善的空间。从小学、初中和高中这三个不同阶段学校的教育现代化装备建设现状分析,可以发现三个阶段的装备区别并不是很大,因此,学校教育现代化装备的配备情况并不与年级的增长成正比关系,但在某些方面,如生均图书拥有量等,随着学生年龄和知识需求的增长,学校配比在适当提高。可见,学校的教育现代化装备建设现状总体是从学生的需求出发,基于标准中的这些维度进行的,在满足学生基本需求的基础上,学校还应基于自身发展现状和特色,不断发展和完善自身的教育现代化装备建设,为学生提供更多的空间。

表1 各样本学校教育现代化装备建设现状呈现

类目		样本学校					
		小学A	小学B	初级中学A	初级中学B	高级中学A	高级中学B
实验室	科学实验室(个)	2	2	1	2	10	0
	生物标本馆	否	是	是	否	否	否
	多媒体语言实验室(个)	≥48	没有	≥56	≥48	≥56	没有
图书馆	图书管理系统	是	是	是	是	是	否
	生均藏书(本)	<20	≥35且<40	≥30且<35	≥40	≥40	≥40
	条形码	部分有	全部有	全部有	全部有	全部有	部分有
	视听及复印等设施	否	否	是	否	是	否
	座位(个)	≥50	≥50	<50	<50	<50	≥50
校园网络	计算机教室(间)	2	2	2	2	8	3
	计算机师生比	1:15	1:10	1:12	1:8	1:10	1:8
	校园网络覆盖	到班到室	到班到室	主要教学管理场所	到班到室	主要教学管理场所	无
	网站	是	是	是	是	是	是
体育设备	室内体育馆	否	否	否	是	是	是
	橡胶跑道	直跑道	环形跑道中心铺设草皮	环形橡胶跑道中心没有铺设草皮	环形跑道中心铺设草皮	环形跑道中心铺设草皮	环形跑道中心铺设草皮

(续表)

类目		样本学校					
		小学A	小学B	初级中学A	初级中学B	高级中学A	高级中学B
先进的电教设备与系统	演播厅	否	否	是	是	是	是
	校园电视台	否	否	是	否	是	否
	收录机、视频展示台、投影器、荧幕等	是	是	是	是	是	是
	闭路电视教学系统、广播系统、电脑自动播放机	否	是	是	否	否	是
科学实践训练与艺术教育场所	音乐教室(间)	2	1	2	1	3	1
	美术教室(间)	1	1	1	2	3	0
	科技实践训练室(间)	0	1	1	1	8	0
	卫生保健室、少先队室	是	是	是	是	是	是

2. 样本学校教育现代化装备使用情况

对样本学校的教育现代化装备建设现状有了了解之后,我们又对它们的使用情况进行了进一步地调查。对于使用情况的数据主要通过问卷和访谈的形式获得。以下是对各样本学校教育现代化装备使用情况的描述。

第一,在访谈中,样本学校有关人员对教育现代化装备整体利用率的反馈。

图4是他们对学校教育现代化装备在教学中利用率情况的描述。

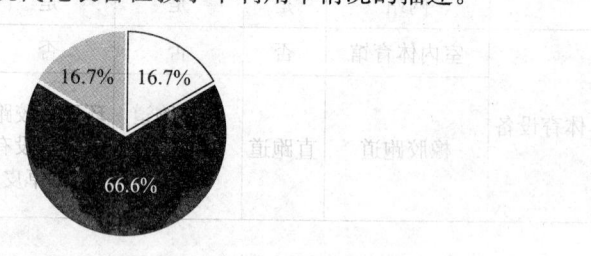

图4 学校教育现代化装备利用率反馈

从图 4 可以看出,大部分学校(占样本学校的 66.6%)教师认为,他们学校的教育现代化装备在实际应用过程中的利用率还是很高的。使用率不高和非常高的学校也只占样本学校的一小部分(分别占样本学校的 16.7%)。由此看出,绝大多数学校(占样本学校的 83.3%)的教育现代化装备在实际的应用过程中还是发挥了自己的作用,只有少部分学校在利用方面没有充分发挥其在教学中的价值。

第二,在问卷调查中涉及的一些具体的教育现代化装备的利用情况的反馈。

一是学校的数学、科学(自然)、地理、音乐、美术、体育、劳技等学科的教学仪器设备的使用只有高级中学 B 偶尔会使用,其他 5 所样本学校都是经常性使用。二是学校实验室的使用情况。学校的科学实验室,5 所学校是经常使用;学校的生物标本馆,一所是偶尔使用,另一所是经常使用。三是学校图书馆的使用情况。所有学校图书馆都是对学生开放的,学生可以借书阅读。四是在校园网络方面。所有学校的计算机教室都是经常性使用的,因此校园网络在其中也是随时使用的,所有学校的校园网站也会对学校的动态进行及时的更新。五是在体育设备方面。3 所学校有室内体育馆,体育馆是随时对学生开放,随时供学生使用的。六是在先进的电教设备与系统方面。4 所学校演播厅,总体上使用并不多。对于有校园电视台的 2 所学校,只有 1 所是经常使用的。所有学校收录机、视频展示台、投影器、荧幕等是经常性使用的。七是在科学实践训练与艺术教育场所方面。学校的音乐教室、美术教室整体上都是经常性使用的。科技实践训练室,有的学校是经常使用,也有的不经常使用。

由上面具体信息的描述我们可以看出,对教学方面的教育现代化装备的利用,所有学校的利用率都是很高的,比如说视频展示台、投影器、校园网络、计算机实验室等。而对一些与学生学习相关性不是很大的教育现代化装备,如电视台、演播厅等设备,利用率则相对较低。

3. 样本学校教师对教育现代化装备情况的描述

表2 各样本学校教师对教育现代化装备情况的描述

问题	样本学校教师的回答		
	小学教师	初级中学教师	高级中学教师
问:请您谈一下学校教育现代化装备的建设现状。	A:一般教室有多媒体设备,其他没有	A:学校教育现代化装备建设处于不断完善之中,目前基本能满足教学要求	A:好
	B:乡镇学校设备还是比较落后	B:建设到位	B:不够齐全,地方小,容纳不了各种实验室,已有的实验室配置也相对落后
问:您认为学校教育现代化装备的建设情况,是否会对教学产生影响?	A:会	A:是,学校教育现代化装备的建设直接关系到学校的教学质量	A:是的
	B:会	B:不会	B:有一定影响,例如通用技术教学现在演变成了最简单的讲授课
问:学校的教育现代化装备在教学过程中的利用率怎样?	A:很高	A:非常高	A:很高
	B:很高	B:很高	B:不高
问:在教学中用得最多的是哪一类教育现代化装备?	A:投影仪	A:电脑和投影仪	A:多媒体
	B:中央控制台	B:投影	B:教师多媒体
问:您认为教育现代化装备在教学过程中应该发挥怎样的作用?	A:辅助教学	A:辅助教师开展教学,辅助学生开展学习,拓展知识面	A:辅助作用
	B:辅助教学	B:很好	B:辅助教学
问:您认为学校教育现代化装备建设是否存在什么问题?	A:不及时更新维护	A:老旧设备比例高,使用不稳定,容易出故障	A:维护不好
	B:不存在	B:设备维护没有专人专岗,全都是信息技术老师	B:建设不均衡

(续表)

问题	样本学校教师的回答		
	小学教师	初级中学教师	高级中学教师
问：在教育现代化装备建设方面，您认为有关部门应该怎样来确定对每个学校的投入比例？是否应考虑学校的分类等级？	A：适当考虑，但还是应该给予投入 B：考虑学校等级	A：根据学校教育现代化装备使用情况来确定投入比例 B：有	A：是的 B：每个学校都应该健全
问：您希望在教育现代化装备建设方面有关部门能给予怎样的帮助？	A：资金与技术支持 B：电教馆及维修中心	A：希望相关部门能经常听取学校要求，提供优质教学装备 B：维护专人管理	A：让设备可以使用 B：组织培训更多教学工具

通过对各个调查学校的教师进行访谈，在回答内容中我们可以发现，教师对当前教育现代化装备建设情况的态度总体是积极的，同时也提出了一些意见。经过对访谈内容的进一步深入分析，样本学校教师对教育现代化装备建设的描述可以具体归纳为以下几个方面。

在教育现代化装备的配备上：首先，大部分学校已经建设到位，基本能够满足日常的教学要求。但是乡镇地区的设施配备仍然与标准存在一定的差距，甚至在江苏省来说还较为落后。其次，由于教育信息化的高速发展和学校的改造速度迟缓之间存在一定的矛盾，致使一部分学校因为空间不足而在实验室的建设上出现短缺。在不同层次的学校之间，也不可避免地存在着一定的差距。这些告诉我们，教育信息化装备的建设依然任重道远，我们不能就现存的问题不顾而一味地直接向前跨进。

在教育现代化装备的应用效果上：首先，所有的教师都肯定了教育现代化装备对教育教学的辅助作用，而且大部分教师使用教育现代化装备的频率较高，认为教育现代化装备可以对教学效果产生积极的影响。其中，使用投影仪和多媒体的仍占多数。但是，还有少数教师对使用教育现代化装备的态度比较消极。我们认为，造成这个结果的影响因素可能是教师自身的信息化教学能力和设备的效用情况。

在教育现代化装备建设存在的问题上：教师们切实地提出了自己的意见。通过观察教师们的反应，我们可以清楚地看到，最为突出的问题表现在设备的更新和维护上。不仅如此，设备的建设层次也是参差不齐，而且管理人员的配备出现了空缺。

在教育信息化装备的投入上：所有的教师都认为在教育现代化装备的建设过程中，投入应当考虑到各个学校的分类等级，并以此为依据来确定相关的投入比例。这个内容与我们当前的教育现代化装备建设情况较为一致。但是，这个只能说是在政府部门的规划下所进行的投入。因为各个学校的实际情况存在差异，接受社会各界的扶持程度也不一样，所以在公共投入之外的其他来源是无法一致的。

在对教育现代化装备建设的需求上：教师们表达了自己的期望，除了希望相关部门能够解决当前已经存在的问题之外，还对自身的信息化教学能力提升问题也抱有一定的期待。教师们能够有这样积极进取的意识，对教育现代化装备建设的不断推进也有好的影响。

五、存在的问题与对策

（一）中小学教育现代化装备建设存在的问题

通过调查发现，目前适应教学需要的优质教育教学装备总量比较匮乏；老旧设备比例较高，使用不稳定，容易出故障；学校教育现代化装备建设不够齐全；地方小，容纳不了各种实验室，已有的实验室配置也相对落后，这些问题在一定程度上已经成为制约未来中小学教育信息化应用与发展的主要瓶颈。通过调查我们总结出，A市某区的中小学教育现代化装备建设存在的问题主要有以下几个方面。

1. 教育装备经费投入与学校快速发展的矛盾突出

虽然近年来各级财政和各学校每年都投入一定的资金用于教育装备，但是与教育快速发展的要求仍不相适应。按目前的投入力度，全区中小学教育装备虽已达到基本装备要求，但学校现有规划布局仅能满足正常教学使用，难以适应、满足教育装备的发展，同时设备的正常耗损和更新还未予以考虑。

2. 学校在教育现代化装备投入、建设方面存在不均衡现象

由于各学校在发展、建设过程中会存在建设符合自己学校特色的校本课程、特色项目的现象,因此在装备的配备建设方面会存在不同,投入也会出现不均衡现象。经调查发现,这种现象普遍存在,对于在人才培养方面的全面发展理念会产生一定的影响。

3. 满足实际需要的、优质的中小学教育教学装备不足,存在结构性短缺

教育教学装备软件的技术含量偏低,技术应用水平整体不高,充分展现现代教育技术特点、体现计算机和网络技术优势的互动软件十分缺乏等问题,也影响教育装备的建设质量和应用效果。现有装备在系统性、与文字教材配套等方面存在问题比较突出,也是学校和教师呼吁最多、呼声最高的问题。此外,符合课程改革理念,适合信息技术环境特点,适应德育教育、素质教育需求的优质教育教学装备较为匮乏。可以说,中小学目前拥有和使用的装备,既不能完全适应中小学教育信息化发展的要求,也不能完全满足教育教学的实际需要。

4. 缺乏统一的技术标准是制约装备共享的主要因素

各地教育机构和众多软件装备企业在制作教育教学装备过程中,采用不同的技术标准,各自为战,自成体系开发教学装备库平台,导致了装备平台重复建设、检索使用不便、装备难以交换共享,人力、物力、财力大量浪费。有限的教育经费投入不仅没有获得更多、更好的教育教学装备,而且使广大中小学不得不艰难地面对各种不同技术标准的"平台孤岛""信息孤岛"。所有这些导致网络本身共享互联的功能与优势在校级数字化课程装备库的建设中没有得到充分发挥,为师生使用装备带来极大的困惑与麻烦。

5. 装备建设的学校不平衡现象表现明显

尽管教育装备建设的重要性已经得到中小学教育各级学校的重视,也得到省、市、区各级行政部门的普遍关注,但由于各地区的历史发展原因以及经济发展水平不均衡现状,致使装备建设的学校不平衡现象仍比较明显。同时,装备建设的不平衡也体现在学段之间的不平衡,在数字化教学装备的建设上,小学数字化教学装备的建设明显好于初中和高中。由于小学期间没有太大的升学压力,学科教师就有更多的时间、精力开发和应用数字化课程装备,而且数字化课程装备图文并茂的多媒体效果也更适合小学学科内容的展示,因而小学课程装备库建设相对更丰富和实用些。

6. 教师应用资源的方式单一

教师应用资源的方式仍显单一,主要表现为:环节单一(主要在课前备课和课堂辅助讲授)、对象单一(主要是教师用而非学生用)、层次单一(大多表现为电子教案和PPT展示型课件)。资源的综合应用效果不高,主要体现在创设教学情景、丰富教学手段、拓展学习资料、提高备课和上课效率等方面,基本上是围绕或服务于"教师的教",而在改变学习方式、培养学生高级思维和问题解决能力、促进教师专业发展等方面的效果仍不明显,未能发挥资源价值的多种整合效用。

上述问题应引起政策制定者和装备建设者的足够注意和重视,应通过一系列可行、有效的手段和措施予以改善或解决。只有这样,江苏省教育现代化装备建设才能尽快走上健康、快速发展的轨道,促进广大教师、学生的深入有效应用。

(二) 中小学教育现代化装备建设发展策略

国际经验和我国的教育信息化实践表明,发展中小学教育信息化必须从重视硬件设施建设向硬件设施与软件装备建设并重转变,最终达到软件装备建设与教学应用并重的理想状态。现阶段应突出强调装备建设的重要性,特别要关注软件发展趋势,加大建设和应用的力度。从发展的角度看,政府、教育行政部门、学校及教师能否从真正意义上认识并完成这种方向性转变,将直接影响到教育信息化及教育的改革、发展。在上述前提下,讨论我国的中小学教育装备建设发展策略才更具有实践意义和可操作性。

从我国教育教学改革需要和教育信息化发展实际出发,中小学现代化装备建设策略应从以下几方面予以重点考虑。

1. 寻求有关部门帮助

由于中小学教育现代化装备建设涉及教育、政治、经济、文化、商业、科研等各个领域,因此必须依靠集体优势,只有各尽所能、互通有无,才能比较系统和全面地完成教育现代化装备建设。为了更好地完成学校教育现代化装备建设,有效发挥教育现代化装备在教学中的作用,学校在面临教育装备经费投入与学校快速发展的矛盾时,应及时向有关部门寻求帮助,获得建设资金。

2. 提高思想认识,加强组织领导

电教馆和学校管理者应提高思想认识,明白学校教育装备是学校办学条件的重要组成部分,是实施素质教育的重要手段和载体,是学校教育教学工作的必备条件,是培养学生创新精神和实践能力的物质基础。加强教育装备资源应用,是加快推进基础教育改革,实现教育公平,促进城乡教育均衡发展,提高教育水平的强大技术支撑。教育装备的均衡配备、发展与使用,是学生全面发展的保障,也是教育全面发展的必然趋势。因此,在教育现代化装备建设方面,学校应该提高思想认识,在发展好自己的特色项目、校本课程的同时,也要加强其他方面的投入与建设,保证学生全面、健康地发展。

3. 发挥政府主体作用,统筹规划教育装备建设

要解决中小学教育现代化装备在数量、质量、层次、形式、共享机制等滞后于信息化基础设施建设,不能满足普及信息技术教育和课程改革实际需要等突出问题,而从根本上扭转优质教育现代化装备匮乏、结构性短缺的局面,必须以政府为主导,从地方层面上进行整体规划,统筹协调,建立可持续发展的开发、整合、共享机制和有效的投入保障机制。

4. 建立健全区域教育现代化装备建设标准

地方级、区级教育现代化装备的建设应推行标准化。所谓教育装备建设的标准化,就是使不同的教育装备建设者在进行装备建设的过程中采取统一的标准与办法,并逐渐形成一定的模式。目前江苏省颁布的《江苏省小学教育现代化装备标准(试行)》属于上层规范,具有一定的抽象性和通用性,虽然只规定了各类装备的核心标准,但在实施装备建设时,需要根据这一规范制定更加具体的装备建设标准。

5. 加强装备的管理应用

第一,各中小学应该按照课程标准,开设信息技术必修课,保证各年级学生能熟练完成教材规定的实际操作,能应用信息技术设备及网络,进行自主探究、开展交互式学习。学校要积极做好信息技术学科检测工作,计算机教室课余时间要向学生开放,保障学生上机时间每周不少于1课时。

第二,各中小学需要将实验教学纳入学校教学工作计划之中,做到实验教学有计划、有内容、有检查、有总结。要按课程标准开展好演示实验和分组实验,保证演示实验开出率达100%,学生分组实验开出率达到95%以上。提倡开展实验教学研究、自制教具学具和开展课外兴趣小组以及开放实验室等活动。

第三,图书室可以采取全开架借阅方式,科学合理安排借阅时间,借书证发放率达到100%。积极开展对师生的外借服务,提高书刊流通率,中学生均图书

借阅率 10 册以上,小学 15 册以上。图书管理员要定期向师生开展图书的推介活动,要配合学科教师组织形式多样的读书活动(每学期至少 1 次),对学生进行课外阅读指导,逐步开设阅读指导课。

第四,严格遵照课程标准开足开齐音乐、体育、美术课程,充分发挥学校音乐室、美术室、体育室的效益,提高学生的综合素质,促进学生全面发展。

6. 加大教师的培训力度

在改进教师应用资源方式单一的问题上,学校应该加强教师的培训力度,可以向周边的专家团队寻求帮助,更好地帮助教师在教育教学中灵活运用现代化装备,使教育现代化装备充分发挥作用;应鼓励教师多参加技术应用于教学的比赛,学习其他教师的教学方式、教学策略;在教师学习、培训方面,应多给予鼓励,使教师多学习,增长知识,提升能力,从而改善应用资源方式单一的问题。

参考文献

[1] 陈丽娜.教育技术装备绩效评价研究[D].武汉:华中师范大学,2011.

[2] 胡又农.什么是教育装备[J].浙江教育技术,2010(2).

[3] 薛鹏.基于绩效改进的信息化教育装备的管理研究[D].北京:首都师范大学,2006.

[4] 刘爱香,李学玺,李琳.教育技术装备的特征和应用[J].中国教育技术装备,2004(8).

[5] 马如宇.教育技术装备概念及内涵界定思考[J].中国教育技术装备,2009(23).

[6] 徐军.媒介环境下中小学教育技术装备建设的理论与实践[D].南京:南京师范大学,2008.